LES PRINCIPES

DU

DROIT CIVIL PROPREMENT DIT,

ET DU

DROIT COMMERCIAL,

COMPARÉS;

OUVRAGE contenant les principales *Controverses de la Jurisprudence Commerciale,*

A l'usage des Tribunaux de Commerce, des Négocians, des Commissaires des Relations Commerciales, et des personnes attachées à l'ordre judiciaire;

par P. B. BOUCHER,

AUTEUR de divers Ouvrages sur le Commerce et la Marine, membre de plusieurs Sociétés savantes, Professeur de Droit Commercial et Maritime à l'Académie de législation, et Membre honoraire de la Société d'émulation de Bordeaux.

TOME SECOND.

« Les affaires de commerce sont très-peu susceptibles de formalités; ce sont
» des actions de chaque jour, que d'autres de même nature doivent suivre
» chaque jour. Il faut donc qu'elles puissent être décidées chaque jour.....
» Xénophon...... voudrait qu'on donnât des récompenses à ceux des Préfets
» de commerce, qui expédient le plus vite les procès ».

MONTESQUIEU, Espr. des Loix, L. 20. ch. 16.

A PARIS,

Chez {
CHAIGNIEAU, aîné, Imprimeur-Libraire, rue de la Monnaie, n°. 27.
LEVRAULT et SCHOELL, Libraires, rue de Seine.
TREUTELL et WÜRTZ, Libraires, Quai Voltaire.
BLANCHON, Libraire, rue et Hôtel-Serpente.
CHAIGNIEAU, jeune, Imprimeur, rue Saint-André-des-Arcs, n°. 97.
L'Auteur, rue Sainte-Marguerite, n°. 499, Faubourg Saint-Germain.

AN XII.—1804.

LES PRINCIPES

DU DROIT CIVIL

ET

DU DROIT COMMERCIAL,

COMPARÉS.

CHAPITRE XXXII.

Des billets de change pour lettre fournie et à fournir.

923. Les billets de change sont des billets à ordre ou non à ordre, causés pour valeur reçue fournie ou à fournir.

Quand ces billets sont faits pour lettre de change fournie, il faut qu'ils fassent mention de celui sur qui la lettre de change a été tirée, de celui qui en a payé la valeur, et si le paiement en a été fait en deniers, marchandise ou autres effets, à peine de nullité, art. 28 du tit. 5 de l'ordon. de 1673.

924. Les billets pour lettres de change à fournir doivent faire mention du lieu d'où elles seront tirées, et si la valeur en a été reçue, et de quelle personne, à peine de nullité, art. 29.

A

925. Les billets de change payables à un particulier y nommé, ne sont réputés appartenir à un autre, *encore qu'il y eût un transport signifié ,* s'ils ne sont payables au porteur, ou à ordre, art. 3o.

926. S'il manquait l'une de ces qualités à l'un de ces billets, il ne serait réputé que simple promesse s'il n'était pas à ordre, ou simple billet à ordre, si ce mot y était.

927. Les protêts et dénonciations des billets de change doivent être faits dans les délais prescrits pour lettres de change (648), ord. 1673, tit. 5, art. 32.

FORMULE

De billet de change , pour lettre fournie.

Je paierai , dans deux mois, à monsieur Pagès , Marchand à Orléans, quatre-mille francs , valeur reçue en une lettre de change de pareille somme qu'il a tiré ce jour, à mon ordre, sur monsieur Grammont, Négociant à Bordeaux, payable le premier frimaire prochain , valeur déclarée en compte.

Paris , le premier vendémiaire, an 12.

BOURQUET.

FORMULE

D'un billet de change pour lettre à fournir.

> J'ai reçu de Monsieur Grangé, Négociant de cette ville, la somme de trois mille francs en espèces, pour laquelle je lui promets fournir sous un mois fixe, sans nul retard, et à son ordre, une lettre de change à usance, sur Dunkerque.
>
> *Paris, le premier nivose, an 12.*
>
> LAVILLIER.

928. Comme l'on voit, le premier billet pour lettre fournie n'est pas fait *à ordre*, quoiqu'il pourrait être fait de cette manière, comme il a été dit. Un pareil billet ne peut se transporter, même *par la voie de la signification.* Cette rigueur a singulièrement surpris les auteurs, notamment Bornier, Toubeau, Jousse, et Savary lui-même, quoiqu'il ait été un des principaux rédacteurs de l'ordonnance ; aussi se sont-ils singulièrement torturé l'esprit pour pénétrer le motif de la loi qui me paraît aussi simple que naturel.

929. Lorsque la loi a voulu qu'un billet de change non *à ordre, ne peut se transporter, même par la voie de la signification*, c'est qu'elle a pénétré dans l'intention de ceux qui les font de cette manière. En principe, et avant la loi, les négocians rédigeant ainsi les billets pour

avoir le tems d'envoyer les traites qu'ils recevaient, à l'acceptation, et en être payés à l'échéance ; et comme le transport est une entrave à la défaite d'un pareil billet, il devenait presque présumable que le propriétaire le gardait dans son portefeuille sans employer cette voie. Dans cette supposition, si la traite n'était pas acceptée ou payée, celui qui l'avait reçue pouvait en être quitte en la rendant à celui qui lui avait donnée, et reprenait son billet qui était resté intact, et personne n'était trompé dans son attente. Ces raisons senties par le législateur, il en a fait une règle : voilà, à n'en pas douter, le motif de la loi, en effet.

930. Pourquoi un négociant se refuserait-il de donner un *billet à ordre* au donneur de traite, qui a intérêt de prendre un pareil billet plutôt que tout autre, vu qu'il peut le négocier, et qu'il ne peut pas négocier un *billet non à ordre*? C'est parce qu'il ne veut courir aucun risque : donc la loi est fondée en raison.

RÉSUMÉ.	
DROIT CIVIL.	**DROIT COMMERCIAL.**
Tout titre de créance, sous seing privé, peut se transporter à un tiers par la voie de la signification.	Tout billet non à ordre, pour lettre de change fournie, ou à fournir, se peut se transporter à un tiers, même par la signification.

CHAPITRE XXXIII.

Des billets à domicile.

931. LE billet à domicile est un billet à ordre ou non à ordre, fait dans un lieu pour être payé dans un autre lieu ; à l'échéance, le propriétaire doit l'envoyer à un commissionnaire de la place là où il est payable, pour en faire le recouvrement.

932. La différence des valeurs qui se trouve entre les choses vénales de même nature d'un lieu à un autre, les frais et les risques qui résultent du transport de l'argent établissant un *change*, font de ces billets des *billets de change*, participant de la lettre de change ; en un mot c'est *un papier de crédit comportant change* (765).

933. Aussi, lorsque l'argent est compté sur les lieux, et que le propriétaire veut le retirer des mains de son commissionnaire, soit qu'il tire sur lui, soit qu'il se fasse faire une remise, il en résultera un bénéfice, une parité, ou une perte pour son compte, ce qui ne pourrait arriver s'il ne s'y rencontrait pas un change, comme, par exemple, dans un billet à ordre (722), un mandat (755) ; d'où il résulte, et d'une manière incontestable, que ces billets devraient être absolument assimilés aux lettres

et billets de change. Que l'on ne dise pas que l'ordonnance n'en fait aucune mention; que d'ailleurs pour qu'il y eût lettre de change, il faudrait qu'il y eût trois personnes, toutes ces observations ne sont que subtiles : une chose n'est que par *son essence;* une ou plusieurs des parties intégrantes manquant, elle peut être imparfaite; mais elle ne cesse pas d'exister, toutes-les-fois qu'elle contient le principe qui lui donne l'être, ainsi, si ces titres de créance ne sont pas lettres de change, ils peuvent être assimilés aux billets de change. Cependant plusieurs auteurs ne conviennent pas plus de ces vérités, qu'ils ne conviennent de la moralité des assurances maritimes sur la vie. (*Voyez mes Instit. Marit.*, *pag.* 47.) Ce n'est point surprenant; ces auteurs, pour la plupart, ne sont que des savans théoriciens, qui, faute d'expérience, errent singulièrement dans la pratique.

934. Néanmoins, le commerce aurait besoin d'être invariablement fixé sur ce point, par rapport au rechange (780), au cautionnement (882), et à la prescription (919).

L'auteur des Inst. sur les affaires cont. des négocians dit :

« Il y a des billets à domicile qui participent » de la lettre de change, en ce qu'ils transfè- » rent une somme d'argent d'une ville dans une » autre, *sans perdre leur nature de billet....* Ces

» sortes de billets ne sont pas susceptibles d'ac-
» ceptation. Si celui au domicile de qui ils doi-
» vent être payés, les acceptait, son acceptation
» tion servirait de cautionnement, mais ne ferait
» pas DE CE BILLET UNE LETTRE DE CHANGE.
» De sorte que, si le porteur faisait ses diligences
» à tard, il ne serait pas reçu de demander à
» celui qui a fait le billet, et aux endosseurs,
» la preuve que les fonds étaient remis à l'é-
» chéance, parce qu'un domicile naturel et un
» domicile élu est toujours un domicile ».

935. Tout ceci est une vérité : néanmoins cet auteur laisse dans l'incertitude sur la nature de ces papiers de crédits : il insinue d'abord que ces billets comportent *un échange*, et ensuite il les considère comme *billets*. Mais de quelle espèce ? S'il est vrai qu'ils comportent un change, s'il est vrai qu'ils soient billets, ils sont donc *billets de change*, d'une espèce différente de ceux reconnus par la loi (825, 836).

FORMULE

D'un billet à domicile.

Je paierai, dans un mois, au domicile de monsieur Bontems, négociant, rue du Temple, n° 85, à Paris, à l'ordre de monsieur Seguain, la somme de mille francs, valeur reçue comptant.

Bordeaux, le 20 frimaire, an 12.

PIERREMONT.

A 4.

936. L'usage de ces billets n'est pas fort ancien; ils doivent leur naissance aux progrès des connaissances commerciales : ils méritent la plus grande faveur, car ils sont de la plus grande utilité.

937. Mais, dira-t-on, puisqu'il paraît que les billets à domicile sont assimilés, à quelques égards, aux lettres de change, pourquoi ne pas tirer de préférence des lettres de change ? Peu de mots répondront à cette question. Pour une lettre de change il faut être deux, *tireur et accepteur;* pour un billet à domicile, il n'est besoin que d'une seule personne, le *tireur.*

938. Mais dira-t-on encore, si on tirait *sur soi-même,* ne serait-ce pas la même chose ? Lorsque l'on tire *sur soi,* c'est parce que l'on est en voyage, et que l'on a quelqu'un en sa maison, qui paie. Lorsque l'on fait un billet à domicile, c'est parce que l'on est *chez soi,* et que le donneur de valeur veut être payé *chez lui;* et comme dans la ville il peut arriver que l'on n'y ait pas de correspondant pour accepter, on fait un billet à domicile, qui n'a pas besoin *d'accepteur.*

939. Quelques personnes mal instruites se font faire des billets à domicile d'une dangereuse conséquence ; voici dans quel cas :

940. Un particulier de Nantes se trouve à Paris, achète dans cette ville des marchandises;

le vendeur lui fait faire un billet à ordre, payable dans Nantes, portant pour finale, fait *à Nantes, le...... etc.* Si ce particulier, en s'en retournant chez lui, venait à mourir, pour ne point acquitter ce billet, les héritiers ne pourraient-ils pas alléguer l'*alibi* qui, dans tout état de cause, est toujours le meilleur moyen que puisse mettre en avant un défendeur ? Ces billets doivent donc être proscrits.

CHAPITRE XXXIV.

Des lettres de crédit.

941. La lettre de crédit est un titre donné par un négociant à un commis, ou toute autre personne qui va en voyage pour lui faire recevoir de l'argent chez un négociant du lieu où il desire aller.

942. Il existe dans ce moment à Londres une maison de banque sous la raison de *Hammersley et compagnie*, dans *Pall-Mall*, n°. 76. D'après son prospectus, cette maison donne des *lettres de crédit* aux voyageurs sur telle place d'Europe où ils desirent aller, pour telle somme qu'ils jugent à propos.

943. Cette maison, lorsqu'on lui fournit caution suffisante, donne des lettres de crédit sur les villes qui ont *un* change direct avec Londres.

Ces lettres supportent une seule commission avec port de lettres lors du paiement, et pareille déduction, quand elles ne sont point présentées et qu'elles sont remboursées en Angleterre. Au surplus, elles sont toujours acquittées *au cours exact du change*, sans aucune retenue injuste (dit le prospectus) ou préjudiciable aux intérêts du voyageur.

944. Les lettres de crédit comme les billets à domicile établissant un change entre deux places, comme il est évidemment démontré par la maison de Londres, devraient donc être *assimilées aux lettres de change* ; aussi Toubeau a-t-il dit : « Les actions qui naissent des lettres de crédit sont consulaires ». Cependant, en ayant égard à la loi du 15 germinal an 6 (771), je croirais que, par rapport *aux billets à domicile et les lettres de crédit* tirées par des personnes non marchands ou négocians, qu'elles ne seraient pas consulaires, parce que la loi ne parle ni de l'un ni de l'autre, et qu'il n'est pas permis de l'étendre d'un cas à un autre, quoiqué, dans le fait et dans l'hypothèse, cela devrait être, avec d'autant plus de raison, que tout billet de change, d'après la nouvelle loi, tiré par personnes qui ne sont pas marchands, les rend sujettes du tribunal de commerce.

945. M. Reichard dit, dans son *Guide du voyageur*, t. 1, p. 40 : « *Les lettres de crédit sur de*

bonnes maisons de comm., sont, en quelque façon, préférables aux lettres de change, parce que les sommes de ces dernieres, soit qu'elles soient fortes ou modiques, suivant l'exigence du cas, on risque quelquefois à se trouver engagé *dans des procédures lentes* qui retardent le cours du voyage ; au lieu que *la lettre de crédit* a l'avantage de donner aux voyageurs le droit de demander des avis sur ce qui concerne ses affaires, et de requérir l'assistance du banquier à qui il est adressé ».

946. Il est indispensable d'être muni de plusieurs lettres de crédit, pour ne pas se trouver dans l'embarras de manquer d'argent, si, dans un cas imprévu, l'une d'elles n'était pas acceptée.

947. Si on est dans la nécessité de déposer chez un banquier le montant de la somme pour laquelle on prend des lettres de crédit, on fait mieux de la lui remettre en contrats ou billets de banque qui rapportent intérêts, parce qu'alors il ne comportera pas de provision, ou se contentera d'une modique. Ce qu'il y a de mieux, et ce qui est le plus en usage, est de donner *une caution solide* pour le montant des lettres de crédit.

948. Un voyageur ne peut pas être trop sur ses gardes par rapport aux *faux billets de banque* ou autres papiers publics qui se trouvent partout en circulation.

FORMULE

D'une lettre de crédit.

<table>
<tr><td rowspan="2">Paris, le</td><td>1er août, 1803.</td><td rowspan="2">(1) P: 3000 Rixd.</td></tr>
</table>

Paris, le { 1er août, 1803. / 13 therm., 12. } (1) P: 3000 Rixd.

Monsieur
Vanostroom,
Banquier,
à Amsterdam.   Monsieur,

Monsieur Pefandier, mon commis et porteur de la présente, a besoin de trois mille rixdalers pour quelques opérations qui me concernent, je vous prierais de les lui compter à-fur-et-mesure qu'il vous les demandera sur ses récépiscés, et de m'en débiter en attendant que nous soldions nos comptes respectifs.

Salut et amitié,

GEAUFROI.

PEFANDIER,

Pour servir à vérifier mon écriture.

949. Cette formule peut être amplifiée ou modifiée, suivant les circonstances ; dans tous les cas, il est prudent de la faire *signer par le porteur*, afin que le correspondant puisse vérifier sa signature qui doit être suivie de ces mots : *Pour servir à vérifier ma signature*, afin qu'il ne soit pas attaqué en solidarité, chose qui pourrait arriver sans cette précaution.

----

(1) Lorsqu'on écrit dans l'étranger, il faut toujours présenter les deux annuaires.

950. Il est aussi prudent de faire précéder cette lettre d'une lettre d'avis conçue en ces termes ou expressions équivalentes.

FORMULE

De la lettre d'avis d'une lettre de crédit.

Paris, le $\left\{\dfrac{1^{er}\ \textit{août}\ 1803.}{13\ \textit{therm. }12.}\right\}$ P. 3000 rixd.

Monsieur
Vanostroom ,
Banquier ,
à Amsterdam.

Monsieur ,

Monsieur Pefandier , mon commis , est porteur de ma lettre de crédit de trois mille rixdalers ; je vous prie de les lui compter sur ses récépissés , que je vous prierais de me faire parvenir après réglement de compte, vous invitant au surplus de passer à mon débit le principal, port de lettres , intérêt et commission , afin de solder et balancer nos comptes de conformité.

Comme la lettre que je lui ai remise pourrait lui être volée en route, pour prévenir toute méprise , je la lui ai fait signer, pour que vous confrontiez sa signature ; au surplus , il vous présentera son passeport afin qu'il soit parfaitement reconnu de vous , d'après le signalement que vous y trouverez.

Connaissant votre ponctualité , je suis dans l'espoir que vous ne lui compterez pas d'argent qu'après avoir vérifier le tout ; c'est au surplus ce que je vous prie de faire.

Salut et amitié , GEAUFROI.

PEFANDIER ,
Pour servir à vérifier mon écriture.

951. Dans le récépissé que donne le porteur de la lettre, il ne doit pas manquer d'exprimer que telle somme lui a été comptée en vertu de la lettre de crédit de M. un tel, en date de tel jour.

TITRE VIII.

CE titre traitera des protêts et sommation qui ont lieu à l'égard des billets à ordre et autres, et lettres de change.

CHAPITRE XXXV.

De l'acte portant protestation et sommation, appelé protêt.

952. L'ACTE portant *protestation et sommation* que l'on appelle communément *protêt*, est un acte *extra-judiciaire* par lequel un créancier fait sommer, par ministère de notaire ou huissier, un débiteur ou ses co-obligés d'acquitter les lettres de change ou billets par lui souscrits ou par eux endossés. Si, après cette *sommation* de payer, le débiteur, ou autre le représentant, ne se libère pas, l'officier public proteste de ce que de droit et laisse copie *de sa sommation et protestation.*

953. L'ordonnance la plus ancienne que j'aie pu trouver qui parle de protêt, est celle de 1462.

D'après cette loi, il paraît qu'à cette époque ils n'étaient autorisés que par l'usage; c'est ce qu'on peut présumer d'après la teneur de l'article 8; il y est dit :

« Si, par occasion d'aucune lettre touchant les *changes*, faite (aux foires de Lyon) pour payer et *rendre argent autre part*, ou des lettres qui seront faites ailleurs pour rendre argent esdites foires de Lyon, lequel argent ne serait payé selon lesdites lettres, *en faisant AUCUNE PROTES-TATION, ainsi qu'ont accoutumé faire marchands fréquentant foires, tant en notre royaume qu'ailleurs.*, etc. » Dans la bulle de Pie V, du 25 nov. 1569, rendue pour le change de Boulogne, il en est aussi parlé. Enfin, les protêts ont été reconnus si utiles, que l'usage en étant passé dans toutes les places de commerce d'Europe, ils sont généralement reconnus et approuvés tacitement par *le droit des gens positifs.*

954. Les auteurs qui ont écrit sur le droit commercial, ont singulièrement brouillé les idées, par rapport aux dénominations du protêt fait pour lettre de change et billet à ordre. Ils ont dit : pour une lettre de change il faut *protester*; pour un billet à ordre il faut faire une *sommation*. En partant de ces notions, on doit donc supposer qu'un *protêt* ne porte pas *sommation*, et qu'une *sommation* ne porte pas *protêt*, lorsque dans l'usage il en est différemment. En

effet, on *proteste avec sommation* pour un *billet à ordre*, comme pour *lettre et billet de change*; la seule différence qu'il y ait entre ces deux actes, c'est que dans *les protêts des billets à ordre*, on n'y *proteste* que *de se pourvoir par les voies de droit*, et que dans *les lettres de change* on y *proteste de se pourvoir par les voies de droit, de tous dépens, dommages et intérêts, ET DE PRENDRE DE L'ARGENT A CHANGE ET RE-CHANGE, etc.*

955. Au surplus, l'ordonnance ne parle nullement de *sommation*; par-tout elle ne parle que *de protêt et de diligence*. A la vérité, par-tout où il est question de lettre de change, il est aussi question de protêt; mais lorsqu'elle parle spécialement de billet de change et autres, elle se sert *de diligence; art. 31, tit. 5.* D'où on pourrait conclure qu'elle a entendu parler de simple sommation; mais cette idée se détruit en lisant l'art. 21; il y est dit : « Les lettres *ou billets* de change seront etc...... à compter du lendemain de l'échéance *ou du protêt* ». Or, comme cet article assujettit tous les billets de change et autres aux *diligences*, on doit donc dire que les mots *diligence et protêt* sont synonymes sous ce rapport. Donc, etc.

956. Le protêt est un acte qui a tant de force, que :

1°. Le propriétaire de la traite ne peut re-

courir

courir sur le tireur, endosseur et accepteur, qu'après qu'il a été dénoncé ;

2°. Il atténue le bénéfice de division et de discussion ;

3°. Il donne l'intérêt, le change et le rechange et les frais de voyage, du jour qu'il est fait, art. 7, même à l'égard des étrangers ;

4°. Il ne peut être suppléé par aucun acte ; aussi Bornier dit : c'est une formalité d'ordonnance qui ne s'infère jamais tacitement, et ne peut se sous-entendre, ni se suppléer par équipollence ou par conséquence.

957. Les protêts, avant la déclaration du 26 janvier 1664, ne se pouvaient faire valablement que par des notaires ; et même depuis, par l'art. 5 du règlement du parlement de Bretagne, du 2 décembre 1665, il fut ordonné que les protêts se feraient par ces derniers, *à cause de la vénalité de ces gens* (c'est-à-dire des huissiers) *et de la fréquente fausseté de leurs exploits.*

Mais par l'article 8 du tit. 5 de l'ord. de 1673 il est dit :

« Les protêts ne pourront être faits que par *deux notaires,* ou *un notaire et deux témoins,* ou par *un huissier ou sergent,* même *de la justice consulaire,* avec deux recors, et contiendront le nom et domicile des témoins ou recors ».

958. Art. 9. «Dans l'acte de protêt, les lettres de change seront transcrites avec les ordres et les réponses, s'il y en a; et la copie du tout, signée, sera laissée à la partie, à peine de faux, et du dommage-intérêt ».

Tout ce qui est dit ci-dessus à l'égard des lettres de change, a lieu à l'égard des billets à ordre, de quelque nature qu'ils saient.

959. Tout huissier instrumentant dans la ville, soit qu'il soit attaché au tribunal de commerce, ou non, peut faire un protêt; car l'article 8 annonce que c'est par une espèce de faveur, qu'il permet la redaction de ces sortes d'actes à ceux attachés aux tribunaux de commerce.

960. Il y a trois espèces de protêt : deux espèces à l'égard des lettres de change, et une autre espèce à l'égard des billets à ordre.

961. Les premiers sont ceux que l'on fait faute d'acceptation; le second faute de paiement de lettre de change; le troisième faute de paiement de billet à ordre.

962. Voici la formule d'un protêt faute d'acceptation. Il faut prendre garde que, si on avait sur une même personne plusieurs lettres de change à faire accepter, on doit les protester par un seul acte; dans tous les cas, et invariablement, il faut que la copie de la traite ou des traites soit insérée dans le protêt.

(19)

FORMULE

De protêt, faute d'acceptation.

L'an douze de la république, le jour de nivose, quatre avant (ou après) midi, à la requête de Bonnefond, marchand patenté pour l'an douze, de la troisième classe, sous le n°. 480, demeurant section des Gravilliers, rue du Temple, n°. 770, où il a élu domicile : j'ai, J. Mainville, huissier près le tribunal civil de première instance du département de la Seine, patenté le 30 frimaire, troisième classe, à Paris, demeurant rue Saint-Denis, section des Lombards, n°. 44, soussigné, sommé le citoyen Bonaventure, marchand, demeurant rue de Bussi, n°. 12, section de........ lieu de son domicile, en parlant à lui-même d'ACCEPTER présentement pour payer à son échéance, une lettre de change que je lui ai exhibé, dont copie ci-dessus, tirée sur lui par le citoyen Coujolles, de Nantes, montant à la somme de quatre mille francs, protestant, faute d'acceptation, de la renvoyer sur les lieux, de me pourvoir contre le tireur et les endosseurs par les voies de droit, et de tous dépens, dommages et intérêts ; lequel citoyen Bonaventure, parlant comme ci-dessus, a répondu, ne vouloir pas accepter, n'ayant ni fonds ni provision, et a signé sa réponse pour constater son refus d'accepter. Sur quoi je lui ai réi-

*tiré les sommations et protestations ci-dessus ;
et laissé copie de ladite lettre de change, des
ordres et du présent ; en présence de Gaullier,
demeurant rue Saint-Honoré, n°. 46 et Geoffroi,
demeurant rue Thionville, n°. 15, tous deux
Praticiens. Fait à Paris, par moi huissier susdit
les jours et an ci-dessus.*

J. MAINVILLE.

GAULLIER, Praticien. GEAUFFROI, Praticien.

FORMULE

De protêt faute de paiement.

Nota. Même formule précédente, jusqu'au
mot D'ACCEPTER, en place duquel il faut
mettre ceux-ci DE PAYER PRÉSENTEMENT, etc.

.... De payer présentement *audit citoyen....
ou à moi, pour lui, la somme de.......... contenue
en la susdite lettre de change, ci - dessus trans-
crite, dont je lui ai fait exhibition, protestant
de la renvoyer sur les lieux, faute de paiement,
et de prendre pareille somme à change et re-
change en toutes places, aux risques de qui il
appartiendra...... lequel citoyen..... parlant comme
ci-dessus, a répondu......... et a refusé de signer ;
sommé de le faire, ce que j'ai pris pour refus,
pourquoi je lui ai réitéré les sommations et protestations ci-dessus et laissé copie de ladite lettre,*

des ordres et du présent , en présence des témoins soussignés. Fait à......... par moi , huissier susdit , les jours et an ci-dessus.

S'il y a un *au besoin* sur la lettre (853), l'huissier se transporte chez la personne désignée, qui dit pour l'honneur de qui elle le paiera. Alors, l'huissier ajoute :

Et à l'instant est comparu le cit...... lequel a déclaré qu'il paierait ladite lettre , pour l'honneur de la signature du cit........ ce qu'ayant effectué, je lui ai remis le présent protêt et la lettre de change acquittée, qui le subroge en tous les droits et actions du cit......... porteur de ladite lettre.

Dénonciation de protêt avec assignation.

Copier la lettre de change ou billet, les ordres, le protêt , l'enregistrement et dire :

F O R M U L E.

Et le......... jour d......... audit an , à........ midi , à la même requête et élection de domicile énoncées au protêt d'autre part (ou ci-dessus) j'ai..... huissier etc........ signifié ledit protêt au citoyen..... tireur (ou endosseur ; la qualité.), demeurant à..... en son domicile , en parlant à........ et j'ai donné assignation audit cit........ en parlant comme ci-dessus, à comparoir (on fixe le tems suivant l'éloignement des lieux) pour être condamné par corps.

B. 3

à payer au demandeur , la somme de....... contenue en la lettre de change énoncée audit protêt , ensemble aux frais faits jusqu'à ce jour , aux intérêts et aux dépens. Fait à....... par moi huissier susdit , les jour et an ci-dessus.

FORMULE

De protêt pour billet à ordre.

Copier en tête l'effet , les endossemens , et dire :

L'an....... le........ à la requête ..... j'ai , huissier , soussigné , porteur du billet et ordres dont copie ci-dessus , me suis transporté au domicile de....... marchand , demeurant à...... section de..... où étant et parlant....... j'ai donné lecture dudit billet et ordres que j'ai représenté , j'ai fait sommation audit......... en parlant que dit est , de reprendre ledit billet et payer au....... requérant , ou à moi , huissier , porteur d'icelui , la somme de..... y contenue , aux offres de la remettre quittancée ; a fait réponse......... sommé de signé , a refusé , pourquoi le....... requérant proteste de tout ce qu'il peut et doit. Fait par moi , huissier....... donné et laissé audit....... en son domicile , en parlant que dit est , copie dudit billet et des ordres , étant au dos d'icelui , où qu'il n'en ignore, etc.

963. Comme l'on voit, les actes délivrés pour demander le paiement des billets à ordre et celui des lettres de change , portent également *protesation et sommation ;* car si l'un et l'autre ne

portaient pas une *protestation*, aux termes de l'article 10 du tit. 5 de l'ord. , ils seraient nuls.

964. Il y a des huissiers, qui, dans les billets à ordre pour valeur comptant , ou autres de cette nature, *protestent de change et re-change*, comme pour *lettre et billet de change*. C'est un abus : un simple billet à ordre ne peut en produire, parce que le change et le rechange étant un dédommagement pour le créancier des avances qu'il a faites et qu'il fait, et un simple billet à ordre ne produisant ni l'un ni l'autre, il ne peut donc pas demander un dédomma-gement.

965. L'ord. de 1673, tit. 5, art. 16 , portant que tous les obligés à la traite seront tenus de prouver au propriétaire qui a protesté à tard, que le sur-tiré avait provision en main à l'échéance, et que, faute de donner cette preuve, ils seront tenus de la garentir; (ce qui n'arriverait pas s'il y avait eu provision.) Et les lois de Venise , supposons, portant au contraire, *soit qu'il y eût ou n'y eût pas de provision à l'échéance ,* que le protêt n'ayant pas été fait à tems , le por-teur ou propriétaire n'aurait aucun recours con-tre le tireur et les endosseurs. Une lettre tirée de Venise sur Londres, ayant passé à Franc-fort, et de cette ville à Lyon, le protêt ayant été fait à Londres tardivement, le négociant de

Lyon peut-il alléguer au propriétaire de la traite la *fin de non-recevoir*, en soutenant *qu'il doit se référer aux lois de Venise?*

966. Il est de principe que pour tout ce qui concerne *l'ordre judiciaire*, on doit suivre l'usage du lieu où l'on plaide, *L. 3, §. 6, ff. de testib.* Pour ce qui regarde la *décision du fonds*, on doit suivre les lois du lieu où a été passé le contrat, *L. 6, ff. de evictionib.* En appliquant ces principes à l'espèce, on doit donc dire que le négociant de Lyon est fondé à alléguer *la fin de non-recevoir.*

967. Les étrangers acquièrent-ils hypothèque sur les biens de leurs débiteurs par l'effet d'un simple protêt?

968. Sur cette question, Bornier, sur l'art. 8 du tit. 5 de l'ord. répond ainsi : « il faut remarquer que les protêts faits dans un autre royaume portent *hypothèque*, comme il a été jugé par arrêt du 26 mars 1646, rapporté par Clairac dans son traité du commerce des lettres de change, ch. 6, n. 8. La raison qu'il en rend est que *le négoce de lettres de remise est censé un dépôt, ou commodat,* dont la restitution est de droit naturel et du droit des gens, et même du droit divin ».

969. Je suis absolument contre cette décision. La loi qui est la plus favorable aux lettres de change, est sans contredit l'ordonnance de

Danemarck, du 31 mars 1688, il y est dit, art. 25 : « aucunes lettres de répit ou atermoimens ne pourront avoir d'effet , *ni garantir du paiement d'une lettre de change* ». Comme l'on voit, il n'est pas question *d'hypothèque*, mais seulement de privilège.

970. La déclaration du 2 janvier 1717 proscrit, absolument parlant, l'hypothèque entre regnicoles, en pareille circonstance, et étaie cette proscription des développemens tirés des principes des lois de l'état; il y est dit :

« La disposition des ordonnances... les art. 92 et 93 de celle de 1539, ne donnant aucune hypothèque aux écritures privées, que du jour de la reconnaissance ou dénégation en jugement, et celle de 1673 ne contenant non plus aucun article duquel on ait pu induire que l'hypothèque fût acquise par le simple protêt; elle renferme même plusieurs articles qui y sont opposés, d'autant que l'article 12 du tit. 5 ne permet de saisir, *après le protêt*, qu'en vertu d'une *permission du juge,* dont le ministère ne serait pas nécessaire, si le protêt, équipollant à un contrat, avait une exécution passée. Que l'art. 21 porte : qu'une lettre de change, quoique protestée, est prescrite par une discontinuation de poursuites pendant cinq ans, qui ne sont suffisans pour éteindre une action hypothécaire; et qu'enfin, suivant la même ordonnance, il n'est pas praticable que le porteur d'un billet ou lettre de change se soit procuré, par l'effet du protêt, une hypothèque sur les biens des tireurs et endosseurs, qui, n'étant tenus du paiement qu'après que le protêt leur a été donné, peuvent en être déchargés par le défaut de cette formalité remplie dans les délais qui ont été prescrits, etc. » La déclaration conclut *en rejetant l'hypothèque.*

Actuellement, voyons si cette loi est applicable aux étrangers.

971. Un négociant danois, je le suppose, est créancier d'un négociant français : il tire une lettre de change à vue sur celui-ci, ordre d'un autre négociant danois; la traite est protestée, faute de paiement; le tireur est devenu insolvable : le propriétaire de la traite, pourra-t-il, par l'effet du protêt se présenter *comme créancier hypothécaire?* Quoiqu'en règle générale, le débiteur doive s'acquitter au domicile du créancier, du moment que le créancier tire sur lui, et que ce débiteur accepte, ils sont censés être tacitement convenus que ce dernier paierait à son domicile; si cela est ainsi, c'est donc en France que le négociant danois doit venir chercher et réclamer sa créance. La cède-t-il par lettre de change? Le cessionnaire n'acquérant pas plus de droit que n'en avait le cédant, il ne peut donc avoir que les mêmes prétentions; c'est-à-dire, comme lui, il doit venir chercher et prendre

son paiement en France. Dans ce cas, ne pouvant jouir d'un plus grand privilège que les nationaux, étant assujetti à la loi commune, si les français n'ont point hypothèque par l'effet du protêt, comme eux, il ne peut en avoir.

<table>
<tr><td colspan="2" align="center">RÉSUMÉ.</td></tr>
<tr><td align="center">DROIT CIVIL.</td><td align="center">DROIT COMMERCIAL.</td></tr>
<tr><td>Un acte extra-judiciaire ne donne point d'intérêt.</td><td>Le protêt pour lettre de change donne intérêt, mais non pour billet à ordre.</td></tr>
</table>

CHAPITRE XXXVI.

Du recours en garantie, et de la prescription.

972. ON appelle recours en garantie l'action de poursuivre légalement les cédans d'un effet de commerce dans les tems fixés par les lois, à peine de déchéance contre les tireurs et endosseurs.

973. Une lettre de change est tirée par un négociant anglais sur un négociant de Paris, au profit d'un espagnol, qui la passe à l'ordre d'un portugais, et celui-ci à l'ordre d'un français. Le moment de l'échéance arrive ; elle n'est point acquittée ; elle est protestée à tems et en bonne forme. Quelle sera, dans l'espèce, la loi qui

réglera les délais dans lesquels devront être exercées les actions récursoires des propriétaires
contre les endosseurs, et de ces derniers contre
le tireur?

974. Savary, page 634, répond : «qu'il faut
suivre l'usage des lieux sur lesquels les lettres de
change sont tirées, et non celui des lieux d'où
elles sont tirées ». Savary veut donc que l'on suive
*l'usage du lieu de l'accepteur, et non celui du lieu
du tireur.*

975. Boulenois , sur Rodembing , tome 1 ,
page 372, dit :

« Je crois pouvoir assurer que , si les différentes nations ont déterminé différens délais pour
les recours en garantie, il n'en est aucune qui
n'ait prévu le cas où ces garanties seraient exercées contre les étrangers. La lettre de change tirée
d'Angleterre est payable dans Paris ; elle est en-
dossée par des négocians demeurant dans différentes nations ; je dis qu'après le protêt fait
suivant les formalités des lois de France, le recours en garantie contre un portugais, dernier
endosseur, doit être pris de la loi qui s'observe
en France pour y recevoir la lettre de change.
*Ce n'est que de France qu'il peut apprendre les
délais* que lui donne la loi pour exercer le recours de garantie ». Il conclut, par analogie,
à l'égard du portugais par rapport à l'espagnol.

Il continue en disant :

« Et ainsi encore, à l'exception du recours de garantie que le porteur de la lettre doit exercer, et qu'il prend de la loi où elle est payable (c'est-à-dire, de France), chaque endosseur doit assigner *en recours, suivant la loi de lui garanti, et non suivant la loi du garant* ».

976. Boulenois diffère donc de Savary, en ce que ce dernier auteur veut que, pour le recours en garantie, on suive *l'usage de l'accepteur*, et que ce premier veut que chaque *garanti,* pour exercer sa garantie, *suive la loi du lieu où lui a été faite la cession.*

977. L'avis de Savary me paraît conforme aux principes. En effet, où a été fait le contrat ? En Angleterre : c'est là où ont été fournis les fonds qui ont été donnés pour acheter la lettre de change; c'est en monnaie anglaise qu'elle a été payée, conséquemment, c'est donc en Angleterre qu'a été passé le contrat. Et comme il est de règle que le cessionnaire n'acquiert pas plus de droit que le cédant; que le lieu où le contrat se passe régit le contrat. Faber, *cod. liv. 1, tit. 5, de leg.* Que la solemnité du contrat se règle par les lois et par les usages suivis dans les lieux où ils sont passés. Denisart, *verb. cont. n. 38. L. 6, ff. de evictionib.*

978. Enfin, que l'étranger qui contracte dans les terres d'un état, est tenu, comme sujet à tems de cet état, de se soumettre aux lois du

pays, Grotius, *de jur. bell. lib. 2, cap 11, § 5, n. 2*; mais que le propriétaire ayant consenti d'être payé à Paris, que c'est donc à Paris que le contrat est censé avoir été fait. Le propriétaire de la lettre et ensuite les autres endosseurs doivent donc recourir en garantie , etc.

979. Néanmoins la décision de Boulenois est celle que je pense que l'on doit adopter; si elle n'est pas conforme aux principes, elle est conforme *au droit des gens tacitement conventionnel.* Par exemple, notre ordonnance, tit. 5, art. 13, veut que les tireurs et endosseurs portugais saient poursuivis en garantie dans les *délais de six mois,* les tireurs et endosseurs espagnols dans ceux de *quatre mois ,* et les tireurs et endosseurs anglais dans ceux de *trois mois.* Cet ordre de chose établi publiquement en France, quoiqu'il intéresse essentiellement les étrangers, n'ayant pas été contesté par eux, est donc tacitement adopté, et conséquemment, doit être suivi par rapport aux français.

980. Cependant en se référant aux assertions de Boulenois dont une partie porte : *si les différentes nations ont déterminé différens délais pour les recours en garantie, il en est aucune qui n'ait prévu le cas où ces garanties seraient exercées contre les étrangers.* On jugera peut-être que dans le cas contraire sa décision est inadmissible; on se tromperait : n'y aurait-il que la

France qui ait fait un pareil règlement, il doit être suivi en France.

981. J'ai parcouru attentivement les ordonnances des places commerçantes d'Europe, notamment celle d'Amsterdam, du 19 mars 1661; celle de Rotterdam, du 18 avril 1635; celle d'Anvers, du 16 octob. 1541; celle d'Hambourg; celle de Francfort, du 18 septembre 1667; celle de Saxe, du 4 septembre 1669; celle de Naubourg; celle de Nuremberg; celle d'Augsbourg; celle de Breslau; celle de Dantzig, du 8 mars 1701; celle de Brandebourg, de 1684; celle de Danemark, du 31 mars 1688; celle de Suède; celle de Bologne; celle de Gênes, du 20 février 1597, — 26 janv. 1632, — 2 mai 1635, — 14 février 1636, etc.; de Bogliano, 1634, et de 1663; celle de Sardaigne de 1770 : pas une de ces ordonnances ne fixe aucun délai pour recourir en garantie.

982. La plus grande partie de ces lois, à commencer par celles de la France, sont vicieuses, d'autres me paraissent fondées en raisons sous quelques rapports.

983. Celle de la France, est vicieuse, par exemple, dans ce cas : elle fixe, tit. 5, art. 13, les délais pour les domiciliés en France, *à quinze jours,* lorsqu'ils sont à la distance *de dix lieues,* et de *quatre mois pour l'Espagne;* si donc un individu établi *à Bayonne,* veut recourir en

garantie contre un autre individu établi à *S.-Sébas-tien, en Espagne*, qui conséquemment n'est qu'à la distance d'environ *sept lieues*, il aura donc *quatre mois* pour faire son recours, pendant que pour *dix lieues*, le précédent n'a que *quinze jours ;* ce qui est absurde.

984. Les constitutions de Sardaigne, de 1770, l. 2, tit. 16, ch. 3, art. 27, présentent encore un inconvénient : elles veulent que : « quand on fera protester quelque lettre de change, les cession-naires soient obligés de le notifier *promptement* à leurs cédans, et successivement ceux-ci à leurs au-teurs, à mesure qu'ils en seront informés, sous peine, quant à ceux, qui, par leur faute, retar-deront de faire cette notification, d'être tenus en leur propre et privé nom, à tous les dom-mages que ce retardement pourrait causer ».

985. Cette expression *promptement*, par rap-port à la notification des protêts, prête singu-lièrement à *l'arbitraire ;* et cela arrive toutes-les-fois que les lois parlent en termes vagues, et qu'elles ne limitent pas d'une manière bien po-sitive les devoirs du citoyen.

986. Il me semble que la loi parerait à tous ces inconvéniens, en ordonnant que ceux qui auront tiré ou endossé des lettres de change, seront poursuivis à raison d'un jour pour *cinq lieues*. Or comme il y a 280 lieues de Madrid à Paris, conséquemment celui qui aurait tiré

ou

ou endossé, dans la capitale de l'Espagne, une lettre de change, serait poursuivi ne garaenti dans 56 jours; l'ordonnance accorde 120 jours: c'est trop.

987. Tout étant précaire dans le commerce, tout y est urgent. Il faut sans doute lui donner une certaine latitude; mais il ne faut pas la pousser trop loin, parce que tel qui est solvable aujourd'hui, ne l'est pas demain.

Y a-t-il lettre de change là où n'est pas *un payeur* autre que le tireur (818)?

988. « Francfort, 5 avr... ...7, d'hui en 14 jours, fixe, je paierai, cont... ...a présente seule de change, à l'ordre du sieur Abraham-Aaron Mock, la somme de 4880 liv. de France, valeur reçue en lettre à la foire de cette ville, payable au Poêle des Vignerons, à Strasbourg.

/ Signé Schinck. »

Tel est l'acte matière du procès.

19 avril 1787. — Protêt de la part de Mock. Après cela plus de poursuites jusqu'en l'an 10.

989. Jugement du tribunal de commerce de Colmar; qui accueille l'exception, attendu que l'effet dont il s'agit a tous les caractères d'une véritable lettre de change, sur-tout *la remise de place en place* (803).

990. 19 pluviose an 11. — Jugement du tribunal d'appel séant à Colmar, qui déclare n'y avoir prescription, attendu que l'effet dont il

2   C

s'agit n'est pas *lettre de change*, mais *billet de change*, causé *pour lettre de change* ; d'où la conséquence, que s'il y a prescription comme *billet de change*, il est resté simple billet, c'est-à-dire, que *la dette commerciale* a dégénéré *en dette civile*.

991. **Pourvoi** *en cassation*. Le demandeur observait que l'effet était qualifié *lettre de change* ; qu'il avait été protesté comme *lettre de change* ; que s'il n'y a que deux personnes en nom, chacune d'elle en représente visiblement deux. — Schinck est to.... a-fois *le tireur* et *l'accepteur* et *le porteur* ..e demandeur soutenait donc que l'effet dont il s'agit avait tous les caractères d'une lettre de change : donc on avait dû prononcer la prescription ; donc contravention à l'art. 21 de l'ord. de 1673. (828)

992. **Jugement**. Considérant qu'un des caractères de la lettre de change est qu'elle soit payable par *un autre* que le tireur, avec lequel autre le porteur puisse poursuivre l'acceptation ; que dans l'espèce, Schinck qui a souscrit le billet en question, s'est obligé de payer lui-même, et n'a indiqué personne à qui il décernât le mandat de payer pour lui ; que la circonstance que le billet a été souscrit à Francfort, et qu'il contient promesse de payer à Strasbourg, n'a pu faire de ce *billet* une *lettre de change* ; ou il faudrait dire que tous billets payables ailleurs

qu'au lieu où ils ont été souscrits, sont des lettres de change.

Considérant encore que le billet en question n'est point *billet de change*, puisqu'il ne contient aucune des énonciations qu'exige l'art. 28 du tit. 5 de l'ord. de 1673. (923)

Considérant enfin que l'omission des énonciations exigées par l'ordonnance, empêche bien l'obligation *d'être billet de change*, mais le laisse dans la classe des *obligations ordinaires*, rejette, etc.

Du 1er. thermidor an 11, sect. des requêtes, 12 cahier, jurisp. trib. cassation.

Ces trois jugemens qui se contrarient, sont remarquables en ce que :

1°. Le tribunal de commerce de Colmar a reconnu la traite en question comme lettre de change, en conséquence, il a admis la prescription de cinq ans.

2°. Le tribunal d'appel de Colmar a reconnu cette traite pour billet de change, et a déclaré en conséquence n'y avoir point *de prescription*.

3°. Le tribunal de cassation a considéré cette traite comme *simple billet*, fondé sur ce qu'il n'y avait pas de personne indiquée pour payer pour le tireur; c'est-à-dire, que celui-ci s'est présenté dans ce titre, comme *tireur* et *accepteur*.

993. Comme cette lettre comporte un change

(762) elle est donc, comme l'a qualifié le tribunal de commerce, *lettre de change*; mais n'y ayant point eu de provision sur le lieu sur lequel elle a été tirée (783), elle est lettre de change imparfaite, et rentre par conséquent, comme l'a décidé le tribunal de cassation, dans la classe des simples obligations *qui ne prescrivent que par trente ans.* Lorsque l'ord tit. 5, art. 21, prescrit les lettres de change par cinq ans, c'est afin que la provision qui aurait été faite, ne périclitât pas (790). Aussi l'article 16 veut-il que le tireur ne soit point jugé en défaut, lors même qu'il ne *proteste pas*, quand il est prouvé qu'il n'y avait pas *provision* à l'échéance. La loi le décide ainsi, parce que la raison que j'ai déduite, existe. Aussi Jousse dit-il, sur ce dernier article :

« Lorsque le tireur... n'a point envoyé *de provision*, il se trouve dans le cas de celui qui a *une dette active*, ou *une créance qui n'existe pas*, et par conséquent dont il ne peut résulter aucune action qui puisse imposer au porteur la nécessité de faire aucune diligence, le cessionnaire n'ayant pas plus de droit que le cédant ». Cette décision est applicable aux endosseurs.

994. D'où l'on doit conclure que les lettres de change *tirées sur soi*, sont de vraies lettres de change, du moment que les fonds sont envoyés, et que, si celui qui a tiré sur soi n'ayant point vu le propriétaire de la lettre à l'échéance;

venait à perdre sa fortune le lendemain, le propriétaire n'aurait point de recours contre les
endosseurs, faute par lui de n'avoir pas fait ses
diligences à tems.

TROISIEME PARTIE.

Cette partie traitera de la contrainte par corps; des faillites et banqueroutes; des cessions de biens; des privilèges et des revendications.

TITRE IX.

Ce titre traitera de la contrainte par corps; de l'abus de cette loi, et de ceux à qui elle peut être appliquée pour fait commercial.

CHAPITRE XXXVII.

De la contrainte par corps.

995. La contrainte par corps en matière de commerce, est le droit qu'a le créancier de faire emprisonner son débiteur à la suite de l'inexécution de son engagement.

996. D'après la loi du 15 germinal an 6, la seule qui soit actuellement en vigueur, la contrainte par corps ne peut être prononcée qu'en vertu d'une loi formelle, art. du 1er. par. du tit. 1,

d'où il résulte qu'elle ne peut être convenue dans aucun acte : aussi toute condamnation qui serait prononcée d'après la convention, serait essentiellement nulle, art. 2.

997. Les juges des tribunaux de commerce peuvent-ils se dispenser de condamner par corps pour les cas déterminés par la loi, dans les affaires qui sont de leur compétence? Cette question n'a point encore été agitée, que je sache.

Pour la résoudre, il faut avoir égard au motif de la loi, et chercher à en connaître l'esprit.

998. Montesquieu qui a écrit très-savamment sur quelques parties du commerce, non d'après sa propre expérience, mais d'après celle de Dutasta, négociant très-instruit de Bordeaux, dit, liv. 20, ch 14 :

« Solon ordonna à Athènes, qu'on n'obligerait plus le corps pour dette civile..... Cette loi est très-bonne pour les affaires civiles ordinaires; mais nous avons raison de ne point l'observer dans celles de commerce : car les négocians étant obligés de confier de grandes sommes pour des tems souvent fort courts, de les donner, de les reprendre (1), il faut que le débiteur remplisse

______

(1) Des banquiers de Paris ont observés que le même sac d'argent leur avait passé entre les mains plusieurs fois dans la journée.   *Note de l'auteur.*

C 4

toujours au tems fixe ses engagemens, ce qui suppose la contrainte par corps.

« Dans les affaires qui dérivent des contrats civils ordinaires, la loi ne doit point donner la contrainte par corps, parce qu'elle fait plus de cas de la liberté du citoyen, que de l'aisance d'un autre. Mais dans les conventions qui dérivent du commerce, la loi doit faire plus de cas de l'aisance publique, que de la liberté d'un citoyen : ce qui n'empêche pas les restrictions et les limitations que peuvent demander l'humanité et la bonne police ».

Ces réflexions conduisent naturellement à faire ces questions : la contrainte par corps est-elle instituée pour punir le débiteur, ou pour prévenir sa mauvaise foi?

999. Les auteurs qui ont écrit sur le 48ᵉ. article de l'ordonnance de Moulins, ont dit : qu'à cet égard, la contrainte par corps était une peine. Voyez la dernière édition du recueil des ordonnances de Néron, tom. 1, page 471.

1000. Mais, suivant moi, la contrainte par corps n'est pas une peine, parce que la peine n'ayant été instituée que pour punir le délit, elle n'est jamais infligée sur une simple présomption, mais sur un fait constant. Or, comme quand on enferme un débiteur pour dette, on ne l'enferme que parce qu'on présume, ou qu'il a soustrait son argent, ou qu'il apitoiera ses amis, elle n'est donc point une peine, mais un moyen inventé pour obtenir une prompte libération.

Ainsi je dis que :

1001. La contrainte par corps a été instituée pour prévenir la mauvaise foi : tel est son motif, tel est son but. D'où il résulte que la loi frappe également du même coup et l'innocent et le coupable; avec cette différence, que le coupable qui dirait n'avoir point d'argent, s'arrache des cachots en donnant celui qu'il voulait soustraire à ses créanciers, et que l'innocent qui est sans moyens, y demeure précipité, en aggravant son malheur par l'inaction dans laquelle il est réduit. Et si dans la première hypothèse le créancier est désintéressé, dans la seconde hypothèse il accroît sa créance de tous les frais qui résultent de l'emprisonnement de son débiteur.

1002. Dans ma manière de voir, *la contrainte par corps est au débiteur, ce qu'était la question au criminel* : la proportion géométrique est exacte. En effet, *si la question a été inventée pour faire avouer le crime, la contrainte par corps a été inventée pour faire avouer l'argent*, ou tout au moins apitoyer les amis de l'incarcéré sur son sort, avec cette grande différence que le prévenu d'un crime s'arrachait aux fureurs des bourreaux, en avouant des excès auxquels il ne s'était pas livré, et voyait conséquemment finir ses peines, et que le prévenu de soustraction d'argent , ne peut s'arracher aux verroux en avouant un argent qu'il n'a pas.

1003. On a trouvé trop doux de réduire le malheureux débiteur, plongé souvent dans la détresse par l'usure, à coucher sur la paille en lui faisant vendre tout ce qu'il possédait, il a fallu encore lui ôter les moyens de rétablir le mobilier de sa malheureuse famille , et chose plus singulière, de lui ôter les moyens de se libérer envers son créancier. Quelle extravagance! Quand verrons - nous disparaître ce reste de barbarie !!!

1004. Cependant je ne voudrais pas bannir la contrainte par corps, absolument parlant, des transactions commerciales; mais je ne voudrais l'admettre que dans un cas seulement, comme on le verra ci-après.

1005. En Angleterre, dans les Etats-Unis, à Amsterdam, à Roterdam, dans les ci - devant Pays - Bas Autrichiens, à Dantzig, en Brandebourg, en Danemarck, en Espagne, en Sardaigne , la contrainte par corps a lieu pour les engagemens commerciaux; néanmoins, dans ce dernier état, elle n'a lieu qu'avec restriction.

1006. Les constitutions de ce pays, de 1770, liv. 3, tit. 32 , art. 16, portent : « On ne doit prendre le débiteur au corps, que quand il n'a absolument *rien pour payer*, comme meubles , marchandises, immeubles, créances, etc. » Cette est des plus équitables. Dans le cas que je proposerai, on observera peut-être qu'il vaut bien mieux s'assurer de suite de la personne que de son mobilier, parce que la première procédure est bien plus courte que la seconde. C'est une erreur : d'abord parce qu'il y a beaucoup de formalités à remplir pour exercer la contrainte par corps, et ensuite parce que le débiteur peut se soustraire à son créancier pendant long-tems, en changeant de nom, en passant à l'étranger, en changeant souvent de municipalité ; enfin, il a mille moyens pour échapper au créancier.

1007. A Hambourg et à Bologne la contrainte par corps n'a pas lieu pour fait de commerce, sauf le cas, à Hambourg, où le débiteur annoncerait de la mauvaise foi.

1008. Quoiqu'à Hambourg il se fasse de très grandes opérations commerciales, cela n'empêche pas que les engagemens commerciaux s'y exécutent avec autant de célérité que par-tout ailleurs; ce qui ferait croire qu'en général elle n'est pas aussi utile qu'on le pense.

1009. En Angleterre, où on respecte extraordinairement en théorie la liberté individuelle, et où extraordinairement on la respecte fort peu dans la pratique, suivant Prost de Royer, on a vu dans les prisons jusqu'à 20,000 individus renfermés pour dettes. C'était sans doute autant de sacrifices faits au détriment de l'agriculture et de l'industrie.

En 1777 il a été rendu un édit à Florence, qui ordonne qu'aucune personne domiciliée ne pourra être arrêtée pour une dette au-dessous de *trente livres*, et que, pour celle de plus forte somme, il ne sera procédé à l'emprisonnement qu'après que le juge aura décidé que le débiteur ne peut donner d'autre sûreté de sa créance que sa personne ; et les juges, les créanciers et les recors, qui auront ordonné, requis ou exécuté l'emprisonnement d'un débiteur, sans avoir procédé en conformité du présent édit, répondront, en leur propre et privé nom, de tous les frais de capture. S. A. R. a chargé en outre l'auditeur fiscal de choisir dans les différentes villes du Grand-Duché un lieu propre à faire des prisons, où les débiteurs seront gardés sûrement, sans leur faire partager l'horreur des prisons destinées aux scélérats.

On ne peut s'empêcher d'admirer la sagesse de cette loi, parce qu'elle concilie l'intérêt du créancier et celui du débiteur, en rendant hommage à l'humanité.

Le nommé...... du département de..... homme tranquille et paisible, s'étant trouvé par hasard dans une rixe, fut conduit *à la Force*, le... Il ne fut pas sitôt sous les verroux, que sept à huit coquins accoururent à lui : l'un d'eux passe par derrière, mit ses deux mains sur sa bouche, pendant que les autres le dévalisait; enfin, ils lui enlevèrent jusqu'à ses lunettes. Ils ne s'en tinrent pas là : ils firent leurs efforts pour commettre un crime que ma plume se refuserait d'écrire, même sous un voile épais, si le respect dû aux mœurs ne m'imposait silence.

Les hommes injustes ne manqueront pas d'accuser d'insouciance l'administration publique, ou tout au moins de négligence. Eh! que peut faire une administration d'une étendue immense, lorsque ceux qui sont victimes des abus qui s'y glissent, sont assez négligens pour ne point les dénoncer; l'administrateur, même ceux qui sont sous ses ordres, peuvent-ils, malgré toute leur surveillance et tout le zèle qu'ils ont à bien remplir leur emploi, pénétrer jusque dans l'intérieur des prisons pour savoir ce qui s'y passe? Eh! quand bien même ils y pénétreraient, serait-ce devant eux que les scélérats se porteraient à de pareils excès ? Non. Il appartient donc à tous citoyens, surtout à celui qui consacre ses veilles à servir la société, à dénoncer aux magistrats ces attentats. Je le fais donc avec cette confiance que doit avoir l'écrivain qui veut lui être utile. Je crois que cette observation explique pourquoi j'ai fait cette digression, conséquemment, je n'en déduirai pas les motifs.

Pour discuter cette matière intéressante avec

ordre, il faut donner un coup-d'œil sur les avantages et les désavantages de cette *question civile*.

1010. UTILITÉ. Si la contrainte par corps
n'avait pas lieu, on verrait une foule de fripons
emprunter de côté et d'autre, et mettre ensuite
en bourse ou en porte-feuille le fruit de leurs
rapines, et par ce stratagême insulter avec autant d'impudence que d'impunité, le trop cré-
dule marchand qui aurait mal placé sa confiance.

1011. Les engagemens commerciaux, sur-tout
les lettres de change, doivent être payés promptement. La lettre de change étant la seule monnaie qui circule en tout pays, la seule qui soit
véritablement du droit des gens, il est de l'intérêt de tous les pays d'en protéger la circulation en la favorisant le plus qu'ils peuvent.
Aussi voit-on l'ordonnance de Dantzig, art. 35,
et celle de Brandebourg, art. 33, donner la
préférence aux lettres de change sur le mobilier
du failli, et l'ordonnance de Danemarck, art. 25,
ne point admettre le répit, ou l'atermoiment
contre ces titres de créance.

1012. Toutes ces lois prouvent combien les
états qui ont une bonne police, entendent les
favoriser; et comme la plus grande faveur qu'on
puisse leur accorder, c'est d'exiger qu'elles soient
payées promptement; on n'a donc pu atteindre
ce but, qu'en frappant de la contrainte par
corps le débiteur en retard. En France, le lé-

gislateur, pénétré de cette vérité, a décidé que tout jugement définitif serait suivi de cette con-trainte, quand bien même il y aurait appel, vu que c'est le sûr moyen d'engager celui qui doit se libérer, à faire toute espèce de sacrifice pour se soustraire à la loi qui le menace de sa rigueur. Donc la contrainte par corps est utile, puisqu'elle présente un moyen prompt de paie-ment ; et ce qui milite bien en faveur de cette rigueur, c'est que la majorité des pays commer-çans l'admettent.

1013. INUTILITÉ. Lorsqu'un négociant fait crédit, il fait ce crédit à un autre négociant, ou à tout autre particulier; s'il le fait à un autre négociant, c'est parce qu'il voit qu'il a pour *caution, son avoir commercial* ; car sans cela il ne se porterait pas à cet acte de con-fiance. S'il fait crédit à tout autre particulier, il ne le fait que parce qu'il a pour *caution, son patrimoine* ; car rarement il se porte aussi à cet acte de bienfaisance, sans connaître par pré-somption, ou autrement, les facultés de son dé-biteur. Dans l'un comme dans l'autre cas, ce n'est donc pas, pour m'exprimer ainsi, à la personne qu'il prête, mais bien à la chose; ou bien, pour parler plus cathégoriquement, ce n'est pas sur le gage principal qu'il prête, mais sur le gage accessoire : car si le premier exis-tait sans le second, il se garderait bien de prêter,

vu que celui qui n'a rien ne peut rien donner. Conséquemment, le créancier n'étant point
payé par le principal, il faut qu'il prenne son
paiement sur l'accessoire, et il obtient dans ce
cas son paiement par la voie de la saisie. Enfin,
il s'empare du gage que lui a donné tacitement
son débiteur.

1014. Jusqu'à présent voilà des raisonnemens
qui ne sont pas au moins sans quelque justesse ;
mais il n'est pas moins vrai que l'inconvénient
existe toujours , c'est-à-dire , qu'il restera
au débiteur la faculté de pouvoir mettre ce
qu'il possède en bourse ou en porte-feuille ,
et par conséquent, la faculté de pouvoir se
mettre à l'abri des poursuites de son créancier.

1015. Ici il faut présenter l'emprunteur sous
deux qualités différentes, afin d'entrer dans les
considérations que comporte la matière ; c'est-
à-dire, comme négociant faisant constamment
le commerce ; comme particulier faisant ins-
tantanément le commerce.

1016. *Négociant faisant le commerce constamment.* Le négociant qui veut tromper la
confiance de son créancier, pourra mettre tout
son avoir en bourse ou en porte-feuille, ou bien
il n'en mettra qu'une partie ; s'il met tout son
avoir en porte-feuille , se présentant comme
insolvable , il se présente comme banqueroutier frauduleux : en ce cas, une loi terrible

le

le menace de son glaive, et le créancier obtient toute la justice qu'il a le droit d'attendre. La contrainte par corps, telle que l'on l'entend, est donc inutile.

1917. Si au contraire il n'a soustrait qu'une partie de son avoir, la saisie mobiliaire, pour le moins aussi prompte, mais bien plus sûre, bien plus fructueuse que la contrainte par corps, est là pour le rassurer sur ses intérêts. Mais lorsqu'il y a saisie, un autre créancier se présente, fait opposition; après celui-là un autre, etc. etc. : conséquemment, voilà le gage qui assurait la créance, qui fuit, qui s'éloigne. Non, le gage, bien loin de fuir et de s'éloigner, reste dans son intégralité, ou tout au moins, dans toute son intégralité possible.

1018. Lorsque plusieurs personnes se présentent comme saisissant chez un négociant, pour éviter qu'elles ne lui enlèvent tout ce qu'il possède, il se déclare en faillite : par-là, il arrête le cours des frais, et prend des arrangemens avec elles. A la vérité, obligé de se cacher pour éviter les verroux, il emporte bien une partie de ce qu'il peut avoir, afin de salarier à gros frais les personnes qui le reçoivent; ce qui est sans doute un abus préjudiciable aux créanciers saisissans. Mais d'où vient cet abus, si ce n'est de la contrainte par corps? Raison de plus pour la proscrire, et avec d'autant plus de raison, que le débiteur s'en soustrait lui-même par sa faillite, et si elle ne suffit pas, par la cession.

1019. Au surplus, il serait un moyen sûr et certain pour s'assurer de la bonne foi des négocians débiteurs insolvables, ou en état de faillite; on devrait leur ordonner, que le jour qu'ils déposent leur bilan au greffe du tribunal de commerce, de se rendre en prison, et qu'après avoir examiné l'état de leurs affaires, si elles étaient présentées en bonne forme, qu'ils seraient admis à faire faillite, et à défaut, cession; que si, supposé à la rigueur, ils ne voulaient pas prendre ce dernier parti, l'on ferait vendre tout ce qu'ils posséderaient, à condition cependant qu'ils justifiassent parfaitement bien leurs pertes : car, dans le cas contraire, il faudrait les déclarer banqueroutiers frauduleux.

Je me résumerai donc en disant :

1°. Que lorsque le négociant met tout son avoir en bourse ou en porte-feuille, ne pouvant être dans ce cas que banqueroutier frauduleux, devant être poursuivi comme tel, la simple contrainte par corps est inutile, il doit être emprisonné de la même manière que les autres voleurs.

2°. Que lorsque le négociant a quelque chose, le créancier voulant être payé plus promptement, pouvant faire vendre ce qu'il possède, tombant de fait et de droit en faillite, la contrainte par corps est inutile.

3º. Que, quand le négociant n'a absolument rien, ce qu'il justifie d'une manière ou d'une autre (259), ne pouvant rien donner, la contrainte par corps est inutile, et d'autant plus inutile, qu'on le met dans l'impuissance de se relever. Car fonder son espoir sur la pitié de ses amis, c'est se faire illusion.

4º. Que, lorsque le négociant est mal intentionné, et qu'il espère se sauver à la faveur de l'astuce et de la perfidie, du moment qu'il reçoit une condamnation, son crédit tombant sur-le-champ, il s'arrange aussi sur-le-champ avec ses créanciers, ou bien fait faillite ou cession; moyens qui rendent la contrainte par corps inutile.

1020. Cependant comme il serait essentiel de favoriser singulièrement les lettres de change, je désirerais qu'on leur accordât un privilège spécial comme en Danemarck (969); non pas à ces lettres de change frauduleuses, tirées sur des êtres chimériques, ou souscrites par des êtres que l'on peut considérer comme tels (786) : car, dans ce cas, on devrait les frapper de nullité.

Particulier qui fait le commerce momentanément.

1021. C'est ici sur-tout, par rapport aux lettres de change frauduleuses ou simulées, que paraît dans son grand jour l'abus de la contrainte par corps ; à combien d'usure, de vexation , de désordre , ne donne pas lieu l'ensemble de ces deux inconvéniens. Quand les usuriers et les vampires de toutes espèces eussent fait de concert la loi qui permet à toutes personnes de faire des lettres de change , avec contrainte par corps , quoiqu'elle n'eussent pas pour motif un fait commercial , ils n'auraient pas mieux servi leur cupidité.

1022. Un père de famille a-t-il besoin de donner du pain à ses enfans ? est-t-il sans moyens pécuniaires ? mais a-t-il des meubles qui offrent quelque valeur , seulement le double de la somme qui lui est nécessaire ? sa pénurie ne sera pas longue. Il va chez un arpagon du jour , lui demande à emprunter une petite somme ; celui-ci très-obligeant, lui répond avec beaucoup d'aménité , je suis infiniment sensible au témoignage de confiance que vous me donnez, disposez de ma bourse , elle est toute entière à votre service. Le malheureux, dupe de l'hypocrite, remercie intérieurement le ciel de ce qu'il a bien voulu diriger ses pas vers la générosité personifiée; il lui demande par exemple 3oo francs payables en son billet à ordre , à deux ou trois mois,

1023. L'homme officieux, toujours le masque de la dissimulation sur la figure , lui répond d'un ton attendrissant : « si vous vous obligiez à me rembourser dans trois mois cette somme, cela pourrait vous gêner ; comme je ne veux pas vous rendre service à moitié, je vous donne douze mois de terme à six pour cent , c'est-à-dire, à *demi* pour cent par mois. Que l'on juge quelles peuvent être les expressions de reconnaissance de celui qui trouve un pareil bienfaiteur : mais au moment où les mots lui manquent pour dire tout ce qu'il sent , le Turcaret prend la parole, et lui dit :

1024. Comme je suis forcé de compter sur mes rentrées, et qu'il faut conséquemment, que je sois sûr que vous paierez exactement à l'échéance, je ne prendrai pas de vous un billet à ordre : mais une lettre de change : l'emprunteur observe qu'il lui est impossible de satisfaire à ses desirs, vu qu'il n'a pas un seul correspondant qui puisse accepter pour lui ; n'importe , comme c'est seulement *pour la forme* , tirez sur un être imaginaire , (1) je garderai l'effet que vous me donnerez , dans mon porte-feuille , et vous ne le reverrez qu'à l'échéance ; l'emprunteur se décide, il tire une lettre de change de 300 liv. , de la manière que l'a prescrit l'usurier ; celui-ci lui compte 282 liv. , et l'un et l'autre se séparent très-satisfaits.

---

(1) L'expression , dont se servent ordinairement ces messieurs, est *tirez en l'air*.

1025. Mais deux mois sont à peine écoulés , que le malheureux emprunteur reçoit une dénonciation de protêt , faute d'acceptation , assignation , réassignation , condamnation , contrainte par corps à défaut de caution ; dans cette crise pénible , la seule ressource qui lui reste, est de vendre la plus grande partie de son mobilier , pour acquitter en capital et frais le titre de créance que sa cruelle position lui a forcé de souscrire , après avoir payé d'avance en intérêt, deux pour cent par mois, au lieu de un et demi pour cent , plus tous les frais, dépens de la procédure. Voilà ce qui résulte des lettres de change simulée, sur-tout de la permission accordée à des simples particuliers, d'en tirer, ou bien d'accorder aux titres de cette nature les mêmes priviléges qu'à ceux souscrits par les négocians.

1026. Peut - être trouvera - t - on au premier coup-d'œil quelque chose d'outré dans cette hypothèse qui la fera considérer comme un jeu de l'imagination ; cependant ,- rien n'est plus réel dans le fait, un exemple pris sur mille , convaincra de cette vérité.

1027. En 1742 , époque à laquelle les usuriers étaient flétris par la loi et par l'opinion publique , le marquis de Firmacon , maréchal de camps , tira sur un prête - nom , étant à Paris, comme s'il eût été à Rouen , 330,000 liv.

ordre d'un certain Liévain , qui lui donna en paiement , non pas de l'argent , mais des billets pour 109,000 liv., ce qui portait l'usure à très-peu de chose près , à 64 pour cent , sans compter l'escompte des billets qui était au moins à 6 pour cent par an. Les lettres étant revenues à protêt, le débiteur fut mis en prison ; pour briser ses fers , il proposa l'abandon général de ses biens à tous ses créanciers, tous l'acceptent , mais Liévain seul si opposa , il voulait absolument que son débiteur fit *cession avec toutes les formalités humiliantes , qui président en pareilles circonstances ;* et chose bien singulière , c'est que malgré le rang du débiteur , malgré l'avis des négocians les plus instruits , malgré l'avis de seize consuls , malgré les énonciations claires et précises de l'ordonnance , le marquis de Firmacon , succomba par arrêt du parlement , l'avocat-général Joly-de-Fleury, portant la parole. Le motif de l'arrêt *fut une fin de non - recevoir* alléguée par la partie adverse ; néanmoins ce débiteur ayant obtenu du roi en 1745 , une commission au grand conseil , il fut élargi, après avoir fait l'abandon général de tous ses biens, et comme l'observe l'auteur de ce plaidoyer, *le corps du marquis de Firmacon , cessa d'appartenir à son créancier , quoiqu'il le prétendît.*

Ceux qui voudront connaître les détails de

cette importante et singulière affaire, la trou-
verons dans les playdoyers de Manouri, tom. 11,
pag. 75..

1028. D'après toutes ces considérations, il
me semble entendre répliquer par les personnes
peu au fait des ruses des usuriers du jour : mais
dans l'espèce rien n'était plus facile de prouver
la nullité de pareilles lettres de change, puisqu'il n'y avait pas *remise de place en place*, au
terme des ordonnances, comme le décide tous
les jours le tribunal de cassation ; d'ailleurs *l'alibi*
n'était-il pas là, pour la frapper à-coup-sûr *de
nullité ?* chimère :

1029. Si je prouve qu'une remise de place en
place, quoique fictive, ne peut être considérée
que comme réelle ; si je prouve que par un certain stratagême, on peut paraliser *l'alibi*, j'au-
rais donc démontré évidemment l'abus ; mais
pour ce fait, il est essentiel de consulter préalablement la loi.

1030. L'art. 1 du tit. 2 de la loi du 15 germinal an 6, veut que la contrainte par corps
ait lieu contre toutes personnes qui signeront
des lettres ou billets de change.

Ces mots, *toutes personnes*, signifient donc
que sans être marchand, négociant ou banquier, on peut tirer des lettres de change, et ces
mots qui *signeront*, signifient donc aussi que sans

être de l'une des professions présentées , on peut *accepter* des lettres de change ; conséquemment , dans aucun cas on ne peut point alléguer qu'une lettre de change est fictive et simulée , du moment qu'elle est tirée et acceptée par des individus qui ne font pas le commerce.

1031. Aussitôt qu'une lettre de change est acceptée , il est oiseux de dire qu'il n'y a pas remise de place en place , et qu'il n'y a pas provision au terme de l'ordonnance , parce que cette remise se faisant de plusieurs manière, (790) une remise, une provision conventionnelle tient lieu de tout ; du moment qu'une personne accepte une lettre de change , son acceptation la constitue débitrice, si elle est débitrice, elle est donc *redevable* , si elle est redevable , tout est donc en règle ; car c'est ce que veut l'ordonnance , puisqu'elle dit , art. 16 , tit. 5 , les tireurs , etc. seront tenus de prouver que ceux sur qui ils ont tiré , étaient leur *redevables* ou avaient *provision en main*, (790) ainsi de quelle manière on retourne la loi , il n'est pas possible de sortir de là. Conséquemment si :

1032. Un usurier de Paris, non négociant , veut prêter 10,000 francs , à un simple particulier, il prendra de lui une lettre de change revêtue de toutes les formalités voulues par la loi, et qui conséquemment sera aussi valable dans le fond , que dans la forme ; voici de quelle manière il procédera : il dira à son débiteur, allez-vous en à Versailles, (769) là tirez une lettre de change sur mon prête-nom à Paris, qui acceptera, ensuite vous reviendrez à Paris, vous me présenterez cette lettre de change, je vous compterez votre argent ; bien entendu, cependant, que je retiendrai l'intérèt à 3 ou 4 pour cent par mois, c'est-à-dire, à 36 ou 48 pour cent par an. Une pareille lettre de change est sans doute *valable tant dans la forme, que dans le fond* ; en effet, elle est tirée d'un lieu sur un autre lieu ; la personne était au moment de la traite à Versailles, elle est tirée sur *un redevable*, qui comme tel a accepté, l'argent a été reçu, tout est légal.

1033. Mais, dira-t-on, comment sera-il possible de trouver un homme assez complaisant pour accepter une lettre de change qui *l'engage à payer, ou qui le conduira en prison* ? cet inconvénient n'existe qu'en apparence et nullement dans le fait ; avec de l'argent, chez certaines personnes qui considèrent les raisons les plus respectables, comme des préjugés, on trouve tout ce que l'on veut ; celui qui n'a absolument rien dans le monde, sait bien qu'on ne pourra rien lui faire donner ; celui qui n'a absolument rien, et dont la misère est bien connue, sait bien aussi, que le créancier ne sera pas si fou que de le faire renfermer, parce qu'il serait bien convaincu d'avance , qu'il ne ferait qu'aggraver sa position inutilement , de sorte qu'un homme tel que je le présente, ne se fera pas scrupule de signer une lettre de change, même pour une pièce de vingt-quatre sols ; je puis assurer ce fait, puisque , à Bayonne , le juif Pinelle en signait comme tireur, comme accepteur, comme endosseur, enfin comme on le voulait, pour *deux sols* , et d'ailleurs , ne voit-on pas tous les jours des jeunes commis apposer leur signature gratuitement sur les lettres de change , ou billets de leurs commettans ; (111) qu'est - ce que ces hommes , sinon des hommes sans moyens , qui s'engagent complaisamment pour rendre service à ceux qui les emploient.

1034. Mais dira-t-on , si on emprisonnait une seule fois de pareils prête-noms , cet acte de justice serait sans doute bien propre à en imposer aux autres.

1035. Si on réfléchit sur la paresse, la nonchalance , la dépravation des mœurs de certains individus, on verra que la plupart souscrivaient volontiers des lettres de change , pour se faire conduire en prison, et là, y vivre avec parcimonie , sans rien faire ; il y a plus de ces parasites dans la société que l'on ne pense.

1036. Voici par exemple une hypothèse dans laquelle la contrainte par corps devrait avoir lieu sans rémission ; ma manière de voir à cet égard, étant diamétralement opposée à plusieurs auteurs recommandables qui ont écrit anciennement, le sera sans doute bien d'avantage, par rapport à ceux qui ont écrit depuis : mais n'importe, fidèle à la loi que je me suis faite, de ne jamais transiger avec mes conceptions, quelques saient les autorités marquantes qui les contrarient, je préférerai toujours hasarder un jugement, plutôt que de suivre servilement leur opinion ; parce que je suis sûr que les hommes justes, qui comptent pour quelque chose les sacrifices d'un auteur qui fait tous ses efforts pour être de quelque utilité à ses concitoyens, tout en condamnant ses faux principes applaudiront à son motif. Et, sans me flatter, je pense avoir quelque droit à cette généreuse indulgence. Je reviens au fait :

1037. Une personne qui n'a jamais fait le commerce, va pour la première fois de sa vie chez un négociant, achète des marchandises, lui fait son billet, revend ces marchandises ; le terme du paiement arrive, elle ne paie pas ; comme elle est justiciable du tribunal de commerce, (16) la contrainte par corps doit la frapper sans rémission, si d'ailleurs il ne lui reste aucun moyen de libération. Voici sur quoi je me fonde.

1038. Lorsqu'un particulier non marchand, va acheter chez un marchand pour revendre, c'est de deux choses l'une, ou le marchand connaît des moyens de libération à cet emprunteur ou, par son verbiage, celui-ci lui en imposera sur le compte de ses facultés, ce dernier moyen ne réussit pas toujours; cependant, il réussit quelquefois, cela est déjà trop.

1039. Supposons d'abord que le marchand connaît des moyens de libération de son emprunteur, parce qu'il n'ignore pas qu'il a des facultés industrielles, et qu'à défaut, son mobilier pourra répondre pour lui.

1040. Dans cette hypothèse, si la contrainte par corps n'a pas lieu, qu'arrivera-t-il? Il arrivera ou il pourra arriver, que ce débiteur ayant même plus d'argent dans sa bourse qu'il lui en faut pour désintéresser son créancier, bien loin de remplir ses obligations, il vendra ses meubles, se mettra en pension chez le premier individu, et trompera impunément la confiance de son créancier, en vendant le gage sur lequel il avait tacitement prêté, en commettant un espèce de stellionat; ce mauvais exemple en couragera les fripons, jetera l'alarme dans le commerce, et les transactions diminueront dans le même rapport; c'est donc là, le cas d'appliquer *la question civile* : mais si au contraire ce débiteur n'a point détourné ces effets, alors la contrainte par corps ne doit avoir lieu qu'après la discussion de son mobilier; dans ce cas, faudrait-il encore la restreindre en laissant l'option au tribunal de commerce, qui rarement donne à faux en pareille circonstance. Oui, la liberté du citoyen n'est pas une chimère, de tous les tems elle a été respectée, on la respecte plus à présent que jamais ; ce principe est conforme à nos mœurs, à notre constitution ; mettons donc en pratique ce que nous avons si sagement établi en théorie.

1041. Supposons actuellement que le débiteur en ait imposé à son créancier par son verbiage, qu'il ait présenté pour le tromper des moyens qu'il n'avait pas, c'est encore là le cas d'appliquer la contrainte par corps, non comme moyen de prévenir la soustraction, ou de la faire avouer, c'est-à-dire, comme *question civile*, mais comme punition ; car il est essentiel pour la société en général, et sur-tout pour le commerce en particulier, que les fripons saient punis, car sans cela, plus de confiance ; mais comme le créancier de mauvais humeur, peut prétexter des faits inventés par la vengeance, c'est encore là le cas de permettre aux juges de prononcer ou de ne pas prononcer la punition, car il n'est pas présumable que ces juges s'identifient avec le créancier pour partager sa vengeance : mais il est tout au contraire présumable qu'étant eux-mêmes marchands, conséquemment bien disposés à punir tous ceux qui veulent nuire au commerce, ils ne prendront un parti quelconque , qu'après avoir mûrement réfléchi ; dans tous les cas s'il y a du doute , ce doute devra suffire pour prononcer en faveur de celui à qui on voudroit ravir la liberté. *Leg. 20 , ff. de Regul. Jur.*

1042. Puisque la contrainte par corps a été instituée pour *prévenir la mauvaise foi* dans le commerce , le juge sous aucun un prétexte , ne peut se dispenser de la prononcer dans tous les jugemens qui ont pour motif un fait de commerce de l'espèce de ceux dont elle donne la nomenclature : d'abord, parce qu'elle est une conséquence du non paiement de l'obligation, et qu'en suite , elle est une induction de la loi qui ne parle pas *en termes* alternatifs : mais *en termes impératifs* , puisqu'elle s'exprime ainsi : « *la contrainte par corps aura lieu contre , etc.* » art. 1 , du tit. 2 de la loi précitée.

1043. Si la loi eût voulu que la contrainte par corps n'eût lieu par rapport aux engagemens commerciaux, que lorsque les juges auraient trouvé à propos de l'appliquer , elle se serait expliqué de la même manière que l'art. 1 du titre 6 de l'ordonnance de 1673, où il est dit : « Ceux *qui ,* etc. . . . . POURRONT *être contraint par corps ,* » ce qui est conforme à l'art. 4 du tit. 34 de l'ordonnance de 1667 ; ou, comme la loi du 15 germinal , disant *aura* et les ordonnances précitées, disant *pourra ,* il est certain que l'une parle *impérativement*, et que l'autre laisse la faculté au juge de prononcer ou de ne pas prononcer ; conséquemment les juges ne peuvent se dispenser de la prononcer en matière de commerce. S'ils ne la prononçaient, ils avoueraient tacitement leur incompétence.

1044. D'après la loi précitée, la contrainte par corps ne peut être stipulée dans aucun acte , et elle ne peut être prononcée qu'en vertu d'une loi formelle , d'où il suit que sous quelque prétexte que ce soit , on ne peut en convenir, qu'on ne peut recourir aux anciennes lois, pour interpréter la nouvelle , que l'on ne peut l'étendre d'un cas à un autre, pour juger par analogie , enfin , elle est tellement de droit étroit , que son texte doit être considéré comme une chose sacrée.

1045. Loi du 15 germinal an 6, (1) *la contrainte par corps aura lieu , 1°. contre les banquiers , agens de change , courtiers , facteurs ou commissionnaires, (ces deux mots sont ici considérés comme synonymes, (89) dont la profession est de faire vendre ou acheter des marchandises moyennant rétribution , pour la restitution de ses marchandises , ou du prix qu'ils en toucheront 2°: de marchand à marchand , pour fait de marchandises dont ils se mêlent res-*

---

(1) Tout ce qui est en italique est le texte de la loi.

pectivement ;

pectivement , ainsi c'est pour une marchandise qui n'est pas de leur commerce habituel , il n'y a pas de contrainte par corps ; d'où il résulte que le marchand qui vend tantôt une chose tantôt une autre , n'ayant pas de commerce habituel , quoique marchand , n'est pas marchand ; mais par exemple le cordonnier sera censé marchand, par rapport au cuir qu'il achète, (18) parce que c'est son commerce habituel.

1046. *La* contrainte par corps a lieu *contre tous négocians ou marchands qui signeront des billets pour valeur reçue comptant ou en marchandises* , (647) ici le marchand de profession devient passible de la loi pour quelqu'espèce de marchandise que ce soit, *soit que les billets doivent être payés sur l'acquit d'un particulier y nommé*, c'est-à-dire , soit qu'ils ne portent pas d'ordre et qu'ils soient simple promesse, (650) *ou à son ordre* (658) *ou au porteur.* (723)

1047. *Contre toutes personnes qui signeront des lettres ou billets de change, celles qui y mettront leur aval.* (392)

1048. L'ordonnance de 1673 , tit. 7 , art. 1 , qui prévenait assez passablement la simulation des lettres et billets de change, puisqu'elle en détruisait en partie les mauvais effets, parce qu'elle permettait aux juges de prononcer ou ne pas prononcer la peine de la contrainte par corps, a vu disparaître tout ce qu'elle avait de bienfaisant, en laissant toujours exister ses impertions.

1049. *Celles qui promettent d'en fournir (des lettres de change,) avec remise de place en place, et qui feront des promesses pour lettres de change , à elles fournies ou qui devront l'être.*

Sont exceptés les femmes , les filles et les mineurs non commerçans. (39 , 65)

Les femmes et les filles qui seront marchandes publiques, ou celles mariées qui feront un commerce distinct et séparé de leurs maris , (43) seront soumises à la contrainte par corps , pour le fait de leur commerce quand elles seraient mineures , mais seulement pour exécution d'engagement de marchand à marchand , et à raison des marchandises dont les parties feront respectivement negoce , et non d'autres; mêmes réflexions que ci-dessus.

Cette disposition est applicable aux négocians , banquiers , agens de change , courtiers ; depuis que cette loi a été rendue, les mineurs ne peuvent plus être courtiers ni agens de change , facteurs et commissionnaires , quoique mineurs , à raison de leur commerce. (135)

Nous avons vu plus haut que le mot facteur était synonyme de celui commissionnaire; mais ici la particule *et* suppose une distinction; alors le mot *facteur* devient synonyme de celui de commis. (95)

1050. *La contrainte par corps aura lieu également pour l'exécution de tous contrats mariti- mes, tels que grosses aventures, chartes parties, assurances, engagemens ou loyers de gens de mer, ventes et achats des vaisseaux, pour le fret et le nnulage et autres, concernant le commerce de la pêche.*

Questions. 1°. La contrainte par corps peut-elle être prononcée contre un septuagénaire? 2°. Une société peut-elle l'obtenir contre un de ses membres, pour marchandises, ou argent prêté sur son billet, ou sans billet?

1051. *Sur la première question.* L'art. 5 du tit. 1 de la loi pour les matières civiles ordinaires, porte : « la contrainte par corps ne peut être décernée en matière civile *contre les septuagé- naires....* si ce n'est pour stellionat procédant de leur fait ». D'où il résulte que, pour restitution de dépôt nécessaire, consignation par ordon- nance de justice, elle ne peut avoir lieu contre les individus qui ont atteint cet âge ; la loi du 23 pluviose an 12 en décide différemment.

1052. Mais comme l'art. 2 du tit. 2 de la contrainte par corps, en *matière de commerce,* ne parle nullement dans ses exceptions, des sep- tuagénaires, il semblerait que *cette partie de la loi* doit être subordonnée à sa généralité, c'est-à-dire, au droit commun qu'elle établit. En effet, c'est ici un accessoire qui doit suivre la marche de son principal. Ainsi dans le doute, les généralités, et sur-tout dans une loi de rigueur, devant l'emporter sur les particularités, il semble, dis-je, que l'on doive se décider pour *la négative.*

1053. Cependant lorsque je considère que la contrainte par corps peut être prononcée contre une jeune femme de treize ans, en ayant égard à son inexpérience, à la faiblesse de son sexe, à son âge et à toutes les révolutions qu'elle peut éprouver dans certaines circonstances, jugeant qu'elle mérite bien plus d'égards qu'un vieillard valide (1), je me déciderais pour *l'affirmative* avec d'autant plus de raison, que c'est une maxime certaine, que là où la loi ne distingue pas, il ne faut pas distinguer : *ubi lex non distinguit, nec nos distinguere debemus.* Ainsi la

---

(1) Si un vieillard était obsolument invalide, cacochyme, etc., certes, on n'irait pas l'arracher de son lit pour le conduire en prison ; il n'est donc pris au corps que lorsque sa santé permet sa détention : mais une jeune femme qui, au moment où elle est prise, se trouvant dans un état ordinaire au sexe, elle peut éprouver de si fortes révolutions à l'aspect des verroux, que la mort peut en être la suite.

loi ne distinguant pas, puisqu'elle dit en termes généraux, *la contrainte par corps aura lieu,* donc, etc. (66)

Lorsque je dis que la jeune femme de treize ans peut être contrainte par corps pour un engagement commercial, je dis une vérité fondée sur le texte clair de la loi.

1054. La loi sur laquelle j'écris, art. 3, tit. 2, soumet à la contrainte par corps *les femmes mineures,* quand elles sont marchandes publiques. La loi du 26 ventôse an 11, ch. 2, art. 144, permet à une fille de quinze ans de se marier (64), et l'art. 145 porte, que dans certains cas elle pourra se marier avant, par dispense d'âge (1) (65). Or, comme une fille est *pubère à douze ans,* elle peut donc se marier à cet âge; comme mariée faire le commerce (64), et comme faisant le commerce, contraignable par corps dans les cas déterminés par la loi.

1055. *Sur la seconde question·* Une société peut, ou ne peut obtenir la contrainte par corps

---

(1) Une fille de douze ans a eu un commerce clandestin avec un homme, les preuves en sont non équivoques; celui-ci se prête à la réparation de son honneur en l'épousant, le gouvernement, toujours prêt à maintenir l'honneur des familles et le respect des mœurs, accorde des dispenses d'âges.

contre un de ses membres, suivant les circonstances. Par exemple, si l'acte social interdit tout
commerce particulier aux membres de la société,
et qu'un associé emprunte de l'argent à sa compagnie, cet argent étant censé lui avoir été prêté
pour ses besoins usuels, elle ne pourra obtenir la
contrainte par corps contre lui, pas plus que
contre tout autre consommateur (22). Mais si,
au contraire, contre la teneur du contrat, contre
la volonté de la société, l'emprunteur a fait
quelque spéculation dans son intérêt, et qu'il y
ait eu billet, il sera contraignable par corps,
l'emploi de l'argent étant prouvé; argument tiré
de l'art. 1 du tit. 2, et ce, indépendamment des
dommages et intérêts qui pourront résulter de sa
déloyauté.

1056. Si, supposé, il y a des marchandises
prêtées pour revendre, en argumentant toujours
d'après la loi, il faudra distinguer si cette marchandise est prise par compte courant sans billet,
étant de l'espèce de celles qui entrent dans le
commerce habituel de la maison, il y aura contrainte par corps; si c'est toute autre marchandise que celle de l'espèce du commerce habituel,
la contrainte par corps n'aura pas lieu; mais
dans l'un comme dans l'autre cas, elle aura lieu,
s'il y a simple billet à ordre; et ce, sans dépens,
dommages et intérêts, quand bien même l'acte
social les prononcerait; parce que la société en

vendant une marchandise à l'un de ses membres, afin de la revendre, a entendu tacitement déroger au conditions du contrat.

1057. Cette question a été singulièrement controversée par Bourjon, et autres auteurs. Les lois romaines même présentent des *antinomies* sur ce point. D'où sont donc venues toutes ces contrariétés? Elles sont venues des généralités que l'on a voulu établir, au lieu des particularités que l'on devait présenter; enfin, on a eu égard au genre, et non à l'espèce. C'est, je crois, comme on le voit, le motif de toutes ces controverses.

1058. *Du mode d'exécution des jugemens emportant contrainte par corps.*

Tous jugemens emportant contrainte par corps, pourront, s'ils sont définitifs, être exécutés nonobstant l'appel, en donnant caution.

Les jugemens emportant contrainte par corps, seront mis à exécution par tout huissier qui aura droit d'instrumenter dans le ressort du département où résidera la personne contre laquelle ils seront exécutés ; et dans le département de la Seine, concurremment avec tout individu qui a ci-devant exercé les fonctions de garde du commerce, à la charge par ces derniers, de se faire enregistrer au greffe du tribunal de commerce du même département. Ces gens sont, dans ce cas, autorisés

à requérir, conformément aux lois, sur leur disposition, la force armée, qui ne pourra leur être
refusée, à peine de responsabilité des fonction-
naires publics auxquels ils s'adresseront à cet
effet.

1059. *Nulle contrainte par corps ne pourra
être exercée contre aucun individu, qu'elle n'ait
été precedée de la notification au contraignable,
faite à personne ou à domicile, visée par le juge-
de-paix du canton où s'exerce la contrainte, du
titre qui a servi de base à la condamnation, des
jugemens prononcés contre le contraignable, s'il
en est intervenu plusieurs contre lui pour le fait
de la contrainte, d'un commandement au contraignable de satisfaire à l'objet de la contrainte. Ce
visa doit être énoncé tant dans la copie que dans
l'original.*

1060. La loi, exigeant le visa du juge-de-paix
du canton où s'exerce la contrainte, manque son
but; parce qu'une fois que la notification a été
faite au contraignable, suivant le mode prescrit
par la loi, en changeant de canton il en faut
encore une nouvelle, et il peut arriver que le
débiteur conduise son créancier de canton en
canton pendant plusieurs années, sans pouvoir
jamais l'atteindre. Mais certains huissiers, dans
cette circonstance, comme dans tant d'autres,
y mettent bon ordre. Après avoir fait viser la
notification, ils la retiennent par devers eux sans

la ~~matière~~. Au surplus, il ne faut pas confondre la notification avec la signification du jugement de condamnation ; et comme la loi veut que cette notification soit visée par le juge-de-paix du canton où s'exerce la contrainte, l'huissier ne ~~peut donc pas~~ prendre au corps le débiteur dans un canton où la notification n'aurait pas été visée par le juge-de-paix. Conséquemment, si le débiteur est domicilié dans une ville où il n'y aurait qu'un juge-de-paix, et dans laquelle la contrainte devra être exercée, ce sera ce juge-de-paix, et non celui du canton, qui devra donner le visa. Comme aussi, si dans la ville il y a plusieurs juges de paix, le contraignable changeant d'arrondissement, le créancier devra changer de notification, pour la faire viser de nouveau par le juge-de-paix de l'arrondissement dans lequel il se trouvera.

Cependant voici une décision contraire à ces opinions.

Le Journal du Palais, 25 pluviose an 12, n°. 210, art. 3, rapporte un jugement qui a été rendu par le tribunal d'appel séant à Paris, sur trois questions importantes.

1061. La contrainte par corps peut-elle être exercée dans le domicile d'un tiers, sans l'autorisation spéciale du juge?

Peut-on se dispenser de laisser au débiteur

incarcéré la copie du procès-verbal d'écrou, outre la copie du procès-verbal d'arrestation ?

1062. Le visa de la notification des pièces à signifier avant l'exercice de la contrainte, peut-il être donné par un juge-de-paix de la commune, autre que celui de l'arrondissement dans lequel s'exerce la contrainte?

L'affirmative a été jugée, par rapport à ces trois questions, dans l'espèce suivante.

Meille est porteur de condamnation par corps, par lui obtenue contre *Gayde*. Il lui fait la notification prescrite par l'art. 3 du tit. 3 de la loi du 15 germinal an 6 ; elle est visée par le juge-de-paix du 4e. arrondissement. (1060)

Gayde est capturé à Paris, en vertu d'une ordonnance de référé, en la maison du cit. *Chopy*, et mené à Sainte-Pélagie, où il est écroué : il reçoit copie du procès-verbal d'arrestation ; mais on ne lui donne pas copie de l'écrou.

Gayde demande son élargissement : il fonde la nullité de son emprisonnement sur différens moyens, notamment, sur trois circonstances.

1°. Il a été arrêté en la maison d'un tiers, sans autorisation spéciale.

2°. Il ne lui a pas été donné copie de son écrou.

3°. *Le visa* de la notification des pièces n'a pas été donné par le juge-de-paix dans l'arrondissement duquel il a été arrêté.

· Premier fructidor an 11, jugement qui le déboute de sa demande.

1063. Le défenseur de *Gaysle*, après avoir rappelé l'art. 76 de la constitution, après avoir observé qu'il n'y avait pas de loi qui autorise à arrêter le débiteur dans la maison d'autrui, et que c'était en vain que l'on opposait l'art 3 de la loi du 15 germinal an 6, qui permet d'exercer la contrainte, même *à domicile*; après avoir dit que, si l'ordonnance de référé existe, elle a été surprise au magistrat, et que c'était en vain que l'on prétendait que le procès-verbal d'écrou, dont parle l'art. 9 du tit. 3 de la loi, n'est autre chose que le procès-verbal d'arrestation, puisque le procès-verbal d'arrestation est un acte dressé par l'huissier, qui constate que le débiteur a été arrêté et mené dans une prison d'arrêt, et que l'écrou est un acte dressé par le concierge de la maison, qui constate que le débiteur, amené dans la maison, y a été déposé; que, d'ailleurs, les juges-de-paix ayant leur territoire, ils ne pouvaient exercer leur autorité que dans leurs conscriptions. Il conclut en étayant son opinion d'un jugement rendu par le tribunal de première instance, du 20 prairial an 10, dont le considérant porte : « que le jugement de contrainte obtenu contre un citoyen est bien un titre suffisant pour s'introduire dans un domicile, et y exercer la contrainte par corps ; mais qu'il faudrait un acte, ou un ordre spécial émané d'une autorité publique, pour pouvoir s'introduire dans le domicile d'un tiers, et y mettre à exécution le jugement de contrainte » ; d'une lettre du grand - juge, ministre de la justice, du 6 complémentaire an 11, dans laquelle il est dit, par rapport au *visa :*

« Quant à ce *visa*, il est également constant qu'il ne doit être donné que par le juge-de-paix de *l'arrondissement* où s'exerce la contrainte : c'est ce qui résulte de la loi, ainsi que mon prédécesseur l'a observé dans la circulaire du 8 fructidor an 10 ; et s'il est des juges-de-paix *à Paris,* qui se permettent de viser d'autres contraintes que celles décernées contre des débiteurs de leur arrondissement, vous pouvez me les indiquer, et je prendrai à leur égard les mesures convenables ».

9 Nivose an 12. Jugement rendu par le tribunal d'appel de Paris, première section, par lequel :

« Le tribunal, attendu.... Quant au troisième moyen de nullité, que le procès-verbal d'arrestation contient l'écrou de l'emprisonné, et est, ainsi que le texte même de la loi le démontre, ce qu'elle appelle le procès-verbal d'écrou.

« Quant au quatrième : que d'après la disposition formelle de l'art. 5, du tit: 3 de la loi du 15 germinal an 6, la contrainte par corps peut être mise à exécution par-tout, et même à domicile, en se conformant seulement à l'article 33 de la constitution existante, laquelle porte indistinctement que, pendant le jour, on peut entrer dans la maison des citoyens pour y exécuter les ordres des autorités constituées : tels sont évidemment les jugemens portant contrainte par corps, sans qu'il soit question, dans les articles, d'ordre spécial, ni de permission spéciale.

« Quant au cinquième et dernier : que suivant l'article 3 du même tit. 3 de la susdite loi du 15 germinal an 6, la notification au contraignable doit être visée par le juge-de-paix du canton où s'exerce la contrainte ; et que, dans le fait, la commune *de Paris* toute entière ne forme qu'un *seul canton* (1).

---

(1) Lorsque la loi veut que la contrainte par corps ne puisse être exercée qu'après la notification au contraignable , visée par *le juge de paix du canton*, elle suppose qu'il n'y a qu'un seul juge de paix par canton : mais lorsqu'il s'y en trouve plusieurs, elle attribue à chacun un territoire particulier ; ainsi, si chaque juge de paix a un territoire qui lui soit propre , le visa donné par l'un devient donc nul par rapport à l'autre. Et comme les jurisdictions sont de droit étroit, et que, si le juge a quelquefois le droit d'adoucir la loi , il n'a jamais celui d'être plus sévère que la loi même : Tiraqueau, *de pœnis, in præf, n.* 15. Il suit de ces principes qu'un débiteur , lors-

« Faisant droit sur l'appel, dit qu'il a été bien jugé par le tribunal civil du département de la Seine, le 1er. fructidor dernier, mal et sans grief appelé d'icelui; ordonne que ce dont appel, sortira son plein et entier effet.... »

1064. *Il doit s'être écoulé au moins une décade entre le commandement et l'exécution. Cette suspension n'aura pas lieu à l'égard du débiteur qui aurait joui d'un délai semblable, ou plus long, pour s'acquitter, en vertu du jugement qu'on voudrait exécuter contre lui; l'exécution pourra être faite, dans ce cas, 24 heures après la signification du jugement, dans la forme ci-dessus énoncée, à personne ou domicile du condamné, avec commandement d'y satisfaire.*

1065. Par rapport à ces mots, *à l'égard du débiteur qui aurait JOUI*, etc., M. Tissandier a opiné dans un sens, et M. Fournel dans un autre sens.

1066. Le premier dit : « Le législateur approuve le cas où le créancier négligeant, après la décade, de faire exercer la contrainte par corps

---

qu'il change d'arrondissement , ne peut être pris au corps qu'après que la notification a été visée par le juge de paix de l'arrondissement dans lequel il se trouve.

Il y a toute apparence que ce jugement a eu pour motif quelques circonstances que j'ignore.

sur son débiteur, soit au moyen d'un à-compte ou du terme qu'il lui accorderait pour se libérer envers lui ; et il n'a pas voulu qu'il pût, après le terme échu, faire exercer la contrainte par corps contre son débiteur, sans l'en prévenir ; dans ce cas, il a exigé une nouvelle notification du titre et du jugement au débiteur, avec commandement de payer, sauf, vingt-quatre heures après, à faire exercer contre lui la contrainte par corps ».

1067. Le second dit : « Cette expression *jouir* semblerait indiquer que le délai de dix jours cesse d'avoir lieu contre le débiteur auquel son créancier aurait accordé un délai, postérieurement au jugement de condamnation ; mais ce n'est pas ainsi qu'il faut l'entendre ; l'intervalle de dix jours , entre le commandement et l'exécution, n'est réduit à vingt-quatre heures, que dans le cas où le délai a été prononcé par le jugement qu'on voudrait exercer contre lui. Tout autre délai, ou toute autre surséance accordée volontairement par le créancier, ne produirait pas le même effet ».

Pour prononcer sur l'opinion de ces deux jurisconsultes, simplifions les idées, en ne présentant de l'article de la loi que ce qui peut avoir trait à notre objet. L'art. porte en substance :

1068. « Aucune contrainte par corps ne pourra être exercée contre aucun individu, qu'elle n'ait été précédée...... d'un commandement....... et qu'il ne se soit écoulé au moins une décade entre le commandement et l'exécution. Cette suspension n'aura pas lieu à l'égard du débiteur qui aurait joui *d'un delai semblable ou plus long, en verta du jugement* qu'on voudrait exercer contre lui; l'exécution pourra être faite, dans ce cas, vingt-quatre heures après la signification du jugement ».

1069. La loi s'exprimant ainsi, c'est comme si elle disait : *cette suspension n'aura pas lieu si le jugement a accorde un répit de dix jours ou plus, au débiteur;* dans ce cas, après l'expiration du répit, l'exécution pourra être faite vingt-quatre heures après la signification du jugement et autres pièces, etc. D'où il suit que l'on doit distinguer trois espèces de suspensions.

1°. Celle qui résulte *de l'effet de la loi* qui est de dix jours, dans ce cas, la contrainte par corps pourra être exercée dix jours après la notification.

2°. Celle qui résulte *de l'effet du jugement* qui ne peut jamais en donner une moindre que celle prescrite par la loi, parce que ses expressions s'y opposent : en effet, en parlant de la suspension opérée par jugement *elle dit un délai semblable ou plus long;* d'où il résulte que dans l'un de ces deux derniers cas, la contrainte par corps pourra être exercée vingt-quatre heures

après

après la notification. L'effet des jugemens et celui de la loi diffèrent donc ensemble , en ce que dans le premier cas , l'exécution peut avoir lieu vingt-quatre heures après la notification, et que dans le second , elle ne peut avoir lieu que dix jours après la notification.

3°. Celle qui résulte *de la volonté du créancier*, dans cette hypothèse, après les dix jours de la notification, la contrainte par corps peut être exercée contre le débiteur , quelque soit le délai volontaire qu'il y ait eu : mais s'il y avait eu un délai conventionnel , il faudrait qu'il y eût une nouvelle notification , dans ce cas , la contrainte par corps pourrait être exercée vingt-quatre heures après la seconde notification , d'où il résulte que, si pendant un délai volontaire, le créancier avait reçu un à-compte, si après il voulait contraindre par corps son débiteur , il ne serait pas tems de lui faire une nouvelle notification. Sauf cependant le cas où il y aurait novation dans le titre primordial , dans cette supposition , il faudrait recommencer toute la procédure.

1070. *Aucun jugement de contrainte par corps ne pourra être mis à exécution , 1°. avant le lever et après le coucher du soleil ; 2°. les jours de décadi, (actuellemeut le dimanche ,) 3°. pendant la durée de ceux indiqués par la loi , pour la célébration des fêtes républicaines ; 4°. pendant le tems des* assemblées primaires ; 5°. contre aucun électeur, durant le cours des assemblées electorales, ainsi que pendant les trois jours qui auront précédé leur tenue, et les trois qui l'auront suivie ; 7°. en aucun tems, dans un lieu public destiné auxcultes ; dans l'enceinte du corps législatif, du directoire exécutif, d'un tribunal ou d'une administration publique quelconque.

1071. Hors le cas et les lieux ci-dessus indiqués, la contrainte par corps peut être mise à exécution par-tout, (1) et même à domicile, en se conformant à l'art. 349 de la constitution. Cependant, on ne pourrait pas prendre au corps un débiteur, dans une maison particulière sans une permission expresse.

1072. Toute exécution faite en contravention aux articles précedens, emportera nullité, et donnera lieu à des dommages et intérêts envers la partie lézée.

1073. La contrainte par corps ne préjudicie à l'exercice d'aucun autre moyen légal assuré au créancier pour recouvrer sa dette, tel que la saisie, exécution réelle ou autre des biens de son débiteur.

---

(1) Comme la bourse n'est ni tribunal ni administration, d'après la loi on peut donc prendre par corps à la bourse ; cependant les lois antérieures s'y opposent.

1074. *Aucune condamnation par corps , en matière civile ou de commerce , ne peut être exécutée contre un individu , si appelé comme témoin en matière civile , de police ou criminelle , il est porteur d'un sauf-conduit du président du tribunal , du directeur du jury , ou du juge de paix devant lequel il doit paraître.*

1075. *Le sauf-conduit sera motivé dans ce cas , et réglera la durée de son effet , à peine de nullité.*

DE L'EMPRISONNEMENT.

1076. *Il sera laissé à toute personne incarcérée , copie de son écrou ainsi que du jugement , en vertu duquel l'incarcération aura lieu , à peine de nullité.*

1077. *Tout individu à la requête duquel se fait un emprisonnement , est tenu , sous la même peine , d'élire domicile dans le lieu de la maison d'arrêt ou est détenu son debiteur.*

1078. *Les formalités ci-dessus prescrites à l'égard des créanciers , à la requête desquels on fait une incarcération , doivent être observées par celui qui recommande l'incarcéré , à peine du nullité.*

1079. *La nullité d'un emprisonnement emporte celle de tous écrous et recommandation qui en sont la suite ; mais cette nullité ne peut être prononcée* qu'avec tous les recommandataires, parties présentes ou dûment appelées.

1080. Toute personne incarcérée qui pourra établir, par la représentation du procès-verbal de sont écrou, que l'une des formalités ci-dessus indiquée n'a pas été observée, obtiendra son élargissement sur une simple requête, adressée à cet effet, au tribunal civil du département, dans le ressort duquel le jugement de contrainte aura été exécuté.

1081. La requête sera préalablement communiquée au commissaire du pouvoir exécutif, et notifiée aux créanciers poursuivans et recommandataires.

1082. Si cette demande en élargissement donnait lieu à un incident, la connaissance en serait attribuée au tribunal qui aurait connu de la requête.

1083. Le créancier qui aura fait emprisonner son débiteur, sera tenu de consigner d'avance, et par chaque mois, la somme de vingt livres, entre les mains du gardien de la maison d'arrêt, pour la subsistance de l'incarcéré, sinon ce dernier obtiendra son élargissement sur la représentation du certificat du gardien, que la somme destinée à pourvoir aux alimens du détenu, n'a point ete consignee, et dans la forme prescrite par l'article précédent. Tout débiteur ainsi *élargi , ne pourra plus être incarcéré pour la même dette.*

1084. *Si le débiteur est recommandé par un créancier autre que celui à la requête duquel s'est fait l'emprisonnement , il sera tenu de contribuer à l'acquit des alimens du débiteur , du jour de sa recommandation.*

1085. *Le contingent de la contribution pour ces alimens se partage, par égales portions, entre les différens créanciers du detenu.*

1086. *Néanmoins celui qui aura fait exécuter un emprisonnement , sera personnellement tenu d'effectuer la consignation prescrite par l'art. 14 ci-dessus (1083), sauf son recours contre les autres créanciers, à peine de nullité de l'écrou.*

1087. *L'énonciation faite dans le procès-verbal de l'huissier, que le prisonnier a refusé des ali- mens , ne sera d'aucune considération si son refus n'est confirmé pas la déclaration inscrite sur le registre de la maison d'arrêt.*

1088. *Le détenu qui aura refusé de recevoir des alimens, pourra changer de volonté par une simple sommation faite au créancier de lui en fournir , et dans le cas ou celui-ci refuserait d'y satisfaire pendant les trois jours de la som- mation, le détenu sera fondé à provoquer , con- formément à l'art. 14 (1083), son élargissement , qui ne pourra lui être refusé.*

1089. *Néanmoins , tout créancier qui a fait*

incarcérer ou recommander un débiteur peut, no-
nobstant le refus de celui-ci de recevoir des alimens
de son créancier , en consigner le montant pour
un mois, conformément à l'art. 14, ci-dessus (1083).

DE L'ÉLARGISSEMENT.

1090. *Toute personne légalement incarcérée ;*
pourra obtenir son elargissement.

1°. *Par le consentement authentique du créan-*
cier qui l'a fait incarcérer : cet acte doit être
passé pardevant notaire, et remis au débiteur
prisonnier, qui doit présenter sa requête, afin
d'élargissement définitif, en y joignant l'acte ou
les différens actes authentiques, portant consentement à la sortie, et la copie de l'écrou, accompagné des extraits de recommandation, pour
justifier qu'il réunit ce consentement de toutes les
parties intéressées. Sur cette pièce le tribunal ordonne l'élargissement.

Toutes ces formalités sont longues et ruineuses,
le mieux est de cesser de consigner d'avance la
somme de vingt livres pour la subsistance de l'incarcéré, dès ce moment il est élargi de plein droit,
sur le certificat du gardien de la maison d'arrêt,
et je ne pense pas qu'il soit nécessaire de jugement
à cet effet, car il n'est pas vraisemblable qu'un
geolier puisse être considéré comme coupable,
quand d'après même l'aveu de la loi, il ne se

décide pas à laisser mourir de faim un malheu-reux prisonnier.

Cependant, s'il y avait des recommandataires, le débiteur quoiqu'élargi , ne serait pas libre, par rapport à ces derniers. On trouve dans le journal du palais , n°. 203 , 10 nivose an 12 , un juge-ment qui confirme cette opinion, l'espèce est ainsi présentée.

Lorsque le débiteur incarcéré obtient la li-berté , faute par l'incarcérant d'avoir consigné la somme nécessaire pour ses alimens , les recom-mandataires perdent-ils le droit d'exercer contre le même débiteur, la contrainte par corps ?

Cette question a été jugée pour l'affirmative par le tribunal civil de l'arrondissement de Tou-louse : mais dans l'appel qui fut fait le 24 nivose an 11 , ce jugement fut ainsi réformé.

« Considérant.....que suivant le texte et l'es-prit de la loi du 15 germinal an 6 , dans ses dis-posifions relatives à l'élargissement d'un dé-tenu , elle n'a eu en vue que celui qui faisait la consignation.

Le tribunal. ... réformant le jugement rendu par celui de première instance.... en ce qu'il fait inhibitions aux recommandataires , d'incarcérer de nouveau le débiteur pour la dette qui faisait l'objet de la recommandation , déclare que le-dit.... débiteur y demeure soumis vis-à-vis....

les créanciers recommandataires , à la contrainte par corps. »

2°. *Par le paiement ou la consignation légale des sommes.pour lesquelles on l'a constitué prisonnier ou recommandé , et des frais d'exécution.*

3°. *Par le paiement du tiers de la dette , et une caution pour le surplus , consentie par le créancier, ou régulièrement reçue par le tribunal qui a rendu le jugement d'exécution.*

4°. *Par le bénéfice de cession.*

5°. *Par la réunion des trois quarts des créanciers en somme , pourvu que les créanciers ne soient que chirographaires.*

6°. *De plein droit par le laps de cinq années , consécutives de détention.*

Tous réglemens , lois et ordonnances précédemment rendus , sur l'exercice de la contrainte par corps , en matière civile et de commerce sont abrogés.

Des engagemens contractés en France , par des étrangers , en faveur des français , loi du 14 floréal an 6.

1091. *Tout étranger résidant en France , y est soumis à la contrainte par corps , pour engagemens qu'il contractera dans toute l'étendue de la république avec des français , s'il n'y possède pás* dès propriétés foncières, ou des établissemens de commerce.

1092. S'il y possède des propriétés foncières ou un établissement de commerce, il ne sera contraignable par corps pour l'exécution des engagemens énoncés au précédent article, que dans les cas où les français peuvent être contraints par cette voie pour des stipulations de même nature.

1093. La contrainte par corps aura lieu contre lui pour tous les engagemens qu'il contractera en pays étranger, et dont l'exécution réclamée en France, emporterait la contrainte par corps dans le lieu où ils auront été formés.

1094. Tout Français qui s'est soumis à la contrainte par corps en pays étranger, pour l'exécution d'un engagement qu'il y a contracté, y est également contraignable en France.

1095. Tout jugement rendu dans les cas ci-dessus mentionnés, ne pourra être exécuté qu'en conformité du titre 3 de la loi générale sur la contrainte par corps.

1096. Ceux qui voudront connaître tous les détails relatifs à la contrainte par corps, pourront consulter l'excellent traité de M. Fournel. Les bornes de mon ouvrage exigeant que je sois très-laconique, je me suis contenté a développer les points qui paraissent n'avoir pas fixé l'attention de ce savant jurisconsulte.

1097. Loi du 27 ventose an 11, art. 14. « L'étranger même non résidant en France , pourra être cité devant les tribunaux français , pour exécution des obligations par lui contractées en France avec un français ; il pourra être traduit devant les tribunaux de France, pour les obligations par lui contractées en pays étranger envers des français.

1098. Pour que la loi puisse être exécutée , il faut de deux choses l'une , où que l'étranger ait dû bien en France, ou qu'il y ait des traités passés avec les puissances ; si l'une de ces considérations, n'existent pas, je ne vois pas trop de quelle manière pourra s'exécuter la loi.

1099. Denisart, tom. 3, pag. 577, dit : « Le français peut faire assigner pardevant les tribunaux du royaume l'étranger contre qui il veut former quelqu'action, même personnelle; et ce jugement prononcé contre l'accusé *défendeur,* est exécutoire sur les biens qu'il possède en France ». Au reste, dit Valin, *t. 2 p. 27,* nous avons beau dire que les français ne sont justiciables que des juges de France : lorsque l'on est demandeur, et que l'étranger n'a aucun bien dans le royaume, on est forcé de le poursuivre chez lui. *Il y a nécessité d'en passer par-là.* Voilà par rapport à la première observation.

1100. Daguesseau, ██h. 5, p. 87, s'exprime ainsi : «c'est une maxime inévitable, qu'un français ne peut jamais être traduit devant un juge

étranger ». A quoi on peut ajouter, *et vice versâ.*
Voilà par rapport à la seconde observation.

1101. L'art. 15 de la loi précitée porte : un
français pourra être traduit devant un tribunal
de France, pour des obligations par lui contractées en pays étranger, même avec un étranger».

1102. L'étranger qui contracte dans les terres
d'un état, est tenu, comme sujet à tems de cet
état, de se soumettre aux lois du pays (896).
Mais comme dit en d'autres termes Faber, *Des. 3,
c. de legib.* « Lorsqu'il s'agit de la capacité de
contracter, on doit se conformer aux lois de son
gouvernement, dans quelqu'endroit qu'on se
trouve, parce que les sujets de l'état sont toujours
ses sujets ». A quoi j'ajouterai : la loi de l'état
suit le sujet par-tout où il va.

1103. De ces maximes il résulte que l'étranger
pourra traduire le français devant ses propres
tribunaux, ou devant ceux de France.

1104. L'étranger pourra traduire le français
devant ses propres tribunaux, parce qu'ils ont
été créés pour juger ses différens, et parce que
le lieu où le contrat doit être exécuté, rend le
magistrat de ce même lieu compétent. *L. 21, ff.
de oblig. et act.*

1105. Un acte passé pardevant notaire, portant reconnaissance qu'une lettre de change a
été fournie, pour lequel on s'oblige de payer une

somme, soit directement, soit en faisant un transport de pareille somme; ou bien par lequel on s'oblige de fournir une lettre de change avec remise de place en place, a autant de force qu'un billet de change ordinaire, tant pour opérer le paiement de la somme promise, ou cédée par le transport, que pour faire fournir les lettres de change promises : et dans tous ces cas on est sujet à la contrainte par corps. Jousse, p. 148, cet auteur le décide ainsi par argument de l'art. 1 du tit. 7, qui veut que tous ceux qui auront fait *des promesses*, etc. soient sujets à la contrainte par corps.

1106. Plusieurs personnes croient, qu'en se faisant faire des obligations pardevant notaire pour valeur reçue en lettre de change, ou billets à ordre, acquérir deux sûretés : une sûreté personnelle résultante de la contrainte par corps, et une sûreté réelle, résultante des valeurs immobiliaires; c'est une erreur. La déclaration du 3 janvier 1727 s'y oppose fortement; cette déclaration porte :

1107. « Déclarons..... qu'aucune hypothèque n'a pu, ni ne pourra être valablement acquise par aucun acte de reconnaissance fait pardevant notaire, au greffe', ni autrement, en quelque forme que ce soit, desdits billets, lettres et promesses, avant l'expiration du terme auquel le paiement doit être fait. Voulons que tous ceux qui auront obtenus lesdits....... actes de reconnaissance, ne puissent être employés que comme créanciers chirographaires dans les ordres, instances de préférence et distribution de deniers; sauf à eux, après l'échéance desdits billets et lettres de change, ou autres billets et promesses pour fait de commerce et marchandise, d'user des voies que les ordonnances ont prescrites, pour acquérir une hypothèque sur les biens et effets des débiteurs et endosseurs ».

1108. Une chose assez particulière, c'est qu'aucune loi ne fixe la somme au-dessous de laquelle la contrainte par corps ne peut être prononcée, et qui plus est, je ne connais que deux ouvrages qui en ont parlé : une Instruction consulaire de Bordeaux qui l'a fixée à 30 liv., et le Banquier français ; p. 227 l'auteur dit : « Il faut encore remarquer que la contrainte par corps n'a lieu que pour les billets au-dessus de *cent livres* , et l'on n'accorde point de sentence pour ceux qui sont d'une somme au-dessous ».

1109. Si on apprécie à quelque valeur la liberté du citoyen ; si on considère l'état de détresse dans lequel il se trouve, lorsqu'il ne peut payer un billet d'une faible somme, on s'empressera de suppléer au silence de la loi, autant qu'il est possible de le faire, en disant : *la contrainte par corps ne peut être décernée au – dessous d'une somme de cent francs.*

1110. La contrainte par corps peut-elle être exercée aujourd'hui en vertu de la loi du 24 ventose an 5, et de celle du 15 germinal an 6, qui l'ont rétablie, 1°. pour les dettes échues sous le régime de la loi du 9 mars 1793, qui l'avait abolie ; 2°. en vertu des jugemens antérieurs à son abolition ?

1111. DISCUSSION. La loi du 24 ventose an 5 ne dit pas que les billets souscrits avant la loi du 9 mars 1793 produiront la contrainte par corps ; elle ne s'occupe pas du passé, elle ne s'occupe que de l'avenir. La loi du 24 ventose an 5 veut qu'à l'avenir la contrainte par corps soit rétablie sur le même pied où elle était avant la loi du 9 mars 1793 ; mais on n'y saurait trouver ni virtuellement, ni par induction, que le législateur ait voulu faire rétrograder l'effet de cette loi, ainsi que celui de la loi du 15 germinal an 6.

1112. Sur ces argumens, on a répliqué que la loi de 1793 était une loi de circonstance ; que d'ailleurs elle-même n'avait pu avoir d'effet rétroactif, et qu'elle n'avait dû recevoir son exécution que dans l'intervalle qui s'est écoulé de depuis sa promulgation jusqu'à son abolition ; qu'elle n'avait pu, sans une rétroactivité évidente, frapper des conventions et des jugemens antérieurs à son existence. La contrainte par corps était en vigueur au moment qu'elle a été prononcée ; puisqu'elle est rétablie, on peut donc en poursuivre l'exécution, vu qu'il est impossible d'argumenter d'une loi intermédiaire et instantanée, sans approximation. *Voyez mes Institutions Commerciales, n. 933; le Journal du Palais, n. 203, art. 98, premier semestre, — 20 nivose an 12.*

1113. Point de doute que la loi de 1793 ne porte avec elle un caractère injuste, puisqu'elle est rétroactive ; point de doute non plus que ce ne soit une loi de circonstance ; mais ce n'est pas ce qu'on doit examiner. Car si on faisait cet examen dans cette loi, on pourrait le faire dans beaucoup d'autres, et peut-être avec plus de raison. La loi de 1793 est une loi qui porte le sceau de la puissance souveraine : comme telle les juges ne peuvent l'enfreindre en rendant des jugemens contraires. *Leges vim suam et potestat. non à ratione, sed ab autoritate constituentis.* Quand la loi est écrite il faut absolument la suivre, *Ulp. l. 12, ff. 1 ff.*

1114. Décider qu'en vertu des lois qui rétablissent la contrainte par corps, qu'on peut l'exercer en vertu des jugemens rendus sous l'autorité de l'ord. de 1673, ce serait décider, ou que la loi ne 1793 n'est que *suspensive*, ou que celle du 24 ventose et celle du 15 germinal an 6 sont *rétroactives* ; ce qui n'est pas présumable, parce que d'abord la loi de 1793 veut, et *impérativement*, que la contrainte par corps n'ait pas lieu : donc qu'elle ne présente pas une *suspension*, mais une *proscription*; et qu'ensuite celle du 24 ventose dit textuellement, art. 2 :

1115. « Les obligations qui seront contractées postérieurement à la promulgation de la présente loi; et pour défaut d'acquittement desquelles les lois antérieures prononçaient la la contrainte par corps, y seront assujetties comme par le passé ».

Si cette loi eût voulu faire rétrograder son effet, elle eût dit : « *Les obligations qui ont été contractées* ANTÉRIEUREMENT *à la présente loi*, etc.

1116. La loi du 15 germinal an 7 corrobore la précédente; elle porte : « A dater de la publication de la présente loi, la contrainte par corps aura lieu, etc. Tous règlemens rendus sur l'exercice de la contrainte par corps, en matière civile et de commerce, sont abrogés ».

1107. Puisque, d'après l'expression de cette dernière loi, tous les règlemens anciens sont abrogés, elle ne peut donc comporter une *rétroactivité*. Ce fait évidemment démontré, il ne reste plus qu'à prouver si les engagemens de commerce avant la loi de 1793, qui n'ont pas été acquittés jusqu'à ce jour, comportent la contrainte par corps.

1118. Les contrats sont régis par les lois qui les on vu naître, jusqu'à leur fin. Les lois posté-
rieures ,

rieures, qui sont contraires aux lois antérieures, y dérogent de plein droit. *Leg. ult. de const.* Elles obligent aussitôt qu'elles sont publiées, même pour les affaires passées, lorsqu'elles portent des dispositions expresses; de sorte que ces dispositions atténuent dans les contrats les effets qu'elles prohibent.

1119. Ces prohibitions emportant avec elles une espèce de *novation forcée,* il résulte donc que tous les engagemens commerciaux, contractés sous le régime des lois de 1673, sont censés passés par rapport aux dispositions *légalement prohibitives,* sous le régime de la loi de 1793; conséquemment, si la loi du 15 germinal ne comporte pas d'effet rétroactif, si la fin du contrat se régit par les lois qui ont régi son principe conventionnel, et par novation forcée, son principe légal qui remplace le premier, la contrainte par corps ne peut donc être exercée que pour les engagemens passés sous le régime des lois du 24 ventose et 15 germinal, et non pour tous autres antérieurs à ces lois.

1120. Cependant le tribunal de cassation, par un jugement, rapporté dans mes Institutions commerciales, n°. 933, a rejetté un pourvoi dans lequel le défendeur prétendait que l'on ne pouvait point exercer la contrainte par corps contre lui, en vertu d'un jugement qui la prononçait avant la loi du 9 mars 1793. Par ce jugement il y fut dit :

1121. « Attendu que lorsque les billets ont été souscrits, la contrainte par corps était en vigueur ; que cette contrainte, abolie par la loi du 9 mars 1793, ayant été rétablie par la loi du 24 ventose an 5, sous l'empire de laquelle les billets sont échus, les juges ont pu raisonnablement penser que cette loi remettait les choses dans le même et semblable état où elles étaient avant la loi du 9 mars 1793; rejette le pourvoi».

1122. Mais par jugement du tribunal d'appel de Paris, rendu le 27 brumaire an 12, rapporté dans le Journal du Palais, n°. 203, premier semestre an 12, il a été dit :

1123. « Attendu que la contrainte par corps, prononcée par les sentences rendues au tribunal de commerce dans les années 81, 82 et 83, a été abolie par la loi du 9 mars 1793, fait défenses de passer outre à l'exécution de ladite contrainte; condamne..... le.... aux dépens , etc. »

1124. Ces deux jugemens me paraissent diamétralement opposés, quoique les faits soient un peu différens. Dans le premier ce sont des dettes commerciales échues lorsque la loi sur la contrainte par corps a été rétablie ; dans le second ce sont des dettes échues avant l'abolition de la contrainte par corps avec condamnation : dans l'un comme dans l'autre cas, il n'est pas moins vrai que, si on admet la contrainte par corps, on ne peut l'admettre sans faire rétrograder la loi. Or, comme l'effet rétroactif est une chose odieuse, sur-tout lorsqu'il n'est pas ordonné par la loi même, on ne peut donc la faire rétrograder sans enfreindre les principes.

1125. Néanmoins le jugement du tribunal de cassation, bien loin de porter avec lui le cachet de l'injustice, porte, tout au contraire, celui de la justice; et on le jugera ainsi, lorsque l'on réfléchira que quelques brigands, sachant que l'on n'a aucune prise sur leur personne, mettent tout ce qu'ils possèdent en porte-feuille, et insultent au malheur de ceux qu'ils ont réduits à la misère par cette astuce et cette perfidie. Certes, ces considérations sont bien propres à le décider à faire plier les principes contre ceux qui veulent en abuser.

1126 C'est une maxime certaine, que *la loi doit être égale pour tous, soit qu'elle punisse, soit qu'elle récompense.* Il paraît que sous l'ancien régime cette maxime n'était pas absolument perdue de vue, puisque l'auteur du Dictionnaire diplomatique, t. 14, p. 83, dit que vers 1780, on a vu un duc et un lieutenant-général, l'un et l'autre sortis des premières maisons de France, traînés en prison, comme ayant été contraints par corps; et suivant cet auteur, le parlement de Paris a vu souvent conduire plusieurs de ses membres sous les verroux, en vertu des sentences consulaires. Si la loi sur la contrainte par corps posait le niveau de l'égalité sur toutes les têtes dans un tems où les distinctions existaient, à plus forte raison, aujourd'hui où elles n'existent plus, ne doit-elle respecter personne. De sorte que l'on peut dire, et bien affirmativement, que toute personne, sans restriction, peut être contrainte par corps pour tous les engagemens qui la comportent.

1127. Comme mon manuscrit était chez l'imprimeur, j'ai reçu le Journal du Palais, dans lequel j'ai trouvé un jugement qui mérite, comme tant d'autres, d'être inséré dans le présent ouvrage ; et pour éclairer la matière, j'entrerai préalablement dans certains détails.

1128. *Règle générale*. L'accessoire suit le sort du principal ; celui-ci entraîne toujours l'autre. *Inst. de rer. div. lib. 2, tit. 1, §. 26. L. 19, § 13 à 18, D. de auro, argento, etc. Legatis, l. 20 et 32, §. 1, idib.* Ce principe qui résulte d'une foule de textes, est incontestable d'après les principes et d'après les lois. Les frais, dépens, dommages et intérêts ne pouvant exister sans un principal, ils sont donc les accessoires du principal, et doivent suivre son sort. A la vérité on peut considérer *les dommages et intérêts* comme accessoires *du fond*, et les *dépens* comme accessoires *de la forme* ; mais comme ils partent tous du même motif, ils doivent donc être régis par les mêmes lois. Cependant Daguesseau, tom. 8, pag. 248, paraît le décider différemment ; par rapport aux *dépens* il dit :

« C'est une maxime certaine, que la condamnation aux *dépens n'emporte pas la contrainte par corps, tant en matière criminelle qu'en matière civile*; et qu'il n'y a de droit que les *dommages et intérêts*, où ces réparations civiles puissent être exécutées à la rigueur ».

1129. J'avoue que l'assertion de l'illustre chancelier m'a surpris, et avec d'autant plus de raison, que, d'après l'ordonnance de 1667, tit. 34, art. 2, et Jousse : la contrainte par corps peut être décernée pour les *dépens*; parce que, comme l'observe ce commentateur, « les *dépens* étant *un accessoire des dommages et intérêts*, doivent suivre la même loi ».

1130. Dans le Journal du Palais, art. 187, n°. 220, pag. 42, on trouve un jugement qui rend hommage aux principes présentés. La question est ainsi posée :

Y a-t-il lieu à prononcer la contrainte par corps, pour *dommages et intérêts* dûs entre associés pour fait de commerce ?

1131. En l'an 8, *Darmentier et Fauché* forment entr'eux une société de commerce. Peu de tems après *Darmentier* allègue un prétexte pour en demander la dissolution ; *Fauché* y consent, mais réclame les dommages et intérêts ; *Darmentier* s'y refuse et réclame de son chef ; les experts, nommés en exécution d'un jugement du tribunal de commerce de Bordeaux, déclarent qu'il n'en est dû qu'à *Fauché*, et les évaluent à 10,000 fr.

1132. 11 messidor an 10, jugement du tribunal d'appel, qui confirme celui de commerce. *Pourvoi en cassation.*

1133. 24 vendém. an 12, JUGEMENT. « Considérant que la loi du 15 germinal an 6 n'excepte point les associés de la contrainte par corps, entre négocians, pour affaires de leur commerce ; et que cette contrainte étant autorisée pour le capital, elle l'est à plus forte raison pour les dommages-intérêts, qui, outre leur qualité d'accessoires qui les soumet par conséquent au même mode d'exécution que le capital, supposent encore une injustice à réparer, et sont considérés comme une peine judiciaire infligée aux téméraires plaideurs, et dont il est nécessaire, d'après Sallé sur l'art. 1, tit. 34 de l'ord. de 1667, d'assurer l'exécution par les voies les plus sûres, pour arrêter, autant qu'il sera possible, les mauvaises contestations, par la terreur des peines, et par la sévérité de leur exécution ; *rejette le pourvoi* ».

1134. Cependant la loi du 15 germinal an 6

semble répugner à ce jugement, puisqu'elle veut de la manière la plus solemnelle et impérative, que la contrainte par corps ne puisse être prononcée qu'en vertu d'une loi formelle, *tit. 1, art. 1*, et que toute condamnation volontaire, hors le cas où la loi l'a permise, soit essentiellement nulle, *art. 2*.

1135. Puisque la loi ne parle point des *dépens, dommages et intérêts*, elle ne veut donc point que la contrainte par corps soit prononcée lorsqu'ils seront dûs.

1136. Lorsque la loi est prohibitive, on ne peut y contrevenir en raison des défenses qu'elle prononce, *L. 5, c. de legibus*. Ce serait donc ici le cas d'appliquer la règle. Voyez Préf. p. 29.

1137. Dans toute autre circonstance on pourrait sans doute dire avec Puffendorf, *L. 5, c. 12, §. 13*, « Tous les cas ne pouvant être exprimés par la loi, elle doit être appliquée à ceux parfaitement semblables, et où la même raison a lieu manifestement, et sur-tout en matière de choses favorables ; il faut alors donner aux termes de la loi toute l'étendue dont ils sont susceptibles ».

1138. Mais ici ce langage est inapplicable. La loi sur la contrainte par corps est une loi de rigueur ; elle est *étroitement prohibitive* ; elle

proscrit (*art. 19, tit. 3*) tous règlemens, lois et ordonnances précédemment rendus ; elle ne souffre
aucune extension, interprétation, aucun rappro-
chement, aucune induction par analogie : son
texte est sacré. Néanmoins comme elle atténue
les règles les plus certaines, qui pourraient l'ai-
der dans son insuffisance, ne soyons pas surpris
si des juges éclairés, nourris dans les vrais principes de la jurisprudence, conduits par la sagesse
et l'équité, ne se soient fait scrupule de passer
par-dessus les limites d'une loi, fabriquée à une
époque où toutes les passions étaient agitées.

1139. Dans les beaux jours de la république
romaine, le peuple romain ne croyait être vrai-
ment libre qu'en se rendant esclave des lois, *Cic.
pro Cluentio*, c. 3. Voilà pourquoi il n'avait rien
oublié pour fixer une jurisprudence certaine,
afin qu'elle dépendît le moins possible du caprice
de l'homme, Tite-Live, *lib. 2, n°. 3.* De ces considérations résultèrent ces formules, ou règles,
auxquelles le juge était obligé de conformer les
jugemens qu'il prononçait, *Cic. pro Rocio, c. 8.*

1140. Dans ce moment le gouvernement s'occupe de la refonte des lois ; les superbes parties
qui ont déjà paru nous garantissent qu'elles nous
offriront des règles certaines. Si donc nous voulons continuer d'être libres, une fois qu'elles
auront paru, soyons-en esclaves ; et, à l'exemple

des Romains, n'hésitons pas de nous modeler sur nos ennemis, lorsqu'ils nous offriront de beaux préceptes à suivre. Comme les Romains, les Anglois sont fidèles observateurs de leurs lois. Une feuille périodique, il y a quelques années, m'a fait connaître une anecdote qui prouve la vérité du fait que j'avance.

« Plusieurs villageois, suivis de beaucoup de gens qui partageaient leur crédulité, furent se plaindre au juge-de-paix, homme d'esprit, qu'une vieille femme était sorcière. — Quelle preuve en avez-vous, leur dit le magistrat ? — Tous répondirent qu'ils l'avaient vue *la nuit se promener dans les airs, les pieds en haut et la tête en bas.* — Ah! ah! dit-il, le fait est grave, et mérite une punition exemplaire : conséquemment, je vous promets qu'elle sera punie de la manière la plus sévère. — Greffier, dit-il encore, donnez-moi le code criminel. Il prend ce code, lit, relit, cherche, regarde, feuillete ; une demi-heure se passe dans le plus profond silence. A la fin le juge ferme le livre, et dit aux visionnaires : Vous voyez que je viens de parcourir le code avec beaucoup d'attention ; je vous préviens que votre plainte est considérée comme non avenue, parce que je n'y ai point trouvé aucune loi qui défendît *de se promener dans les airs, les pieds en haut et la tête en bas.* La troupe se retira sans murmurer ».

Si cette anecdote prouve qu'il y a encore en Angleterre des imbécilles, comme par - tout ailleurs, elle prouve aussi que les gens les moins instruits savent respecter les principes plus que par - tout ailleurs.

<table>
<tr><th colspan="2" align="center">RÉSUMÉ.</th></tr>
<tr><th>DROIT CIVIL.</th><th>DROIT COMMERCIAL.</th></tr>
<tr><td>La contrainte par corps ne résulte pas d'un engagement par écrit, et encore moins sans écrit.</td><td>La contrainte par corps résulte de certains engagemens par écrit et sans écrit.</td></tr>
</table>

TITRE X.

Ce titre traitera des faillites et banqueroutes ; l'on y verra de quel jour elles doivent être réputées ouvertes ; quelles sont les différences qu'il y a entre les unes et les autres , et les formalités qu'il faut suivre.

CHAPITRE XXXVIII.

*Des faillites , des accommodemens , des suspen-
sions de paiemens , des atermoiemens , de l'insolvabilité et des fausses conduites.*

1141. DEPUIS long-tems on agite cette question ; dans les faillites , la loi doit-elle également
flétrir et l'innocent et le coupable ? Dans mes
Institutions Commerciales, chapitre des faillites , je crois avoir démontré la nécessité , l'indis-
pensabilité de ne point confondre l'un avec l'autre, et je pense avoir indiqué les moyens.sûrs et
certains , pour éviter toute méprise ; cependant
je vais revenir sur ce point, afin de prouver
que, si on continue d'assimiler l'innocent avec le
coupable, c'est parce que les législateurs moder-
nes ont été influencés par les législateurs anciens ;
influence à laquelle on n'aurait pas dû déférer,
parce que les premiers étaient fondés en raison,
et que les seconds ne le sont pas. Et, encore en
principe, cette grande question a-t-elle été traitée
différemment par plusieurs docteurs de l'anti-
quité. Nous trouvons la preuve de ce fait dans Sénèque *de Bénéfic. liv.* 7 *, chap.* 16 *,* cet auteur
dit :

« Vous imaginez-vous que nos ancêtres aient été si peu éclairés que de ne pas voir, qu'on ne peut, sans une grande injustice, mettre au même rang ceux qui ont dépensé en débauches, ou au jeu, l'argent qu'ils avaient emprunté, et ceux qui par incendie, par vol, ou par quelqu'autre accident fâcheux, ont perdu en même - tems et leur propre bien et celui de leurs créanciers ? Non, sans doute. Mais, pour *apprendre aux hommes à tenir religieusement leur parole, on n'a pas voulu qu'aucune excuse fût valable. Et au fond*, il valait mieux qu'un petit nombre de gens courût risque de n'être pas reçu à alléguer une excuse légitime, que si tout le monde pouvait chercher quelque prétexte spécieux pour se disculper ».

1142. Cicéron, dans sa deuxième philippique, prouve qu'à Rome on n'avait aucun égard pour les banqueroutiers malheureux ; l'orateur romain en parlant à Antoine, lui dit :

« Vous souvient-il qu'étant encore vêtu de LA PRÉTEXTE, vous aviez dissipé tout votre bien ?.... Ce fut une marque de hardiesse, lorsque vous vous plaçâtes au théâtre sur les quatorze dégrès, puisque la loi Rosia (1) avait assi-

---

(1) L. Roscius Othon, tribun du peuple, avoit fait passer une loi, par laquelle il n'était permis qu'aux nobles

gné une place particulière *aux banqueroutiers* ,
quoiqu'ils eussent perdu leurs biens par les ca-
prices de la fortune , et non par leur propre
faute ».

1143. On sait que si Sénèque était prêt à se
sacrifier pour la patrie , qu'il était aussi prêt de
sacrifier sa patrie pour de l'argent. (1) Les extor-
sions, les usures énormes auxquelles il s'était livré,
expliquent le rigorisme qui le fait si fort déroger
aux principes : mais admettons qu'à cette époque
il avait raison , ce qui pouvait être considéré
comme tel alors , doit être considéré aujourd'hui
comme injustice ; du tems que Sénèque écrivait,
on n'avait pas une loi telle que l'ordonnance de
1673, qui prescrivait aux négocians de tenir des
registres d'après lesquels on pouvait les juger

---

et aux chevaliers de se placer, au théâtre , dans les quatorze premiers rangs les plus près de l'orchestre ; et qui-
conque , de ces deux ordres , avoit fait *banqueroute*,
devait se placer dans un lieu particulier que la loi assignait.

(1) Lorsqu'un citoyen cherche à satisfaire sa cupidité
au mépris des lois, lorsque, par ses excès , il compromet
la sûreté publique, comme la compromettaient , à Rome ,
les usuriers ; lorsqu'il n'ignore pas que , par sa conduite ,
il contribue à boulverser son pays, en affectant beaucoup
de patriotisme ; ce n'est pas un patriote, mais un vil
hypocrite.

avec connaissance de cause : mais comme aujour-
d'hui les négocians peuvent prouver évidemment
leur conduite , pourquoi donc s'obstine-t-on à
promener également le glaive de la loi sur la tête
de l'innocent et du coupable (237).

1144. Les rigoristes diront : mais comme les
faillis tout en tenant des écritures , peuvent énoncer les choses contre toute vérité , il y aurait de
l'inconvénient à y ajouter foi, c'est une erreur ;
lorsque les livres sont régulièrement tenus et de la
manière que le prescrit l'ordonnance, rien n'est
plus facile que de découvrir la vérité ; mais s'ils ne
sont pas régulièrement tenus , il faut convenir
que le plus instruit en comptabilité ne saurait s'y
reconnaitre ; dans ce cas , appliquez la rigueur
de la loi au coupable , mais de grace épargnez
l'innocent.

1145. Néanmoins il semble que l'on commence
à vouloir se relâcher de l'ancienne rigueur. Le
Journal des Débats du 24 pluv. an 12, à l'article
Corfou, en date du 31 décembre 1803, dit : «la
nouvelle constitution de la république des sept
Isles , décrétée par son corps législatif , veut que :
sont nobles actifs et constitutionnels, et peuvent
ledevenir, tous ceux qui sont ou seront inscrits sur
les registres civiques, pourvu....qu'ils n'aient pas
fait *banqueroute* FRAUDULEUSE; c'est-à-dire, que
ceux qui auront fait *banqueroute* SANS FRAUDE ,

pourront aspirer à la noblesse. C'est un pas de plus vers la civilisation.

Il y a long-tems que j'ai dit qu'il était indispensable de faire des distinctions dans les faillites : dans ma première édition *de ma Science des Négocians et Teneur de livres*, page 16 de ma préface, voici ce que je dit :

Pour que l'innocent ne fut pas confondu avec le coupable.... il serait nécessaire que l'article des faillites fût divisé en trois classes.

1146. Dans la première on y comprendrait ceux qui ont failli par malheur ou par impéritie.

1147. Dans la seconde, ceux qui ont failli par inconduite, ou par une trop grande témérité.

1148. Dans la troisième, ceux qui ont failli par mauvaise foi. Dans le premier cas je demande indulgence pour le failli, j'invite ses créanciers à faire envers lui des actes de bienfaisances ; dans le second, je demande quelque sévérité ; dans le troisième, qu'il soit puni de la manière la plus rigoureuse.

1149. Dans mes *Institutions Commerciales*, page 511, par. 2252, je manifeste les mêmes opinions.

1150. Le Journal de Paris, nº. 156, 6 ventose an 12, article Montpellier, 25 pluviose, m'annonce que, dans cette partie du midi, mes vœux viennent d'y être satisfaits ; voici ce que dit le journaliste :

« Les principaux négocians de cette ville se sont réunis. . . . après une mûre délibération, ils ont arrêté qu'attendu l'immoralité qui règne depuis quelque-tems dans le commerce, et justement alarmés de la multiplicité des faillites, et des moyens astucieux que prennent certains débiteurs, pour se soustraire aux droits de leurs créanciers, ils ont arrêté, disons-nous :

1°. Qu'à la première nouvelle d'une faillite, il sera convoqué une assemblée de ceux qui y sont intéressés, et nommé des commissaires qui seront chargés d'examiner la nature de cette affaire ;

2°. S'il résulte de leur rapport, que les pertes du failli sont réelles, et qu'il n'y a ni faute dans sa gestion, ni mauvaise foi dans son bilan, les soussignés viendront à sont secours, et se prêteront à tous les arrangemens qui pourront servir à le relever.

3°. S'il y a imprudence et mauvaise conduite, l'assemblée décidera s'il y a lieu à des arrangemens, ou s'il convient de le dépouiller.

4o. S'il y a dol ou fraude, le banqueroutier sera poursuivi par la voie criminelle, ainsi que ses complices, fauteurs et adhérens. Les soussignés s'engagent, dans ce cas, à n'écouter aucune proposition, quand la famille du coupable interviendrait pour le désintéresser. . .

4°. Tous

5^b. Tous les frais de poursuite seront répartis sur tous les intéressés au marc la livre.... *suivent les signatures.*

1151. Le rédacteur du Journal fait ces observations : « que de semblables délibérations soient prises dans toutes les villes de commerce , et qu'on y tienne sévèrement la main , et l'on verra bientôt cesser en France, le cours funeste des banqueroutes , et la confiance renaîtra ». A quoi j'ajouterai, et l'on ne verra pas l'innocent confondu avec le coupable ; et l'on ne verra pas non plus autant de faillis innocens se trouver comme forcé de frauder leurs créanciers , dans la crainte d'être dépouillé ; cette fraude est sans doute un crime , mais dont l'odieux semble être diminué en raison du motif.

1152. Les circonstances inévitables dans lesquelles nous nous trouvons , ont jetté un grand désordre dans le commerce ; delà des événemens extraordinaires qui exigent des lois extraordinaires.

1153. En 1715 , à la suite de deux guerres ruineuses, l'état se trouvant grévé de dettes immenses, comme il est dit dans la déclaration du 7 décembre de cette année, plusieurs manœuvres financières furent mises en pratique , pour relever le crédit public ; bien loin d'améliorer la position de l'état, le désordre croissait tous les jours ; les faillites éclatèrent de toute part. Dans cet état critique, le gouvernement pour en diminuer les calamités, fit sortir le 10 juin suivant, une déclaration dans laquelle il fut dit :

« Comme nous avons appris.... que le désordre arrivé dans les affaires de quelques négocians, est capable d'en causer un pareil dans la fortune d'un grand nombre d'autres ; que s'ils restaient exposés aux poursuites rigoureuses de leurs créanciers, et que la connaissance de ces faillites fut portée en différentes jurisdictions, les conflits, la longueur, l'embarras et les frais de procédures acheveraient de ruiner les marchands et négocians contre qui elles seraient faites, et causeraient une perte certaine, tant au débiteur qu'aux créanciers : nous avons estimé que le bien public et celui des particuliers exigaient que nous fissions chercher les moyens d'arrêter et de prévenir les suites dangereuses du trouble qui est actuellement dans le commerce.

1154. Ici le gouvernement ordonne que pour un certain tems, les tribunaux de commerce, comme étant particulièrement instruits dans les affaires de négoce, administrant la justice gratuitement et avec des tempérammens convenables, que tous les différens civils, pour raison de faillites et banqueroutes, soient portés pardevant eux, à peine de nullité, sauf appel, que leurs jugemens soient exécutés par provision, qu'ils procèdent à l'apposition du scellé et confection des inventaires, qu'ils homologuent en contrats,

qu'ils ordonnent la vente des meubles , et connaissent de saisies mobiliaires , oppositions , revendications , contributions et généralement de
toute contestation qui pourrait survenir par rapport aux faillites et banqueroutes ».

1155. Le 2 mai 1716 , parut la fameuse banque
de Law; en 1720 , il y eut quatorze mutations
dans les monnaies ; toutes ces opérations ayant
aggravé le désordre , le 31 août, la déclaration
précitée fut prorogée jusqu'au 31 septembre 1730,
et ensuite jusqu'en 1733.

1156. Je le répète , les tribunaux de commerce
devraient constamment avoir toutes ces attributions que je viens de citer , on verra , si on parcourt toutes les déclarations, que les sages dispositions qu'elles renferment , sont très-propres
à prévenir de graves inconvéniens , et si sous
l'ancien régime , cet ordre n'a pas été observé,
c'est qu'il y avait une bonne raison pour cela ,
le paiement des *épices*, (1) mais à présent qu'il
n'y a plus d'*épiciers* dans les tribunaux , il n'y
a plus de raison qui exigent que ces sortes d'affaires qui sont les malheureuses conséquences du

____

(1) Le mot d'*épices* vient de ce qu'autrefois celui qui
avoit gagné son procès , donnait aux juges du sucre , du
café, etc. , depuis on en fit un droit aux juges ; en
conséquence , on n'expédiait pas un jugement sans au
préalable l'on eût payé les épices.

H 2

commerce , soient portées devant les tribunaux ordinaires. Car si le 23 avril 1698 , le lieutenant civil de Paris , dans son ordonnance , fut assez indécent pour s'exprimer ainsi :

« Les contraventions qui sont ordinaires à la
» jurisdiction consulaire, ont obligé de faire des
» réquisitions pour empêcher leurs entreprises
» *très-préjudiciables à celles du châtelet....* puis-
» que *les marchands banqueroutiers , pour être*
» *favorisés et éviter la punition de mort.... s'a-*
» *dressent à leurs confreres qui homologuent fa-*
» *cilement les contrats* faits avec des créanciers
» supposés , etc. »

Car , dis-je , si le lieutenant civil rendit une ordonnance aussi indécente, ce n'est point la prudence qui la dicta, mais la jalousie ; ce qui est clairement démontré par les termes renfermés dans les déclarations précitées ; cette ordonnance ne peut donc être d'aucun poids contre le projet que je présente.

1157. Roubeau définit ainsi les mots *banque-*
route et *faillite :* « L'un et l'autre terme, dit-il, signifie la cessation ou l'abandon de commerce et de paiement ; mais *banqueroute* marque proprement l'effet de l'insolvabilité, et le second l'acte qui déclare *l'insolvabilité* ou la *cessation.* Faire *banqueroute ,* c'est fermer boutique, disparaître du commerce, y renoncer de gré ou de force ; faire *faillite ,* c'est manquer de payer *aux*

échéances, se déclarer hors d'état de payer, et demander du tems. La *banqueroute* exprime littéralement *la cessation de commerce*. La *faillite, la chûte du commerce* ».

1158. Avec Roubeau je ne conviens pas que le mot *banqueroute* signifie l'abandon du commerce et de paiement ; mais je dis qu'il signifie l'abandon de paiement et de commerce.

1159. Le mot *faillite* n'a pas la même signification que lui donne le synonymiste, puisqu'il est rare de voir les faillis abandonner leur commerce, et même la totalité de leur paiement. Le mot abandon a *un sens absolu,* qui ne peut être employé à exprimer un fait qui ne l'est pas. Un failli abandonne une partie de ses paiemens, mais il réalise le surplus à une époque plus reculée ; s'il ne le réalise pas, il fait une nouvelle faillite, ou banqueroute.

1160. Le mot *banqueroute* ne marque pas non plus l'effet de *l'insolvabilité ,* parce qu'on peut être *banqueroutier,* sans être *insolvable.* Les beaux chevaux, les belles voitures, et les acquisitions de toute espèce, qui se font assez souvent après une banqueroute, attestent assez ces vérités.

1161. Le mot *faillite* n'est pas synonyme du mot *insolvabilité.* Le *failli* a de quoi payer une partie de ses dettes ; *l'insolvable* n'a rien à donner à ses créanciers.

1162. Le mot *faillite ,* dans sa principale

acception, signifie *cessation absolue de paiement.*
Faire *faillite,* c'est cesser de payer ses dettes à
l'époque convenue, pour les payer en tout ou
partie à une époque plus reculée, parce que l'on
se trouve devoir plus que l'on ne possède ; ou ,
parce que possédant plus en propriété, que l'on
ne doit, on ne peut réaliser ; ce qui revient au
même.

1163. Il y a plusieurs espèces de faillites, qui
prennent des dénominations différentes, en raison de la manière dont elles se font :

1164. *Les faillites proprement dites ;* celles
appelées *accommodement ;* celles appelées *suspensions ;* et celles appelées *atermoiemens.*

1165. *Les faillites proprement dites ,* sont celles
qui se font avec remise pour payer à une époque
reculée, et qui prennent un caractère légal par
l'effet du dépôt du bilan, qui est fait au tribunal
de commerce. Dans cette espèce, le **quart** en
somme des créanciers est obligé de suivre la loi
des autres trois quarts des créanciers en somme.
Ces faillites impriment un caractère ignominieux
au failli, puisqu'elles le proscrivent de certains
emplois publics.

1166. *Les faillites* appelées *accommodement ,*
sont celles qui se font par transactions dans des
maisons particulières, des notaires ou des avoués;
elles se font aussi avec ou sans remise ; mais

souscrit qui veut. La majorité ne peut faire la loi à la minorité : chacun s'arrange comme bon lui semble ; enfin c'est un arrangement amical , qui n'a d'autre règle que celle que l'on peut attendre de l'estime et de la considération. Cette faillite diffère de la première, en ce que le failli n'est pas réputé tel, et qu'elle ne laisse aucune tache propre à le priver de ses droits politiques : aussi l'appelle-t-on *accommodement* , sans épithète. D'où il résulte que personne n'a le droit de reprocher à celui qui l'a souscrit, qu'il a fait faillite.

1167. *Les faillites par suspensions* , sont celles qui se font sans rien faire perdre aux créanciers, que l'on satisfait en entier au bout d'un tems très-court. Ces sortes de faillites s'appellent simplement *suspension* , parce que celui qui la fait ne suspend ses paiemens que pour fort peu de tems ; néanmoins elle est *véritable faillite* , si celui qui a suspendu, a déposé son bilan au tribunal de commerce : dans ce cas, s'il voulait jouir de tous ses droits politiques, il serait obligé de se faire réhabiliter, comme s'il eût réellement failli d'une autre manière.

1168. *Les faillites par atermoiement* , sont celles qui se font pour payer à une certaine époque, ou à plusieurs époques, en capital, ou en capital et intérêt sans rien faire perdre aux créanciers. Cette espèce de faillite peut se faire par accommodement, ou par dépôt de bilan au greffe du tribunal de commerce. Si elle se fait par accommodement, elle est considérée comme *transaction*; si elle se fait avec dépôt de bilan, elle est considérée comme *vraie faillite*.

1169. Dans tous les cas, toutes ces faillites ne sont pas considérées comme telles, quand elles se sont faites sans l'intervention de la justice, c'est-à-dire, *sans dépôt de bilan au tribunal de commerce*. Elles tirent, comme on l'a vu, leurs dénominations de l'espèce de transaction qui les a suivies.

1170. J'appelle tous ces arrangemens *faillites*, parce qu'ils sont les résultats de l'inexécution des contrats passés par le négociant, et que le mot *faillir* est synonyme, dans cette hypothèse, à celui de *manquer à* exécuter, à faire, ect., manquer de faire ses paiemens. Néanmoins, comme il a été dit en d'autres termes, on n'appelle, rigoureusement parlant, faillite, que *le manquement général de paiement , fait avec dépôt de bilan au greffe du tribunal de commerce*.

1171. Les faillites ont pour cause, ou le cas fortuit, ou l'impéritie, ou le désordre, ou la prodigalité.

1172. Lorsqu'elles ont pour cause *le cas fortuit*, elles réclament la plus grande indulgence de la part des créanciers : c'est le cas d'un acco modement. Dans cette circonstance, malheur au créancier inhumain qui n'y souscrirait pas, parce qu'en cas d'événement, il n'aurait aucun droit pour réclamer l'indulgence de ses créanciers !

1173. Lorsqu'elles ont pour cause *l'impéritie,* approchant du dol, elles sont moins favorables que les précédentes : on ne doit point entreprendre une chose que l'on ne connaît pas.

1174. Lorsqu'elles ont pour cause *le désordre,* approchant du dol encore de plus près que les précédentes, elles méritent quelque sévérité.

1175. Lorsqu'elles ont pour cause *la prodigalité,* elles ne méritent aucune indulgence.

1176. Quelque soit la cause de la faillite, lorsqu'il y a eu une transaction faite de bonne foi de part et d'autre, on doit s'y tenir de gré ou de force. Mais s'il y a eu dol de la part du failli, telle transaction est nulle et de nulle effet. La raison est que la fraude ne doit pas profiter à celui qui la commet au préjudice d'autrui, *Leg.2, cod. si minor se major dixer.* D'où il suit que tous les créanciers peuvent revenir sur tout ce qu'ils ont fait, lorsqu'ils découvrent quelque fraude.

1177. Cependant il n'est pas rare de voir des faillis faire des acquisitions immenses, après n'avoir donné que vingt-cinq pour cent à leurs créanciers. Avec quoi font-ils ces acquisitions, si ce n'est avec l'argent de ces derniers ?

1178. Ouverture de la faillite. De quel jour la faillite est-elle réputée ouverte? 1°. Est-ce, aux termes de l'ordonnance (tit. 11, art. 1) du jour que le débiteur se sera retiré, ou que le scellé aura été apposé sur ses biens?

2°. Sera-ce du jour que le failli aura assemblé ses créanciers? 3°. Sera-ce après un certain nombre de protêts et de condamnations? 4°. Sera-ce après qu'il aura déposé son bilan au tribunal de commerce? 5°. L'ouverture de la faillite aura-t-elle lieu du jour de ce dépôt? 6°. Enfin, peut-on faire faillir un marchand malgré lui?

1179. *Sur la premiere question* : La faillite est-elle ouverte du jour que le débiteur s'est retiré, ou que le scellé a été apposé sur ses effets?

1180. Un négociant se trouve dans la gêne; il s'absente pour aller chercher des fonds, ou faire quelqu'opération de cette nature : personne ne le représente chez lui pour payer : on fait protester, condamner. Il arrive, il paie. Quelque tems après, il lui arrive des malheurs, il faillit. Dans la première hypothèse, il n'était pas en faillite; dans la seconde il est en faillite : c'est donc de cette seconde époque que doit dater l'ouverture de sa faillite.

1181. La même chose arrive dans la même hypothèse, avec cette différence que les créanciers font apposer les *scellés :* il paie. Quelque tems après il lui arrive aussi des malheurs, il faillit. Il assemble ses créanciers ; il leur prouve ses pertes. Mais cette seconde fois les scellés ne sont pas apposés. Dans ce cas l'ouverture de la faillite ne remontera pas au jour de *l'apposition des scellés ;* mais du jour qu'il a annoncé *son insuffisance.*

1182. Un négociant se trouve obéré : il fait des transports frauduleux ; il vend ses marchandises à tout prix ; paie néanmoins certains créanciers à bureau ouvert ; il continue la même marche trois mois ; six mois après le premier acte de mauvaise foi prouvé, il faillit. Les scellés sont apposés sur ses effets : la faillite, ou pour mieux dire, la banqueroute frauduleuse ne prendra pas ouverture du jour de l'apposition des scellés ; mais du jour du premier acte frauduleux. Alors les paiemens et transports qu'il aura faits collusoirement, seront nuls et de nul effet, aux termes de l'art. 4 du tit. 11 de l'ord. de 1673.

1183. Ce n'est donc pas ni l'absence du négociant, ni l'apposition des scellés sur ses effets, qui fixent toujours l'époque de l'ouverture de la faillite ; ce sont absolument les circonstances. Aussi l'ordonnance ne dit-elle pas, art. 1, tit. 11, que *la faillite ou banqueroute sera ouverte du jour que le débiteur se sera retiré, ou que le scellé aura été apposé sur ses biens ;* mais elle dit qu'elle sera *réputée ouverte de ce jour-là :* elle dit donc implicitement que la faillite pourra ou ne pourra pas être jugée ouverte du jour, etc.

1184. *Sur la seconde question :* Sera-ce du jour que le failli aura assemblé ses créanciers?

1185. Sur cette question on peut répondre affirmativement et négativement. On répondra affirmativement : Si le débiteur avait cessé ses paiemens dix jours avant cette première assemblée, et ensuite s'il a déposé son bilan conformément à la loi : alors l'ouverture de la faillite sera fixée au jour de la première assemblée, pourvu qu'il n'y ait pas de transports frauduleux, même antérieurs aux dix jours ; et même, si la veille de l'assemblée, le failli a fait des transports de bonne foi, la même chose pourra avoir lieu. La veille le négociant est fortuné ; le lendemain le courier lui apporte de mauvaises nouvelles qui le forcent à faillir subitement : il faillit.

1186. On répondra négativement, s'il y a des transports frauduleux antérieurs ; si le marchand a reçu des moyens de libération et qu'il ait repris ses paiemens, et qu'ensuite des malheurs viennent le réduire à faillir, dans ce cas sa faillite ne remontera pas au jour de la première assemblée, mais au jour de la seconde.

1187. *Sur la troisième question :* Sera-ce après un certain nombre de protêts et de condamnations?

liasse , paraphées par lui ; quant aux autres papiers , ils doivent être mis sous clef dans quelqu'armoire. Le scellé est confié à un ou plusieurs gardiens.

1208. Les livres , registres , lettres de change, billets et autres pieces de cette nature, ne doivent pas être mis ni sous le scellé , ni sous la clef , à fin que le failli ou ses créanciers puissent en disposer à fur-et-mesure qu'ils en ont besoin ; et les livres carnets , etc. doivent être paraphés en premier et dernier feuillet par le juge avec un *ne-varietur*.

1209. Ces pièces doivent rester libres afin que l'on puisse rédiger le bilan , et faire la recette aux échéances.

1210. Si ces pièces avaient été mises sous le scellé , il faudrait en demander la levée au juge, qui, après les avoir retirées, remetterait le scellé sur le reste des effets.

1211. Ordinairement on ne met les marchandises sous les scellés que provisoirement.

1212. Lorsque les scellés sont apposés , les créanciers, autres que ceux qui les ont fait apposer, pour faire connaître leurs droits, forment opposition à leur levée, alors on ne peut les lever qu'en leur présence ; et comme on ne les lève que pour procéder à l'inventaire , ils assistent à l'un et à l'autre.

1213. Lorsque les créanciers apprennent que

dessus de son actif, ou celui-ci sera au-dessus de son passif. Dans le premier cas, son bilan sera déposé dans une circonstance impérieuse ; dans le cas contraire, il sera déposé dans un tems où il ne devait pas l'être. Dans cette hypothèse il pourra être présumé banqueroutier frauduleux, et il ne sera pas moins vrai que la faillite ou banqueroute frauduleuse sera ouverte du jour du dépôt du bilan, parce que ce dépôt est un aveu légal de l'impuissance de payer.

1191. *Sur la sixième question* : Enfin peut-on faire faillir un marchand malgré lui ?

1192. On peut forcer quelqu'un à faillir malgré lui, quand on peut prouver, non-seulement qu'il est insolvable, mais encore qu'il a des projets de fuite ; sans ces considérations plusieurs protéts, plusieurs condamnations ne suffisent pas pour le forcer à faillir. La raison est que l'on peut éprouver toutes ces formalités avec l'espoir de les faire disparaître par quelques emprunts, quelques spéculations. Cependant comme en pareille circonstance le débiteur est obligé de disparaître, on peut, par rapport à cet incident, faire apposer les scellés chez lui ; et comme il ne peut pas satisfaire ses créanciers, ne pouvant faire lever les scellés, leur permanence, sans réclamation, est un aveu tacite de l'état de détresse qui prouve la faillite.

1193. D'où on doit conclure qu'il n'y a pas

de règle décidément générale pour fixer l'époque de l'ouverture d'une faillite; qu'il faut se diriger suivant les circonstances.

1194. Loi sur les faillites. Du moment que la faillite ou banqueroute est ouverte, *toutes les dettes sont échues*. Je n'ai point trouvé aucune loi qui le décidait ainsi; mais l'usage constant, fondé en raison, a acquis force de loi. La femme du failli peut demander de suite la séparation de biens. (416 à la note.)

1195. D'après le tit. 11 de l'ordon. de 1673, les faillis sont tenus :

1°. De donner à leurs créanciers un état certifié d'eux (un bilan) de tout ce qu'ils possèdent et de tout ce qu'ils doivent, art. 2.

2°. De représenter tous leurs livres et registres cotés et paraphés en la forme prescrite (234), pour être remis au greffe des juges du tribunal de commerce, s'il y en a, sinon à la municipalité, ou dans les mains des créanciers, à leur choix, art. 3.

1196. Tous transports, cession, vente et donation de biens meubles, ou immeubles, faits en fraude de créanciers, sont nuls; ils doivent être rapportés à la masse commune des effets, art. 4: il faut qu'ils soient faits avant les dix jours qui précèdent la faillite; Décl. du 18 nov. 1702; Loi de brumaire sur le régime hypothécaire.

1197. Les résolutions prises dans l'assemblée des créanciers, à la pluralité des voix, pour le recouvrement des effets, ou l'acquit des dettes, sont exécutées par provision, et nonobtant toutes oppositions ou appellations, art. 5.

1198. Les voix des créanciers prévalent, non par le nombre des personnes, mais eu égard à ce qui leur est dû, s'il monte aux trois quarts du total des dettes, art. 6; de sorte que s'il n'y avait que deux créanciers, qu'il fût dû à l'un 60,000 fr., et à l'autre 20,000 fr., ce dernier serait obligé de suivre la loi de l'autre.

1199. En cas d'opposition ou de refus de signer les délibérations par les créanciers, dont les créances n'excèdent le quart du total des dettes, elles n'en sont pas moins homologuées en justice, et exécutées comme s'ils avaient tous signé, art. 7.

1200. Néanmoins les privilèges sur les meubles, ceux des immeubles, ainsi que les hypothèques, sont conservées, sans que ceux qui ont privilège ou hypothèque puissent être tenus d'entrer dans aucune composition, remise, atermoiement, à cause des sommes pour lesquelles ils sont privilégiés ou qu'ils ont hypothèque, art. 8.

1201. Les deniers comptans et ceux qui procèdent de la vente des meubles et des effets mobiliers doivent être remis entre les mains de ceux

qui

qui sont nommés par les créanciers à la pluralité des voix, et ne peuvent être revendiqués par
les receveurs de consignations, greffiers, notaires, huissiers, sergens, ou autres personnes publiques, ni pris sur iceux aucun droit par eux ou
les dépositaires, à peine de concussion; art. 9.
La loi du 4 germinal an 2, art. 4, en décide différemment; il y est dit : « La république est
préférée à tous créanciers pour droits, confiscation, amende et restitution avec la contrainte
par corps ».

1202. La loi déclare banqueroutier frauduleux, ceux qui ont diverti leurs effets, supposé
des créanciers, ou déclaré plus qu'il n'était dû
aux véritables créanciers; art. 10.

1203. Toutes personnes qui font le commerce,
qui lors de leurs faillites, ne représentent pas
leurs registres et journaux, signés et paraphés,
peuvent être réputées banqueroutiers frauduleux; art. 11, d'où il suit que celles qui n'ont pas
de livres sur lesquels ces formalités n'ont pas été
remplies, ne peuvent pas être condamnées comme
banqueroutiers frauduleux : mais seulement *réputées tels*.

1204. Les banqueroutiers frauduleux doivent
être punis extraordinairement, et punis de mort,
art. 12.

1205. Ceux qui ont aidé ou favorisé la ban-

queroute frauduleuse, en divertissant leurs effets,
acceptant des faux transports, ventes, ou don-
nations simulées, et qu'ils savent être en fraude
des vrais créanciers, en se déclarant créanciers,
ne l'étant pas, ou pour plus grande somme que
celle qui leur est due, sont condamnés à 1500 liv.
d'amende, et au double de ce qu'ils ont diverti
ou trop demandé, au profit des créanciers,
art. 13. Mais la loi du 25 septembre 1791, les
condamne à six années de fers, ainsi que leurs
fauteurs et complices, la loi du 3 brumaire,
soumet à un jury spécial les banqueroutiers frauduleux.

1206. RÈGLE *à observer dans les faillites*, tant
par rapport aux scellés que par rapport aux
créanciers.

SCELLÉS : lorsque plusieurs créanciers voient
que leur débiteur, après quelques protéts et condamnations, s'absente et ne laisse personne chez
lui pour les payer, ils demandent permission au
juge de faire apposer les scellés ; ce qu'il leur
accorde, lorsqu'ils justifient pleinement le motif
de leur inquiétude.

1207. L'officier s'étant transporté, met le scellé
sur le plus d'effets qu'il peut, et fait mention sommairement dans son procès-verbal de tout ce qui
a pu être mis sous son sceau, comme les livres,
registres, lettres de change, billets, et autres
pièces de cette nature, qui doivent être mises en

liasse , paraphées par lui ; quant aux autres papiers , ils doivent être mis sous clef dans quel-qu'armoire. Le scellé est confié à un ou plusieurs gardiens.

1208. Les livres , registres , lettres de change, billets et autres pieces de cette nature, ne doivent pas être mis ni sous le scellé , ni sous la clef , à fin que le failli ou ses créanciers puissent en dispo-poser à fur-et-mesure qu'ils en ont besoin ; et les livres carnets , etc. doivent être paraphés en pre-mier et dernier feuillet par le juge avec un *ne-varietur.*

1209. Ces pièces doivent rester libres afin que l'on puisse rédiger le bilan , et faire la recette aux échéances.

1210. Si ces pièces avaient été mises sous le scellé , il faudrait en demander la levée au juge, qui, après les avoir retirées, remetterait le scellé sur le reste des effets.

1211. Ordinairement on ne met les marchan-dises sous les scellés que provisoirement.

1212. Lorsque les scellés sont apposés , les créanciers, autres que ceux qui les ont fait appo-ser, pour faire connaître leurs droits , forment op-position à leur levée , alors on ne peut les lever qu'en leur présence ; et comme on ne les lève que pour procéder à l'inventaire , ils assistent à l'un et à l'autre.

1213. Lorsque les créanciers apprennent que

leur débiteur est en faillite , le mieux est qu'ils s'assemblent de suite , qu'ils nomment un bureau , qu'ils fassent un contrat d'union dans lequel ils doivent nommer leurs syndics , afin de faire qu'une seule opposition à la levée des scellés , ou que l'opposition formée par quelques-uns d'eux , soit faite pour tous les autres.

1214. Les créanciers doivent s'unir avant la levée des scellés , afin que leur intérêt remis entre les mains de leurs syndics , arrêtent le cours des frais.

1215. Les syndics ou directeurs nommés, représentent la masse des créanciers, assistent à la levée des scellés , à la confection de l'inventaire, font faire la vente des marchandises , font les recouvremens, enfin ils représentent le failli ou pour mieux dire ses créanciers.

1216. Pour éviter des frais , ils peuvent convenir avec le failli qu'ils demanderont de concert la levée pure et simple du scellé, sans inventaire et sans notaire ; alors les syndics d'accord avec le failli ou son chargé de pouvoir, font lever, dans une seule seance les scellés, et font eux-même l'inventaire. C'est le parti le plus prompt et le moins onéreux.

1217. Le contrat d'union peut être fait dans une seule séance ou dans plusieurs , il se compose des divers procès-verbaux qui ont été faits dans les diverses assemblées , les uns sont les sup-

plémens des autres. *Voyez mes institutions commerciales par 2274 et 2275.*

1218. Par les procès-verbeaux subséquens, on
peut donner aux directeurs tout autre pouvoir,
mission, que ceux qui leur ont été donnés par
les précédens, suivant que les circonstances
l'exigent ; ordinairement les syndics sont chargés de l'appurement des comptes, de la rédaction du bilan, s'il n'est pas fait, ou de la
vérification; s'il est fait. D'après le rapport qu'ils
font à l'assemblée, elle prend un parti définitif
sur les arrangemens à prendre avec le failli, on
rédige le procès-verbal de la décision, et l'on transige avec le failli, s'il y a lieu a transaction ; de
cette transaction résulte ce qu'on appelle vulgai-
rement *un concordat*.

1219. Si les créanciers n'ont pas voulu s'unir,
ils forment chacun en leur particulier, opposition à la levée des scellés ; celui qui est le plus
diligent, présente requête au juge pour obtenir
la levée du scellé ; on la lui accorde à la charge
d'y appeler les parties intéressées; alors il assigne
le failli et ceux qui ont formé l'opposition, pour
y être présent, et pour éviter les grands frais qui
résulteraient de la multiplicité des avoués, ces
créanciers n'en prennent qu'un entr'eux.

1220. La vente des marchandises est ordinairement confiés à quelqu'un que l'on nomme
dans l'inventaire, et l'on sait que dans cette

circonstance , la vente et les recouvremens ne peuvent se faire que par autorité de justice.

1221. Ce dernier parti est extrême, il réduit le failli à l'aumône sans donner beaucoup davantage aux créanciers ; qu'arrive-t-il dans cette circonstance? Il arrive que les créanciers qui ont des sentences font opposition à la vente , et tout se dilapide en frais.

1222. Quelquefois il arrive que l'un des créanciers qui a obtenu condamnation fait saisir son débiteur , qui n'est pas réputé en état de faillite , pour prévenir qu'il ne fasse faire la vente des effets; il faut que le débiteur fasse avertir quelqu'un de ses créanciers , pour faire faire opposition à la saisie , et faire apposer les scellés , alors les autres créanciers qui ont appris ce qui se passe , font opposition à leur tour.

1223. AFFIRMATION *de creance* ; après que le failli a déposé son bilan et ses livres au greffe du tribunal de commerce , et qu'il a pris un récépissé du greffier ; il présente une pétition aux juges de ce tribunal , à l'effet de faire vérifier *et affirmer* ses dettes, il invite ses créanciers à se présenter pour faire *la vérification et affirmation* de leurs créances, les juges nomment des commissaires pour faire l'une et recevoir les autres, aux termes des déclarations du 4 octobre 1723 , et 13 septembre 1739 ; quand il paraît qu'il y a eu trois quarts en somme des créanciers souscripteurs, le failli fait lever le procès-verbal de vérification et d'affirmation, l'annexe au contrat d'union, et présente le tout avec une pétition au tribunal civil, afin de parvenir à l'homologation.

1224. D'après la déclaration de 1739, précitée; il paraîtrait naturel de décider que les juges du tribunal de commerce ne sont compétens que pour *la vérification* et non pour *l'affirmation*, puisque cette déclaration porte :

« Dans toutes les faillites (défendons) qu'il ne soit reçu *d'affirmation* d'aucun créancier, ni procédé à l'homologation d'aucun contrat d'atermoiement, sans qu'au préalable les parties se soient retirées devers les juges et consuls, auxquels les bilans, titres et pièces seront remis pour être *vus et examinés* sans frais par eux.....»

1225. D'après les dispositions de la loi, il est clair qu'il y a deux opérations bien distinctes, l'une qui est la première est *le vu et l'examen des pièces* par *le tribunal de commerce*, et l'autre *l'affirmation*..... laquelle doit être faite où l'homologation doit se faire ; cependant j'ai vu dans la faillite considérable du citoyen Basterot, à Bordeaux, le tribunal civil de la ville, ne se reconnaître compétent que pour *l'homologation seulement*, je crois que c'est un abus ; si la loi attribue la vérification des créanciers aux tribunaux de commerce, c'est parce que, comme *elle s'en explique*, les juges connaissent mieux que tous autres les individus qui se présentent pour créanciers; si elle sous-entend que les créanciers soient tenus d'affirmer devant le tribunal civil, c'est pour opérer un espèce de contrôle dans l'intérêt du créancier.

1226. Tant que le concordat n'est pas homologué, la mineure partie des créanciers n'est pas assujettie à suivre la loi de la majeure partie, c'est-à-dire, celle des trois quarts en somme : mais une fois que le concordat ou contrat d'union, fait entre les créanciers et le failli, est homologué, et l'homologation signifiée en vertu d'une ordonnance du juge, qui permet d'assigner ; tous doivent suivre la loi commune, sauf le cas ou les créanciers refusans, prouveraient quelques fraudes.

1227. On trouve dans le Journal du Palais, n°. 207, premier sémestre, 10 pluviose an 12, article 120, le jugement suivant, rendu par le tribunal d'appel. La question est ainsi posée :

1228. Un tribunal peut-il, sur une demande en homologation de concordat, formée par un débiteur failli, qui a les trois quarts en somme, accorder *sur requête non communiquée*, une surséance provisoire à toutes poursuites de la part des créanciers refusans ?

1229. Le citoyen Bouchet et compagnie avaient obtenu, au tribunal de commerce, des condamnations contre L...... F...... au moment de la mettre à exécution, L...... fait faillite, réunit les trois quarts en somme, et le 27 vendémaire dernier, il obtint *sur requête non-communiquée,* un jugement au tribunal civil de la Seine, qui homologua le contrat d'union avec les créanciers signataires.

1230. « A l'égard des créanciers refusans,(porte
» le jugement,) renvoie à se pourvoir, en ce qui
» touche la demande, afin de défenses provisoi-
» res, a permis de faire citer, avec assignation,
» dans le délai de vingt jours, toutes choses jus-
» qu'à ce seulement demeurant en cet état ; et
» ledit jugement exécuté par provision, no-
» nobstant l'appel et sans préjudicier ».

1231. Appel de ce jugement de la part du citoyen Bouchet et compagnie. Ils soutenaient qu'un tribunal de première instance, ne pouvait pas, par *un jugement sur requête non-communi-quée,* et parties non présentes ni appelées, suspendre l'exécution du jugement du tribunal de commerce, confirmés sur l'appel ; que c'é-tait porter atteinte à l'autorité de la chose ju-gée, etc., etc.

1232. Le failli répondait que les premiers ju-ges, après le consentement des trois quarts, avaient dû lui accorder un délai, pour faire pro-noncer l'homologation vis-à-vis du citoyen Bouchet et compagnie , refusans, et surseoir pendant ce délai , à toutes poursuites.

1233. Il fût résulté de leur refus un obstacle à l'homologation , et une contravention aux articles 5 et 7 du tit. 11 de l'ordonnance du commerce , ainsi qu'à l'art. 4 , tit. 9 , de la même loi, qui veulent que les créanciers se soumettent aux libérations des trois quarts en somme, et ne permettent pas qu'un créancier soit payé de préférence aux autres.

1234. Qu'il n'y avait pas d'inconvénient à ce que cette surséance fût prononcée sur requête non-communiquée , jusqu'à raison de la réunion des trois quarts en somme , la présence au jugement , des créanciers non signataires, n'aurait pu l'empêcher, etc. , etc.

Jugement du 3 frimaire an 12 , première sect. , par lequel, « le tribunal , faisant droit sur l'appel , attendu que , dans l'état actuel de notre
» législation , aucun jugement portant défense ,
» ne peut être rendu que parties présentes , ou
» dûment appelées , dit qu'il a été mal jugé par
» le jugement du tribunal civil de la Seine, le
» 27 vendémiaire dernier , bien appelé d'icelui ;
» émendant , sans s'arrêter aux défenses obtenues
» par L...... F...... lesquelles sont déclarées nulles ,
» et de nul effet, ordonne que les condamnations
» obtenues par Bouchet et compagnie , au tri-
» bunal de commerce de Paris , seront exécutées

» selon leur forme et teneur ; en conséquence ,
» que les poursuites commencées seront conti-
» nuées , etc. »

1235. Lorsqu'après une 1re faillite, le failli en
fait une seconde, si son premier concordat porte
une remise de 50 pour cent, si les créanciers ont
reçu 25 pour cent, pour les 25 pour cent restant , ils viennent à contribution dans la seconde
faillite , de manière que si cette seconde faillite
donne comme la première 25 pour cent par rapport à la dette primordiale , les créanciers ne
recevront que 12 et demi pour cent , ou bien ce
qui est la même chose , la moitié des 25 pour cent
restant. Il en sera de même , quoiqu'il n'y ait pas
eu d'homologation, pourvu que l'accommodement ait été signé (1169) : mais s'il n'y a pas eu
d'accommodement signé , les choses étant encore
en leur entier , les créanciers prendront 50 pour
cent , sur ce qui leur est dû en entier.

1236. D'après la constitution de l'an 8 , tit. 1 ,
art. 5, l'exercice du droit de citoyen français , est
suspendu, par l'état de débiteur failli , ou d'héritier immédiat , détenteur à titre gratuit de la
succession totale ou partielle d'un failli.

SAUF-CONDUIT. Le sauf-conduit est une espèce
de garantie contre l'arrestation d'un débiteur, qui
lui est délivré par ses créanciers.

1237. Le sauf-conduit se donne dans différentes circonstances , 1º. lorsque les créanciers qui

ont obtenu des contraintes par corps contre leur débiteur veulent lui donner un certain répit , 2°. lorsque le débiteur est en faillite; dans l'un et l'autre cas, et plus dans celui-ci que dans l'autre, il faut qu'il soit sanctionné par le juge, et signifié aux créanciers qui ont refusé de le signer.

1238. Si dans l'intervalle qui se trouve entre le jour de l'ouverture de la faillite et celui de l'homologation du contrat du failli; il ne se montre pas en public, parce qu'il y a des condamnations rendues contre lui ; se tenant caché , il n'est point jugé répréhensible, ainsi jugé au parlement de Dijon, par arrêt du 8 mai 16--, cet arrêt a déclaré en principe que la *procedure criminelle en banqueroute ne compete* , contre le débiteur qui quitte sa maison et son lieu, *sans fraude.*

1239. Cependant, comme la retraite du débiteur lui est nuisible , ainsi qu'à ses créanciers, pour en prévenir les mauvais effets , il leur fait demander *un sauf-conduit* pour un certain tems ; s'il n'y a que les trois quarts des créanciers en somme qui consentent à l'accorder, alors il présente une pétition au juge , pour avoir la permission d'assigner les refusans , à bref délai , pour voir dire *que le sauf-conduit accordé par les créanciers qui représentent entr'eux les trois quarts en somme , sera déclaré commun avec eux , en conséquence , que pendant le tems y porté , il leur sera fait défense d'attenter à sa liberté.*

1240. La délibération des créanciers doit être annexée à la pétition. Il est prudent de faire rédiger le sauf-conduit par un notaire, de faire signifier la requête aux parties refusantes, et de leur faire sommer d'assister au jugement qui sera rendu; (1214) se sont là sans doute des formalités longues, dispendieuses, et même surabondantes, qui ne devraient avoir lieu dans le commerce, mais elles sont introduites par la nouvelle législation, il faut la suivre, à peine d'encourir de grands inconvéniens.

1241. Un particulier, pressé de toutes parts, demande du tems pour payer ses dettes : ses créanciers s'assemblent, et passent avec lui un contrat d'atermoiement. Quelque tems après il anticipe les paiemens, et paie les uns en fraude des autres; de sorte qu'à l'échéance il se trouve qu'il n'a plus aucuns biens. On demande :

Si ceux qui ont reçu par avance sont obligés de rapporter à la masse l'argent qu'ils ont reçu, ou s'ils doivent profiter de cette préférence de leur débiteur?

1242. D'Olive, en ses questions notables de droit, dit : « Que le débiteur dont l'obligation est atermoyée, ne peut anticiper le paiement de sa dette au préjudice de ses créanciers; s'il le fait, il donne l'action paulienne : *quia prœtor fraudem intelligit et in tempore fieri propter inter usurium medii temporis* ». Il fonde son sentiment sur la loi *Prætor 10, §. si cùm in diem, ff. quæ in fraudem credit,* où il est expressément marqué que les paiemens faits par anticipation, en fraude des créanciers, sont sujets à rapport.

1243. L'auteur du Nouveau Dictionnaire civil et canonique, page 279, sur ces assertions réplique ainsi : « Si les dettes sont personnelles, comme les créanciers ont suivi la foi du débiteur en le laissant maître de ses effets, il est certain qu'il en peut disposer, pourvu que ce ne soit pas en fraude de ses créanciers. Or, la fraude ne doit point être présumée lorsqu'il a payé par avance ce qu'il doit légitimement; on doit croire qu'il a eu aussi bonne intention d'acquitter le reste; s'il ne le fait pas, c'est parce que ses espérances ont été trompées ».

1244. Je crois que l'on peut concilier ces deux auteurs : lorsqu'un débiteur a pris des arrangemens avec ses créanciers, ou il a obtenu du tems pour payer le tout sans rien faire perdre, ou il a obtenu ce tems avec des remises; dans l'un et l'autre cas, l'arrangement qu'il a pris l'ayant remis dans un état de solvabilité qui le réintègre dans ses droits civils, il peut donc faire les paiemens que bon lui semble, avec d'autant plus de raison, qu'il améliore sa position par les escomptes qu'il obtient. Mais s'il payait sans escompte, le paiement ne serait pas valable dans l'hypothèse, parce qu'il serait frauduleux. Lorsqu'un négociant qui a atermoyé, fait de pareils paiemens, je dis, non pas qu'il y a présomption de fraude, mais fraude bien caractérisée : d'abord, parce que la présomption est qu'il a pris des arrangemens clandestins lors de son accommodement avec les créanciers envers lesquels il se libère, afin qu'ils influençassent les autres pour les amener à bonne composition ; ensuite parce qu'il fait réellement tort aux créanciers qu'il ne paie pas, puisqu'il rend leur condition pire que celle de ceux qu'il paie.

1245. C'est une maxime certaine, comme dit fort bien Ulpien, *qui paie plus tard, paie moins* (307). En effet, on diminue la dette en demandant terme, au lieu de payer comptant ; *L. solidum 85, D. de solutionib ; L. cum res in princip. de legat.* 1. Si cela est ainsi, comme il n'y a pas de doute, le créancier qui reçoit son paiement par anticipation, reçoit donc plus que celui qui est payé plus tard. De-là, une injustice, une fraude, puisqu'il est convenu positivement ou tacitement dans le contrat, que les uns ne seraient pas plus favorisés que les autres. D'où il suit que quand bien même le débiteur ne ferait point une seconde faillite, si l'un des créanciers apprenait qu'un autre créancier a été payé sans escompte avant l'époque convenue, il pourrait demander et exiger la même faveur, fondé sur ce qu'il ne serait point tenu à exécuter un contrat dont la base est l'égalité, celui avec qui il l'a passé dérogeant à l'égalité convenue.

1246. L'auteur du Nouveau Dictionnaire civil et canonique dit : on propose deux difficultés :

1°. Les créanciers hypothécaires peuvent-ils venir, concurremment avec les chirographaires, sur les meubles, pour entrer dans la contribution, ou sont-ils obligés avant de discuter les immeubles qui leur sont affectés ?

2°. Ceux qui ont fait saisir les meubles doivent-ils être préférés comme premiers saisissans ?

1247. *Sur la premiere question.* Elle ne fait plus une difficulté. Il est certain qu'après que les frais de justice et les autres dettes privilégiées ont été prises sur la vente des meubles, tous créanciers, tant hypothécaires que chirographaires, viennent indistinctement par contribution, et à proportion de leur dû.

1248. *Sur la seconde question.* Elle se résout par une distinction qui met la difficulté hors de doute. S'il y a déconfiture les saisies ne sont aucunement considérées ; mais si les choses sont entières, les premiers saisissans sont préférés. Les créanciers saisissant le même jour, viennent à contribution entr'eux.

1249. Maréchal, page 147, dit : « Comme il est fréquent et ordinaire aux banqueroutiers de ne tenir leur foi, voire après accord, en tout ou

un

en partie, on a demandé si les créanciers peuvent résilier l'accord en cas que le banqueroutier manque de sa part aux clauses d'icelui, ou à aucune d'icelles. Paul de Castre, *cons. 179, ex L. quero §. interlocatorem D. locat.* Socin. *con. 263 ex L. si quis major c. de transact. licet ina- mento firmata sit pactio.* Car à telles gens que l'édit de 1609 appelle voleurs et affronteurs publics, si ayant reçu composition et grâce de leurs créanciers, ils récidivent, ils sont indignes de la grâce des lois, lesquelles s'arment justement contre ceux qui, ayant imploré leur bénéfice, y contreviennent et en abusent; *L. sed et si §. interdum quod cum eo qui inal. potest* ».

1250. Lorsqu'un failli transige avec ses créanciers, les remises qu'il reçoit forment une donation de leur part; je dis donation, parce que cet acte de générosité, accepté de la part du failli, est fait gratuitement, librement, volontairement, sans procéder d'aucune obligation. Or, comme *la donation est irrévocable de sa nature,* lorsque celui en faveur de qui elle a été faite ne l'a point provoquée par dol ni fraude, il n'est débiteur que du surplus.

1251. A l'échéance de ce surplus, le failli se trouve-t-il hors d'état de payer, il fait une seconde faillite pour le surplus, sans que ses créanciers puissent revenir sur ce qui a été fait.

1252. Lorsque Paul de Castre et Maréchal ont

opiné pour la négative, ils ont été influencés par l'édit de 1609, et entraînés par le préjugé de leur siècle. C'est de deux choses l'une : ou la première faillite a été innocente, ou elle a été frauduleuse. Si elle a été innocente, la donation étant irrévocable, on ne peut plus y revenir ; si elle a été frauduleuse, elle doit être frappée de nullité. Conséquemment, tant que les créanciers ne pourront prouver qu'il y a eu dol ou fraude de la part de leur débiteur, ils ne pourront, sous aucun prétexte, revenir sur ce qu'ils ont fait.

1253. Si on pénètre les expressions des auteurs et de la loi précitée, on verra qu'ils insinuent que tous faillis sont criminels, et que si on leur a fait des remises, cet acte de générosité n'a eu pour principe que l'indulgence, indulgence qu'on ne peut plus avoir, en raison de l'abus qui en est résulté. Dans ce cas, et d'après un pareil fait, les uns et les autres ont raison de se décider pour l'affirmative ; mais ils ont eu tort de généraliser leur décision, puisque, comme je l'ai déjà dit, si le failli a obtenu de ses créanciers des remises sans dol ni fraude, ceux-ci ne peuvent plus revenir sur ce qu'ils ont fait : d'où je conclus que, lors même que la seconde faillite serait frauduleuse, la première ne l'étant, la donation n'en serait pas moins valable, sauf le cas où il y aurait une stipulation contraire ; c'est-à-dire, sauf le cas où les parties seraient convenues, comme souvent elles en conviennent, que, s'il arrive une seconde faillite, ou bien que les paiemens ne soient pas faits à tems, le contrat sera consideré comme non avenu : les principes, l'intérêt du failli et celui du tiers, le veulent ainsi.

1254. Il y a des personnes mal-avisées, qui, lorsqu'elles prêtent de l'argent à un négociant, se font faire un billet de dépôt, espérant être privilégiées, en cas qu'il vienne à faillir. Elles sont dans l'erreur.

1255. Il y a deux sortes de dépôts : le dépôt régulier, et le dépôt irrégulier. Le premier se fait dans des sacs cachetés : ce dépôt doit être rendu en nature. Le second se fait en nombrant et numérant les espèces : ce second dépôt ne doit point se rendre en mêmes espèces, mais en espèces de même nature. La seule différence qui existe entre le prêt *mutuum* et ce dernier dépôt, consiste en ce que, dans le prêt *mutuum*, la somme est aliénée pour un certain tems, et que, dans cette espèce de dépôt, elle peut être retirée à volonté. Mais si pendant qu'il est entre les mains du négociant, il vient à faire faillite, le déposant concourt au marc la livre avec les autres créanciers.

1256. Bornier, tom. 2, pag. 680, dit : « Les dépositaires sont préférés aux privilégiés ; *L. si hominum, §. quotum, D. depos. L. si ventri, §. si tamen nummi, ff. de privil. credit.* Ceux qui ont donné de l'argent à un banquier sont-ils privilégiés comme dépositaires, l'argent se trouvant en nature comme le veut la loi; *si is qui depositam, c. depos. L. si res, c. ad exhib.?*

1257. Par le droit, l'argent se trouvant confondu avec les autres espèces, les créanciers hypothécaires sont préférés. La loi *si hominum*, ci-dessus citée, ne parle que des actions personnelles, à l'égard desquelles le privilège de dépôt l'emporte par-dessus les autres : et la loi *si ventri*, et autres, n'ont lieu que lorsque l'argent a été déposé dans un sac cacheté, sans avoir été compté, et que le dépositaire est tenu de le rendre en espèce; *L. 2, ff. de reb. cred. ibi*, etc. et non pas lorsque l'argent a été compté; parce que dès-lors le dépositaire peut s'en servir, n'étant pas obligé de le rendre en espèce, mais d'autres de même genre. Il y a deux textes formels qui décident cette question : la loi *dies sponsaliteorum*, §. *qui pecuniam ff. depos.*, et la loi *in navem socii locati.*

1258. Maréchal renforce cette assertion ; cet auteur dit : « S'il était convenu qu'on eût déposé ès-mains du marchand, qui depuis a fait banqueroute, une somme de deniers, avec liberté à lui d'en pouvoir trafiquer, en ce cas, *nisi extent ipsissimi nummi*, le dépôt n'aurait aucun privilège, parce que *translatum est dominium denariorum depositorum. L. Procuratores* §. *si plures versie. sed si*

dedi. D. de tributor. act. L. si hominem, §. quoties
D. depositè maximè ».

1259 S'il en était différemment, personne ne voudrait de billet, et tout le monde exigerait des actes de dépôt. Il serait assez singulier que, retirant un bénéfice de son argent, parce que l'acte porterait une stipulation de dépôt, le créancier voulût jouir de la faveur attachée à ce contrat. On sent bien que telle prétention serait subversive de tout principe : conséquemment, si un particulier fait un dépôt irrégulier d'argent chez un marchand, ce marchand venant à faillir, il ne sera considéré, suivant ce que j'ai déjà dit, que comme créancier chirographaire. Je dis plus : si cet argent est dans un sac cacheté, si l'acte est fait sous seing-privé non enregistré, le déposant pourra encore être forcé de venir à contribution.

1260. Je dis que, quand bien même le dépôt eût été fait dans un sac cacheté, et qu'il y eût eu un acte sous seing-privé de donné, le déposant ne sera pas moins obligé de concourir au marc la livre avec les autres créanciers. On doit le décider ainsi pour éviter le dol et la fraude ; car il serait possible que le failli lui-même eût mis son propre argent dans un sac ; qu'un ami complaisant l'eût cacheté de son propre cachet, et eût reçu, par collusion, un acte ou reconnaissance de ce faux dépôt.

1261. Cependant, dans le commerce où tout

se règle par l'équité et la bonne-foi, il pourrait arriver qu'un pareil dépôt serait reconnu valable, si les écritures du dépositaire et du déposant militaient en sa faveur. On doit donc avoir égard aux circonstances.

1262. Pourquoi les créanciers chirographaires viennent-ils à contribution *in tributum L. 1 §. ex contrario, D. de separ. bonor.?* C'est parce que la date de leur titre est incertaine, et que d'ailleurs il n'a pas exécution parée ; Maynard, *liv. 3, ch. 2 et 3.* D'ailleurs un tel acte ne fait foi en justice, que du jour qu'il a été reconnu ou pardevant notaire, ou pardevant le magistrat. Encore si le débiteur n'a point d'immeubles, quoique son créancier ait obtenu contre lui condamnation dans un tems convenable, il ne laissera pas de concourir au marc la livre avec les autres créanciers chirographaires. La raison est, qu'en fait de meubles, les créanciers, quels qu'ils soient, sauf les privilégiés, viennent à contribution au marc la livre, parce que les meubles n'ont point de suite par hypothèque; ce qui n'a pas lieu à l'égard des immeubles, qui se règlent par ordre de date.

1263. A l'égard de l'obligation dans laquelle sont les créanciers qui ont obtenu des condamnations, de concourir avec les autres chirographaires au marc la livre, on trouvera dans le 12e. volume des Plaidoyers de Mannory, pag. 11, une consultation du 6 juin 1726, signée du célèbre Lenormant, de Mannory lui-même, et un jugement qui a décidé que, quoiqu'un des créanciers d'un failli ait obtenu plusieurs arrêts du conseil portant condamnation de payer une certaine somme, il serait tenu de concourir au marc la livre avec les autres créanciers chirographaires, formant les trois quarts en somme.

1264. Une chose assez singulière, c'est que la consultation des deux célèbres jurisconsultes est très-faible de raisonnemens ; elle ne roule absolument que sur des inductions tirées de la loi, et et non sur les principes, qui seuls sont propres à faire ressortir les grands moyens ; je ne me lasserai point de le dire, tout est marqué au coin de la faiblesse et de l'imperfection humaine.

1265. Le tireur, l'accepteur et les endosseurs d'une lettre de change étant tous venus à faillir, en supposant, pour rendre les calculs plus faciles, que les uns et les autres donnent également cinquante pour cent, le propriétaire de la traite ou du billet sera-t-il tenu d'opter l'un des obligés, ou bien pourra-t-il entrer en contribution dans tous les contrats ?

« Il est d'usage, dit Bornier, sur le tit. 11, art. 7 de l'ordonnance de 1673, non-seulement dans ce royaume, mais encore *dans les pays étrangers*, que lorsque le tireur, l'accepteur et l'endosseur ont fait banqueroute, et qu'ils ont,

K 4

chacun à leur égard, fait des contrats d'accord avec leurs créanciers, le porteur de la lettre est *tenu d'opter et de signer l'un des trois contrats seulement,* quoiqu'ils lui soient tous trois solidairement obligés; et dès le moment qu'il a fait son option sur l'un des trois par sa signature, il quitte ou abandonne l'action qu'il avait contre les deux autres, autrement, il profiterait, au préjudice des autres créanciers, de ce qui leur reviendrait desdits contrats d'accord, et recevrait au-delà de ce qui lui serait dû. Cela a lieu, encore que le porteur de la lettre ait fait des poursuites contre ses trois obligés, parce que, quand les uns ou les autres ont fait banqueroute, il est juste qu'avant de faire l'option, le porteur connaisse l'état de leurs affaires.... Cela est cause que le porteur de la lettre ne fait ordinairement son option, que quand il est poursuivi pour l'obliger à entrer dans le contrat, ou pour le voir homologuer ».

1266. Sur l'art. 12 du tit. 5 de la même ordonnance, Bornier, pag. 576, dit :

« Cette question, avant l'arrêt qui l'a décidée, (l'arrêt du 18 mai 1706 qu'il rapporte) était problématique. M. Savary, dans ses Pareres, soutient fortement que le porteur de la lettre de change *doit opter ;* que par son option il perd le privilège de la solidarité, et qu'il est obligé de rendre la lettre de change au tireur dont il a reçu le tiers, parce qu'autrement, agissant contre les deux autres, il leur donnerait occasion de revenir contre le tireur, et par ce moyen on dérogerait au contrat d'union qui a reçu le failli à payer le tiers : ce qui ferait un grand préjudice au commerce ».

1267. M. Dupuis, dans son Traité sur l'art des lettres de change, *ch. 16,* soutient au contraire que le porteur de la lettre, en recevant le tiers du tireur ou de l'endosseur, ne déroge point à l'action solidaire qu'il a contre tous les autres. Il appuie son sentiment de la consultation de MM. de Fourcroy, Chuppé et Perrein : leur avis a été suivi de l'arrêt du 18 mai 1706, lequel a décidé que le porteur d'un effet commun *pouvait entrer dans toutes les directions.*

1268. Voici une espèce, rapportée par Cochin, *tom.* 1 *consult. 8, page 649,* laquelle est très-propre à renforcer l'avis de Savary et Bornier : je vais en présenter la substance, et l'extrait de la réponse qu'il a donnée.

« Le tireur d'une lettre de change ayant fait faillite, le porteur ayant signé son concordat, avec réserve de poursuivre l'accepteur pour le surplus, peut-il exercer son action envers celui-ci, après avoir donné sa signature à l'autre ? »

1269. Sur cette question Cochin a répondu négativement. « Le contrat, a-t-il dit, qu'a signé le créancier, tient lieu à son égard *de paiement de sa dette;* il a bien voulu la réduire et donner du tems pour le surplus : par-là il a dérogé à son propre titre, et il ne peut plus faire valoir contre l'autre débiteur un titre auquel il a lui-même dérogé ».

1270. Ici le jurisconsulte étaie ses opinions de principes si évidens, qu'il n'est nullement possible de les rétorquer. Il dit :

« Tout ce qui se fait en faveur d'un débiteur solidaire, se fait nécessairement en faveur des autres (359); comme ce qui se fait contre un des débiteurs nuit aux autres. Par exemple, les poursuites faites contre un des co-obligés solidairement, interrompent la prescription contre les autres (339); il en est ainsi de ce qui tend à leur décharge, parce que la dette est une et indivisible, et que l'obligation étant la même entre tous les débiteurs, *l'un ne peut être soulagé que l'autre ne le soit.* C'est ce qui fait dire à l'auteur des lois civiles :

« Si un des débiteurs avait une exception personnelle qui éteignît la dette pour sa portion, cette exception servirait aux autres pour cette portion; *L. 3, tit. 4, sect. 1, n. 48* ».

1271. Or, la remise consentie en faveur du débiteur solidaire, est une exception qui éteint la dette, du moins par rapport à lui. Conséquemment, si elle s'éteint par rapport à lui, elle s'éteint par rapport à ses associés. Il en serait de même à l'égard d'une caution (359). Arrêt rapporté par Monthalon. Un créancier qui avait une caution, ayant été condamné à souscrire le concordat de son débiteur, l'ayant souscrit, la caution fut déchargée. Voyez Cochin, tom. 1, pag. 651, et le treizième Parère de Savary.

1272. « Il est vrai, dit encore le jurisconsulte, que les porteurs en signant le contrat du failli, se sont réservés leurs actions contre l'accepteur; mais si l'accepteur était déchargé par le contrat dans lequel ils sont entrés, cette réserve était inutile, et ne pouvait leur donner une action dont ils étaient déchus; *on ne peut donner quittance, et se réserver sa créance* ».

1273. Cependant, depuis l'arrêt de 1706, dont il a été parlé, la jurisprudence n'a été ni uniforme ni certaine; actuellement elle paraît avoir acquis une telle fixité, qu'il faudrait regarder comme incontestable que le propriétaire d'un effet de commerce peut *entrer dans toutes les directions , sans être tenu d'opter.* C'est sur ce fondement que le rédacteur de l'instruction consulaire de Bordeaux, édit. 1791 , dit, en parlant sur l'arrêt du parlement de cette ville, du 7 septembre 1717 , qui condamne le nommé Bacquemann à se tenir aux termes du concordat qu'il avait signé , sans pouvoir recourir pour le surplus contre les autres obligés , parce qu'il avait signé *volontairement* le concordat du failli : c'est sur ce fondement que ce rédacteur dit page 292 :

« Cet arrêt est relatif à celui rendu au parlement de Paris, (l'arrêt de 1706), entre le sieur Jacques et le sieur Perret de Lyon, qui préjuge que le porteur peut recourir sur les tireurs, accepteur et endosseurs, pour être payé de ce qui lui est dû, et sur chacun, suivant les parties de leur concordat, si le tireur promet par le sien de payer 50 pour cent, il peut signer ce concordat pour la somme totale, et comme par cette signature, il ne peut recevoir que 50 pour cent de ce qui lui est dû, et qu'il reste créancier d'autres 50 pour cent de l'accepteur et de l'endosseur ; si l'accepteur promet par son concordat de payer 50 pour cent, le porteur peut signer ce concordat pour les 50 pour cent qui lui étaient dûs de reste ; et comme par cette signature, il ne retire que 25 pour cent de cet accepteur, il peut encore signer le concordat de l'endosseur pour ces 25 pour cent qui lui sont dûs de reste ; et celui-ci paie 50 pour cent de ce qu'il doit, il en sera quitte pour 750 liv. : de manière que le porteur qui peut exercer la garantie solidaire, et qu'il l'exercera de la manière qu'il vient d'être expliqué, perdra toujours 12 et demi pour cent de ce qui lui est dû ».

1274. Ici le rédacteur donne un sage conseil pour éviter toute espèce de chicane, en pareille circonstance ; un créancier ne doit point oublier de suivre la marche qu'il lui prescrit, il dit :

1275. Les porteurs prudens, pour éviter de mauvaises contestations, avant de palper, quoique ce soit des solidaires, feront bien de faire un acte à un des co-obligés, par lequel ils le sommeront de leur payer ce qui leur est dû, faute de quoi, ils lui déclareront qu'ils vont recevoir des co-obligés, ce qu'ils s'engagent de payer par leur concordat, sans préjudice de ne venir sur lui pour ce qui leur serait dû de reste. Un pareil acte empêchera la chicane que quelqu'un des co-obligés pourrait faire, en soutenant que dès qu'on a signé le concordat d'un des trois, et reçu le paiement de ce qui est stipulé par ledit concordat, ils aient opté et fixé la créance sur leur tête, et renoncé à la solidarité contre les autres ».

1276. L'auteur des inst. sur les aff. cont. des négocians, page 210, en partant de l'arrêt du 18 mai 1706, étaie tout ce qui vient d'être dit, il veut que le créancier, pour être en règle, observe en pareille circonstance :

1°. De faire assigner l'accepteur ; de demander que les autres obligés soient mis en cause pardevant ce même juge : et conclure à ce que la sentence contre l'accepteur soit déclarée commune avec eux, et à ce qu'ils soient solidairement condamnés par corps.

2°. De ne rien signifier ou accepter sans insérer que c'est *sans préjudice de ses droits et actions, acquis contre les autres obligés à la lettre de change , ainsi qu'il avisera bon être.*

3°. De ne point signer le contrat du premier obligé , sans le consentement du dernier. Cependant, s'il était prouvé que le dernier obligé n'aurait pas pu mieux faire contre le premier que ce qu'à fait le porteur , cette omission ne lui ferait pas perdre son droit , parce qu'il n'aurait pas nui au dernier obligé ».

1277. Emerigon , t. 2 , page 536 , observe qu'en 1774 , des arbitres décidèrent qu'un capitaine , ayant failli ainsi que sa caution , l'un et l'autre donnant 50 pour cent , comme la créance était de 2000 liv., que le capitaine donnerait 1000 liv. et la caution 500 ; une sentence du 16 mars 1775, confirma cette sentence , appel au parlement d'Aix , fondé sur ce que le créancier voulait *figurer dans toutes les directions pour la totalité de la dette ,* ces prétentions combattues par Emerigon , mais fortement étayées des consultations , de MM. Siméon père , et Pascalis , de MM. Aubry , Tronchet et Legové , étayées elles-mêmes de l'avocat général Castellon , semblaient ne devoir point souffrir de difficulté ; néanmoins par arrêt du 18 juin 1776 , *la sentence fut confirmée avec depens.* Chose assez plaisante, il fut décidé le même jour , sur pareille espèce par le parlement de Paris, que *le porteur du billet avait droit de figurer dans chaque direction, pour la totalité du titre, jusqu'à extinction de sa créance.*

1278. Dans la première espèce, le créancier ayant sans doute appris ce qui avait été décidé à Paris, se pourvut au conseil, et obtint sur requête un arrêt le 18 juin 1776, qui cassa l'arrêt du parlement d'Aix : autre arrêt du conseil du 23 obtobre 1781, qui débouta le débiteur ».

1279. « Voilà donc, dit Emerigon, la question préjugée en faveur du porteur de papier ». D'où l'on doit conclure que le créancier a droit d'entrer dans chaque direction *pour la totalité de sa créance ;* en nous référant à la première espèce que le capitaine devant 2000 l. ayant fait faillite avec sa caution, donnant 50 pour cent, le créancier aurait 1000 liv. dans la direction du du capitaine, et 1000 liv. dans celle de sa caution.

L'art. 31 de l'ordonnance de Dantzig, du 8 mai 1701, est conforme à l'arrêt du conseil, il est dit, contre ce qu'observe Bornier : (1252)

« Lorsque le tireur, l'accepteur et l'endosseur ensemble.... viennent à faire faillite, le porteur peut exiger son paiement, duquel d'entr'eux il veut, et recevoir à part, de l'un ou de l'autre autant qu'il en peut tirer, jusqu'à ce qu'il soit entièrement payé de la lettre, du rechange et des frais ».

Par l'art. 33 , si la faillite est publique , le porteur est privilégié.

L'ordonnance de Brandebourg de 1584, art. 31 et 33 , contient la même disposition que l'ordonnance de Dantzig, de sorte que l'on peut dire que l'une a servi de modèle à l'autre.

1280. Ces jugemens diffèrent donc de celui des arrêts, de l'opinion du rédacteur de l'instruction cons. de Bord. en ce qu'ils veulent que le créancier se présente dans toutes les directions pour l'entière somme , et que les autres autorités veulent qu'ils ne se présentent pour l'entière somme que dans le premier concordat qu'ils souscriront , et dans les autres que pour ce qu'il reste dû seulement ; pour rendre ceci sensible , présentons une espèce dans laquelle nous supposons que tous les obligés, composé du tireur, de deux endosseurs et de l'accepteur, ont failli pour un engagement de 12,000 francs , avec remise pour chacun d'eux de 5o pour cent.

Répartition suivant les arrêts du conseil.

Premier concordat signé donnera . . .	6000 fr.
Second concordat signé donnera	6000
	12000 fr.

Répartition

Répartition suivant les auteurs.

Premier concordat signé donnera . . . .   6000 fr.
Second concordat , *idem*.   3000
Troisième concordat , *idem*.   1500
Quatrième concordat , *idem*.   750
Le créancier en perte de   750

                              Total. . . .   12000 fr.

1281. Il n'a sans doute rien moins fallu que la faveur due au commerce, pour passer par-dessus les principes présentés par Cochin ; mais lorsque l'on réfléchit sur les grands avantages qui résultent de la circulation des papiers de crédit , sur-tout des lettres de change , on conviendra que cette faveur est fondée en raison.

1282. Je finirais ce chapitre par les observations suivantes.

1°. Si le tireur d'un effet de commerce , veut entrer dans la direction du tireur , s'il a manqué , sans que les autres obligés soient dans le même cas , ou bien que ce soit l'accepteur qui est manqué , il ne doit rien signer sans le consentement par écrit des co-obligés qu'il veut toujours conserver comme solidaire ; s'il obtient ce consentement , il doit faite ses réserves sur le concordat , ceci est un amendement (669).

2°. Si le tireur a manqué il doit demander caution au premier endosseur (665).

3°. Si c'est l'accepteur qui a failli , il faut qu'il

demande caution au tireur (414) , tel est l'usage et ordonnance de Dantzig, art. 8 , et art. 22 de l'ordonnance de Brandebourg.

4°. Si tous les co-obligés ont failli , il faut que le créancier entre dans toutes les directions en remplissant les formalités prescrites (1282).

5°. Le créancier , pour être bien en règle , ne doit jamais signer qu'après l'homologation , et non avant , afin que l'on ne puisse pas lui alléguer que c'est un acte de complaisance. Allégation que l'on pourrait peut-être lui faire valablement , si le débiteur ne faisait pas homologuer , s'en tenant à un simple accommodement (1166).

1283. Il serait bien utile que , dans le nouveau code de commerce , le législateur fixât les négocians sur le principe , et ensuite sur le mode de contribution.

RÉSUMÉ.

DROIT CIVIL.	DROIT COMMERCIAL.
Le créancier qui a dérogé à son titre , ne peut plus le faire valoir envers ceux qui y sont obligés ; la remise faite au débiteur profite à ses cautions.	Le créancier qui a dérogé à son titre , peut le faire valoir envers ceux qui y sont obligés ; la remise faite au débiteur ne profite pas à ses cautions.

CHAPITRE XXXIX.

Des banqueroutes, proprement dites, et des banqueroutes frauduleuses.

1284. On appelle *banqueroute* sans épithète, la cessation absolue de paiement faite par détresse et sans fraude, suivie de la fuite du débiteur, sans prendre aucun arrangement avec ses créanciers. Cette espèce de banqueroute est une cession ou abandonnement fait par le débiteur, sans aucune forme judiciaire, et sans le consentement de ses créanciers, enfin c'est un acte de désespoir provoqué par l'impuissance de payer, de justifier sa conduite par le défaut de livres, et la crainte d'être mis sous les verroux ; en raison de toutes ces considérations, cette banqueroute est criminelle, cependant, elle l'est beaucoup moins que celle dont il va être parlé.

1285. On appelle *banqueroute frauduleuse*, la cessation absolue ou non de paiement, faite en fraude des créanciers, avec fuite ou sans fuite.

1286. On est *banqueroutier frauduleux* dans plusieurs circonstances ; 1º. en supposant plus de dettes que l'on en a ; 2º. en recélant ses

effets ; 3°. en altérant ou cachant ses registres ;
4°. en supposant des vols ou des pertes que l'on
a pas essuyé ; 5°. lorsque l'on emprunte en mé-
ditant d'assembler ses créanciers, ce qui paraît
évidemment, quant on a acheté constamment
fort cher, et que l'on a revendu de même, à
bon marché ; 6°. quand on s'entend avec des
créanciers, pour porter leurs créances plus fortes
que ce qu'elles sont effectivement. Enfin quant
on emploie quelque manœuvre artificieuse pour
tromper ses créanciers.

1087. On pourrait encore mettre dans le rang
des banqueroutiers frauduleux., 1°. Ceux qui
font des grosses entreprises de commerce hasar-
deuses, avec la certitude que si elles ne réussis-
sent pas, ils seront obligés de manquer, quoique
n'ayant point d'ailleurs éprouvés d'autres pertes ;
2°. ceux qui tirent des lettres de change sur des
êtres imaginaires, ou bien qu'ils passent à l'ordre d'individus reconnus être sans aucun moyen,
ou bien encore ceux qui font tirer des lettres
de change par des individus tels que ceux dont
je viens de parler, tirées sur aussi des êtres imaginaires. Toutes ces manières de fabriquer des
lettres de change, inondant le commerce de
fausse monnaie, et conséquemment étant frauduleuses, lorsque celui qui s'en est servi tombe
dans la détresse, il devrait être attaqué comme
banqueroutier frauduleux. (111, 885, 1021)

1288. Cependant, dans l'usage il en est différemment, ces sortes de manœuvres sont considérées comme le résultat de l'adresse et de l'intelligence qui n'a rien de condamnable en soi.

1289. Pour la punition des banqueroutiers frauduleux et des fauteurs de banqueroute, voyez le chapitre précédent.

1290. Quelques banqueroutiers imaginent qu'ils n'ont qu'à disparaître entièrement, pour forcer leurs créanciers à venir à bonne composition ; le jugement suivant, inséré dans la Gazette des Tribunaux, de l'année 1778, nº. 1, page 278, tom. 5, est très-propre à les dissuader. Il y est dit :

1291. « Un négociant de la sénéchaussée de Civray, avait disparu après une banqueroute frauduleuse ; il n'aurait pas manqué de se remontrer, si le ministère public eût gardé le silence ; mais le procureur du roi ayant fait informer, le procès fut extraordinairement fait au contumax, sentence est intervenue, qui l'a condamné au carcan, elle a été sur-le-champ affichée dans la place publique ».

Le 8 nivose, le nommé Charles Heger, se disant conseiller intime du duc de Wirtemberg, et son associé Kriockel, tous les deux allemands, convaincus de banqueroute frauduleuse, et comme tels condamnés à six années de fers, ont été exposés publiquement à Bruxelles ; Journal Publiciste , mercredi 13 nivose 12.

1292. Par le traité de paix définitif , conclu le 6 germinal an 10 , entre la République Française, le roi d'Espagne , la République Batave et la Grande-Bretagne, il a été convenu , article 20 :

« Que les parties contractantes, sur les réquisitions faites par elles respectivement, ou par leurs ministres et officiers dûment autorisés à cet effet ; seront tenus de livrer en justice les personnes accusées...... de banqueroute frauduleuse , commis dans la jurisdiction de la partie requérante, pourvu que cela ne soit fait que lorsque l'évidence...... sera bien constatée , que les lois du lieu où l'on découvrira la personne ainsi accusée , auraient autorisé sa détention et sa traduction devant la justice , au cas que le crime y eût été commis. Les frais de la prise de corps, de la traduction en justice, seront à la charge de ceux qui feront la réquisition ».

1293. Maréchal page 114, dit : « la banqueroute découverte , il faut arrêter la femme , si le banqueroutier est marié, constituer prisonniers les facteurs , serviteurs , et servantes , et chacun d'iceux en lieux séparés, et premièrement , les interroger des tems du départ, de ses préparatifs, où il a caché , diverti , *latité* , les livres et facultés , s'ils savent , où il s'en est

enfui, comment, en quel état, équipage, et en
quelle compagnie, et de toutes autres circonstances, selon la qualité de la personne, du lieu
et du tems, *l. 2, c. quib. et quand. quarta pars
lib. 10, c. Bald. Cons. 400, n. 10. lib. 5* ».

1294. Maréchal pouvait avoir raison lorsqu'il
a écrit, parce que la liberté du citoyen n'était
point sans doute aussi respectée qu'aujourd'hui :
mais actuellement qu'il n'est plus permis d'arrêter un citoyen *sur un simple soupçon*, celui
qui ferait arrêter la femme, le commis, le domestique d'un banqueroutier frauduleux pourrait
bien s'en repentir; en effet, puisque d'après le
tit. 7 de la constitution, parag. 77, l'acte qui
ordonne l'arrestation d'une personne doit *exprimer formellement le motif de son arrestation,
si ce motif était fondé sur une simple présomption
et non sur un fait constant et bien évidemment démontré*; celui qui se serait livré à un pareil
excès serait reconnu pour calomniateur, etc.

1295. « Maréchal dit, si le commanditaire,
mandataire ou l'un et l'autre font quelque fraude
lors de la faillite du complimentaire, ils sont
punis comme voleurs et non comme banqueroutiers frauduleux ».

1296. Si j'ai bien entendu cet auteur, il veut
dire, si le commanditaire ou le mandataire détourne quelque chose, ou fasse quelqu'action
par fraude tendante à nuire à l'intérêt des créan-

ciers , pour accommoder le sien en particulièr , il doit être puni comme voleur.

1297. Il est remarquable que dans les banqueroutes frauduleuses , des témoins peuvent être entendus. Un grand homme l'a déclaré en principes , Daguesseau , cet auteur dit :

« *La fraude*, est un genre de crime , et le crime se prouve par témoins ». *Tome 4, page 9.*

CHAPITRE XL.

De la cession de biens volontaire et forcée.

1298. La cession de biens, ou ce qui est la même chose l'abandonnement de biens, est un acte par lequel le débiteur abandonne à ses créanciers, en vertu de la convention qu'il a faite avec eux, ou en vertu de la loi, tout ou partie de ses biens, dans le premier cas; ou tous ses biens sans réserve, dans le second, pour être vendus, et du prix en provenant, se libérer envers eux selon leur privilège, ou l'ordre de leur hypothèque. Dans tous les cas, les créanciers chirographaires concourent au marc la livre.

1299. Ces abandonnemens comprennent tous les effets du débiteur, tant ses dettes actives que tous autres droits, de quelque nature qu'ils soient.

Cependant dans la cession volontaire il peut y avoir des réserves.

1300. Quand un débiteur se voit pressé par ses créanciers, et qu'il a des immeubles, pour éviter les frais de l'expropriation forcée, et tirer d'eux une composition avantageuse, il leur abandonne tous ses biens et effets. Il peut en être la même chose, quoiqu'il n'y ait que des effets mobiliers.

1301. La première se fait du consentement du débiteur et des créanciers. Dans cette circonstance, quelquefois le débiteur abandonne tous ses biens, quelquefois qu'une partie, quelquefois les revenus seulement, suivant ce qui en a été convenu. Enfin il est permis aux contractans de faire telle convention qui leur est convenable, pourvu qu'elle ne blesse ni les lois ni les bonnes mœurs.

1302. Le contrat de cession volontaire se fait pardevant notaire. Quelques auteurs ont prétendu que la cession volontaire libère entièrement le débiteur, quoique la vente des effets n'ait pas entièrement désintéressé ses créanciers. C'est une erreur : il faut pour ce fait, qu'il y ait *une clause expresse dans le contrat;* car sans cette clause, le débiteur ne sera pas plus entièrement libéré, que ne le serait tout autre débiteur qui ne donnerait qu'un à-compte ; de sorte que telle clause ne se sous-entend jamais, il faut qu'elle soit décidément insinuée dans l'acte.

1303. S'il a été convenu que les créanciers feraient une pension à leur débiteur, quoiqu'ils n'aient pas été entièrement désintéressés, ils ne peuvent se dispenser de payer cette pension, quand bien même ce débiteur acquerrait de la fortune. Dans ce cas, il faut qu'il y ait clause expresse ; sans cette clause, cette pension étant un acte d'humanité de la part des créanciers, ne doit exister qu'autant que le motif qui l'a dictée, existe ; c'est-à-dire qu'autant que le débiteur est dénué de ressources.

1304. Ce qui porte souvent les créanciers à accepter un abandonnement de biens, et à accorder même une pension alimentaire à leur débiteur, est que les poursuites qui se font à la rigueur pour la vente des biens, emportent souvent la meilleure partie du prix.

1305. Dans les cessions volontaires il faut suivre ce qui est prescrit par le titre 11 de l'ordonnance, article 2 (1195), 3 (234), 4 (1197), 5 (1198), 6 (1199), 7 (1200), 8 (1201), 9 (1202), 10 (1203), 11 (1204), 12 (1205), 13.

1306. La même ordonnance, tit. 10, art. 1, porte : « Outre les formalités ordinairement observées pour recevoir au bénéfice de cession les négocians et marchands en gros et en détail, et les banquiers, les impétrans seront tenus de comparaître en personne à l'audience de la jurisdiction consulaire, s'il y en a, sinon, à l'assemblée de l'hôtel commun des villes (actuellement l'administration municipale), pour y déclarer leurs nom, surnom, qualité et demeure; et qu'ils ont été reçus à faire cession de biens ; et sera leur déclaration lue et publiée par le greffier, et insérée dans un tableau public ».

Art. 2. Les étrangers qui n'auront obtenu nos lettres de naturalité, ou de déclaration de naturalité, ne seront reçus à *faire cession.*

1307. Comme par rapport aux étrangers les lois sont changées, je vais présenter celles qui leur sont directes.

1308. La dernière constitution de l'an 8, tit. 1, art. 2, porte : « Tout homme né et résidant en France, qui, âgé de vingt-un ans accomplis, s'est fait inscrire sur le registre civique de son arrondissement communal, et qui a demeuré, depuis, pendant un an sur le territoire de la république, est citoyen français.

Art. 3. Un étranger devient citoyen français, lorsqu'après avoir atteint l'âge de vingt-un ans accomplis, et avoir déclaré l'intention de se fixer en France, il y a résidé pendant dix ans consécutifs.

Art. 4. La qualité de citoyen Français se perd par la naturalisation en pays étranger; par l'acceptation de fonctions ou de pensions offertes

par un gouvernement étranger ; par l'affiliation
à toute corporation étrangère, qui supposerait
des distinctions de naissance ; par la condamnation à des peines afflictives ou infamantes.

1509. La loi du 17 ventose an 11, porte; art. 9:
Tout individu, né en France d'un étranger,
pourra, dans l'année qui suivra l'époque de sa
majorité, réclamer la qualité de français, pourvu
que, dans le cas où il résiderait en France, il
déclare que son intention est d'y fixer son domicile ; et que, dans le cas où il résiderait en pays
étranger, il fasse sa soumission de fixer en France
son domicile, et qu'il s'y établisse dans l'année,
à compter de l'acte de soumission.

Art. 10. Tout enfant né d'un français en pays
étranger, est français. Tout enfant né, en pays
étranger, d'un français qui aura perdu sa qualité de français, pourra toujours recouvrer cette
qualité, en remplissant les formalités prescrites
par l'art. 9.

Art. 11. L'étranger jouira en France des mêmes
droits civils que ceux qui sont ou seront accordés aux français par les traités de la nation à
laquelle cet étranger appartiendra.

Art. 12. L'étrangère qui aura épousé un français, suivra la condition de son mari.

Art. 13. L'étranger qui aura été admis par le
gouvernement à établir son domicile en France,

y jouira de tous les droits civils tant qu'il continuera d'y résider.

1310. Dans le cas d'une faillite ou d'un abandonnement de biens, la femme est censée séparée de plein droit, et peut se faire autoriser par justice à exercer ses reprises; arrêt du 5 avril 1677.

1311. Les créanciers, dans un abandonnement de biens, ne sont point véritablement propriétaires des biens qui leur ont été abandonnés; ils ne sont que procureurs constitués dans leur propre affaire; de sorte que, si le débiteur venait à meilleure fortune, il pourrait reprendre ses biens invendus, en les désintéressant. L'abandon fait par un débiteur à ses créanciers n'est, jusqu'à son entier paiement, qu'un mandat irrévocable, qui, comme tel, ne dépouille pas le débiteur de sa propriété, en sorte que s'il meurt, les biens abandonnés font partie de sa succession, et doivent un droit de mutation. Trib. de cassation, sec. civile, 29 messidor an 11.

1312. Celui qui, étant libre, demande à faire cession de biens, ne peut être emprisonné, argument tiré de l'art. 33 du ch. 8 de l'ordonnance d'octobre 1525, et du n. 4 de l'art. 18 du tit. 3 de la loi du 15 germinal an 6, qui veut qu'un débiteur soit élargi par la cession.

1313. Le bénéfice étant introduit par la loi en faveur des débiteurs malheureux, nul ne peut

y renoncer, même par acte authentique. C'est
l'avis de Marquardus et de Dumoulin, arrêt du 22
nov. 1456; du 22 novemb. 1699, et art. 12 du
tit. 6 de l'ord. de 1667. Argument tiré de l'art.
2 du t. 1 de la loi du 15 germ. an 6, qui veut
que toutes stipulations de contrainte par corps
soient nulles. Si un débiteur renonçait au bénéfice de cession, ne ferait-il pas une convention
tacite de demeurer toujours en prison, plutôt
que d'abandonner ses biens? Ce qui répugne à
la raison, puisque d'abord nul ne peut se soustraire à l'empire de la loi; qu'ensuite que la loi
précitée interdit toute convention de contrainte,
et que le débiteur peut être élargi par la cession.
D'où il résulte que le débiteur, dans tout état
de cause, peut faire une cession forcée, étant
libre, comme étant en prison.

1314. La cession forcée est celle qui se fait
malgré les créanciers par ordonnance du juge.
Pour être admis à cette cession, il faut en faire
la demande par requête. Si le cessionnaire est en
prison, il doit conclure à ce que tous ses créanciers soient assignés pour voir dire et ordonner
qu'acte lui sera donné de l'abandonnement de
tous ses biens, meubles et immeubles, présens
et à venir, jusqu'à parfaite libération des capitaux, intérêts et dépens; ce faisant, qu'il sera
élargi, et mis hors de prison, aux offres de garder l'ordonnance.

1315. Au bas de cette requête le juge met son ordonnance ainsi : *qu'il soit fait ainsi qu'il est requis, à la charge des soumissions nécessaires* ; c'est-à-dire en déclarant, par le cessionnaire, tout haut à l'audience, tête nue, qu'il fait cession et abandonnement sans fraude.

1316. Pour sortir de prison, le cessionnaire est tenu de lever la sentence qu'il obtient ; de la faire signifier aux créanciers ; ensuite de faire venir dans la prison un huissier, qui, en vertu de ce jugement signifié, le fait sortir. Voyez, au surplus, la loi du 15 germinal (1090).

1317. Suivant Prost de Royer, le bénéfice de cession n'est pas admis à Lyon ; néanmoins, comme la loi du 15 germinal est rendue pour toute la république, art. 1 du tit. 2, cette exception ne peut plus avoir lieu.

1318. Par les anciennes lois, la cession de biens ne pouvait avoir lieu en certaine matière ; par exemple, les comptables des deniers publics, les cautions judiciaires, les étrangers n'y pouvaient être admis ; mais la loi du 15 germ. étant conçue avec des expressions absolues, admet la cession de biens dans beaucoup de circonstances, pourvu néanmoins que le cessionnaire prouve évidemment qu'il fait cession sans dol ni fraude.

1319. QUESTION. L'ordonnance de 1673, tit. 11, art. 8, voulant que les créanciers hypothé-caires ne soient tenus d'entrer en aucune composition, remise, ou atermoiement, etc. ; l'art. 18 du tit. 3 de la loi du 15 germinal an 6, voulant que le débiteur puisse obtenir son élargissement par la réunion des trois quarts des créanciers en somme, pourvu que les *créanciers* ne soient que *chirographaires* ; les créanciers chirographaires, devenus hypothécaires par l'effet des condamnations obtenues dix jours avant l'ouverture de la faillite, doivent-ils être considérés comme simples *chirographaires ?*

1320. M. Fournel, sur cette question fait les observations suivantes :

1321. « La condition des créanciers chirographaire est double : à la considérer d'après le titre primitif, ils ne sont que *chirographaires* ; mais sous le rapport du jugement, ils sont devenus *hypothécaires*. Or, dit-il, laquelle de ces deux qualités fera-t on prévaloir dans le cas dont il s'agit ?

1322. S'il fallait exclure de la délibération *des trois quarts* tous les créanciers qui sont devenus hypothécaires par la voie des condamnations, il est aisé de reconnaître quel inconvénient résulterait de cette doctrine ».

1323. Après avoir judicieusement observé que l'art. 8 du tit. 11 de l'ordonnance de 1673 n'a pas partagé *les créances hypothécaires et chirographaires* en deux classes dans la distribution

des

des deniers mobiliaires, il fortifie ses opinions en disant :

« Lorsqu'on procède à la distribution des deniers provenans de la vente des meubles et effets d'un débiteur commun, *les hypothécaires* ont droit à la contribution, tout aussi bien que les chirographaires : ainsi jugé par arrêt du 1er. juillet 1659, rapporté au Journal des audiences ».

1324. Voyez dans mes Institutions Commerciales, n°. 1965, le motif de cet arrêt. Charondas ainsi que Laguessiere rapportent un arrêt du 22 février 1567, qui l'a ainsi jugé. Et Bourjon dit, qu'en ce cas les créanciers hypothécaires, quoiqu'ayant concouru au marc la livre avec les chirographaires, conservent néanmoins pour le surplus tout l'effet de l'hypothèque, vu que les meubles et les immeubles leur sont affectés ; c'est, dit-il, *de droit commun.*

1325. Il faut bien faire attention que le tit. 11 art. 6 de l'ordonnance de 1673 parle en termes génériques, lorsqu'il dit, art. 6 : « *Les voix des créanciers prévaudront*, etc. » Puisqu'elle ne distingue pas, il n'est donc pas permis de distinguer, car dans ce mot *créanciers*, sont compris tous ceux à qui il est dû quelque chose ; *Leg. 10, ff. de verb. signific.*

1326. M. Fournel conclut en disant : 1°. qu'il faut comprendre sous le nom de *chirographaires* ceux qui, étant originairement *tels*, auraient acquis depuis hypothèque ; 2°. que les *créan-ciers hypothécaires* d'origine n'ont pas le droit de délibérer avec *les creanciers chirographaires* ; mais qu'ils ont celui de concourir avec eux au marc la livre.

1327. Les observations de M. Fournel me paraissent très-judicieuses : un simple *créancier hypothecaire* n'a pour gage que *des sûretés réelles* ; un créancier originairement *chirographaire*, devenu depuis *hypothecaire*, a pour gage, si je puis m'exprimer ainsi, *des sûretes reelles* et *des sûretes personnelles*. On ne peut donc lui ôter une partie de son gage sans son consentement.

1328. La jurisprudence actuellement est donc certaine sur ce point : c'est-à-dire, qu'il n'y a absolument que les créanciers chirographaires, ou tels, devenus hypothécaires par condamnations par eux obtenues, qui doivent entrer dans la composition des trois quarts en somme. C'est un droit nouveau utilement établi, du moins en prenant en considération les vues du législateur sur la contrainte par corps.

1329. Anciennement, suivant Mornac, sur la *L. Rescriptum* 11 *ff. de Pact.*, il a été jugé par plusieurs arrêts du parlement de Paris, que la plus grande partie des créanciers en somme forçaient les autres à souscrire l'élargissement de leur débiteur. En effet, le 6 septembre 1743, aux requêtes de l'hôtel au souverain ; en 1744, par arrêt rendu au grand conseil, il a été jugé que les porteurs d'obligations et contrats notariés, formant avec les autres les trois quarts des créances en somme, pour l'élargissement du débiteur, feraient la loi aux autres opposans.

1330. Mais, supposons, si, un débiteur étant emprisonné, quelques uns de ses créanciers qui n'ont pas concouru à son emprisonnement, soit par condamnation, soit par recommandation, veulent le faire sortir de prison, parce qu'ils sentent qu'ils pourront obtenir leur libération par son industrie, et que ceux qui ont obtenu condamnation ou recommandation contre lui s'y opposent, les premiers, formant les trois quarts en somme, pourront-ils forcer les autres créanciers à consentir à son élargissement?

1331. Comme je l'ai déjà dit, la contrainte par corps étant une *question civile* inventée pour forcer le débiteur à avouer les valeurs présumées avoir été soustraites, cette présomption détruit donc toute idée de confiance en lui, qui par une présomption contraire, ne peut pas faire naître l'espoir qu'il travaillera pour se réhabiliter.

1332. Lorsque des créanciers font incarcérer leur débiteur, ils profitent de l'effet de la présomption légale ; ceux qui ne veulent point qu'il soit renfermé, fondent leur volonté sur leur présomption personnelle : dans ce cas, la première présomption doit l'emporter sur celle-ci. D'où il suit :

1°. Que les créanciers qui n'ont pas concouru à l'emprisonnement de leur débiteur, ne peuvent pas concourir à son élargissement.

2°. Qu'il n'y a que des individus qui ont des droits égaux, qui peuvent transiger également sur le principe de leur droit.

3°. Que lorsque quelques créanciers ont fait incarcérer leur débiteur, c'est parce qu'ils ne croient pas à sa loyauté, et que ceux qui n'ont pas concouru à son incarcération c'est parce qu'ils y croient ; et comme les premiers ont la loi pour eux, et que les autres ne l'ont pas, donc les uns sont fondés en raison, et les autres ne le sont pas.

1333. Conséquemment, il faut donc les trois quarts des créanciers en somme, composés des créanciers qui ont concouru à l'emprisonnement, pour procurer l'élargissement du débiteur.

1334. Les créanciers privilégiés et les créanciers hypothécaires ont-ils voix délibérative dans les assemblées des créanciers d'un négociant qui fait faillite ou abandonnement ; et peuvent-ils faire nombre dans les trois quarts en somme, conformément à l'art. 6 du tit. 11 de l'ord. de 1673?

1335. J'ai fait beaucoup de recherches pour trouver la solution de cette question : soit que je n'aie point apperçus les espèces qui pouvaient fixer mes idées, soit que les auteurs qui peuvent l'avoir donnée, ne me soient pas tombés sous la main, je ne l'ai trouvée nulle part. Je vais donc chercher à la donner d'après mes propres conceptions.

1336. Pour résoudre cette question il faut avoir égard à la faillite et à l'abandonnement de biens.

1337. Dans les faillites, les privilégiés sur marchandises et meubles peuvent faire valoir leur privilège sur-le-champ, conséquemment, s'ils se présentent, ce n'est ni pour délibérer ni pour transiger, mais pour exercer leur droit. Les privilégiés sur immeubles, et les créanciers hypothécaires, ne sont point tenus, ni même ne peuvent se représenter dans les faillites pour délibérer, donner leur voix et faire nombre dans les trois quarts, parce que, dans ce cas, il est question de remise, de reculement de terme, auxquels ne sont pas sujets ces sortes de créanciers : car s'ils délibéraient, signaient dans cette circonstance, innovant leur titre, ils suivraient la loi commune, comme l'ayant consentie volontairement.

1338. L'article 31 du titre 33 du livre 3 des Constitutions de Sardaigne, de 1770, confirme cette opinion : il y est dit que les deux tiers des créanciers en somme pourront accorder des répits ; mais l'article 32 observe que cet ordre ne concernera que les créanciers chirographaires ; puisque ceux qui ont quelque hypothèque ou privilège, ou qui tiennent des gages, ne sont pas tenus d'y donner leur consentement ; et qu'on ne pourra induire de-là aucun préjudice à leurs privilèges et hypothèques.

1339. Dans l'abandonnement au contraire, tous les créanciers, de quelque nature qu'ils soient, sont tenus de se montrer les privilégiés sur mobilier et sur immeubles pour faire valoir étroitement leur droit sur la chose qui est grévée de leur privilège. Conséquemment, ils n'ont pas de droit de délibérer, ni d'entrer dans les trois quarts des créanciers en somme, parce que leur objet est spécial, frappant absolument une chose particulière. Mais il n'en est pas ainsi par rapport aux créanciers privilégiés, dont le privilège s'étend sur une collection de choses ; ni par rapport aux créanciers hypothécaires, parce que leur droit repose sur l'universalité des objets. C'est ce que je vais essayer de démontrer.

1340. Despeisse, des Contrats, part. 3, des exéc. t. 2, sect. 2, dit : « Le créancier peut faire exécution sur tous les biens de son débiteur, soit meubles, deniers ou immeubles.... Et bien que par le droit romain les biens meubles du débiteur doivent être vendus avant les immeubles, *L. à duo piv.* 15, *ξ. in vendit.* 2 *ff. de re judic.*, aujourd'hui en France, sans aucune perquisition

des meubles du débiteur, on peut saisir les immeubles ; Rebuffe, *Glos. 5 , n. 90.*

1341. Puisque le créancier hypothécaire a le
droit ou de faire vendre les meubles de son débiteur, art. 74 de l'ordonnance de 1539 (1), il
a donc pour sûreté de sa créance deux objets
différens : des immeubles et des meubles. De
cette faveur il résulte qu'un pareil créancier est
à-la-fois hypothécaire et chirographaire Observez néanmoins, par rapport à la restriction ap-
portée à l'ordonnance par la loi du 15 germinal
an 6 , que, pour ne pas brouiller les idées ,
il faut nécessairement dire qu'un pareil créancier est *hypothécaire et chirographaire ,* et non
pas *chirographaire et hypothécaire ;* parce que ,
par rapport à la première qualité, il n'a pas le
droit de donner sa voix pour l'élargissement de
son débiteur ; et que, par rapport à la seconde ,
il a ce droit.

1342. Du moment qu'un négociant est en
faillite, toutes ses dettes sont échues, tant hypothécaires , que *chirographaires , quoique leur terme
ne soit pas expiré* (1319) ; et comme l'abandonnement est la suite de la faillite , il faut donc
dire, à plus forte raison, que du moment que

---

(1) Si c'était un mineur , il faudroit discuter son mobilier avant que de faire vendre son immobilier.

M 4

le débiteur abandonne ses biens à un créancier, que ses dettes sont échues pour tous les créanciers.

1343. Lorque l'art. 5 du titre 11 de l'ordonnance de 1673 dit : « Les résolutions prises dans *l'assemblee des créanciers* à la pluralité des voix pour le *recouvrement des effets, ou l'acquit des dettes*, seront exécutées par provision. L'art. 6 dit : « Les voix des trois quarts *des creanciers* prévaudront sur l'autre quart ». L'art. 7 dit : « En cas d'opposition ou de refus de signer les délibérations prises par les créanciers dont les créances n'excéderont pas le quart, etc. » Enfin l'art. 8 dit : « Il ne doit être dérogé ni aux privilèges sur meubles, ni aux privilèges et hypothèques sur immeubles ; c'est-à-dire que, sous ce rapport, la contribution ne peut avoir lieu forcément ».

1344. Lorsque, dis-je, la loi parle *des créanciers*, elle ne distingue pas ; donc il ne faut pas distinguer. Par ces mots *les créanciers*, on voit que ces expressions étant génériques, elles sont absolues : aussi a-t-elle eu soin par rapport aux privilèges, etc., de faire des restrictions, c'est-à-dire, de présenter les particularités qui devaient déroger aux généralités.

1345. Analysons la loi, et on verra que les inductions que j'en tire ne sont pas sans quelque justesse.

1346. Ces mots insérés dans l'art. 5, *recou-*

vrement *des effets*, comprennent généralement tout ce qui regarde les poursuites sur les biens du débiteur, leur administration et choses semblables. Ainsi ils comprennent l'acceptation de l'abandonnement que le débiteur peut faire de ses biens à ses créanciers.

1347. Ces mots *l'acquit des dettes*, comprennent généralement tout ce qui regarde le paiement, les remises, les atermoiemens et choses semblables, qui peuvent, par rapport aux paiemens, concerner toute espèce de créancier, et par rapport aux autres choses, les créanciers chirographaires.

1348. Par les lois romaines, comme il a été dit en d'autres termes, le créancier hypothécaire était obligé de discuter le mobilier de son débiteur avant de faire vendre ses immeubles ; *Leg. à duo piv. 15, §. 1, ff. de re judic.* C'était, disent les commentateurs, une faveur établie à l'égard des débiteurs ; faveur qui n'a plus lieu que pour les mineurs.

1349. Non-seulement lorsque le créancier hypothécaire concourt au marc la livre avec les créanciers chirographaires (1) il fait le bien de

---

(1) Il faut bien faire attention que, quoique le créancier hypothécaire concourt au marc la livre avec le chirographaire, il ne perd pas pour cela son hypothéque pour le surplus : c'est un à-compte de paiement qu'il prend.

son débiteur, mais encore il fait celui des autres créanciers de sa classe, qui sont après lui. On peut donc résumer tout ceci en disant :

1°. Que tout créancier hypothécaire étant aussi créancier chirographaire, peut concourir, au marc la livre, sur le mobilier du débiteur, sans pouvoir néanmoins y être forcé.

2°. Que l'ordonnance, en raison de cette considération, entend que la voix du créancier hypothécaire entre en considération dans le nombre de celles formant les trois quarts en somme.

3°. Que lorsque le créancier hypothécaire concourt au marc la livre avec les créanciers chirographaires, il fait son avantage en donnant sa voix pour faire pencher la balance du côté de la justice ; il fait celui de son débiteur et celui des créanciers hypothécaires colloqués après lui.

1350. Lors d'un abandonnement de biens général, les créanciers hypothécaires en sous-ordre peuvent-ils forcer les créanciers hypothécaires antérieurs à concourir au marc la livre avec les créanciers chirographaires, comme étant pour eux une chose avantageuse ?

1351. Je ne le pense pas, parce que la discussion du mobilier, par rapport aux créanciers hypothécaires, *est facultative et non impérative* ; avec d'autant plus de raison, que nul n'est tenu de recevoir son paiement par partie ; Accurse, *in L. quidem 21, in verbo. Digestes de reb. credit.*

1352. Dans tous les cas, lorsqu'un créancier hypothécaire concourt au marc la livre avec les chirographaires, et qu'il signe le contrat d'abandonnement, il est prudent qu'il signe ainsi : *avec réserve d'hypothèque pour le surplus, un tel.*

1353. Un marchand recevant de son débiteur, aussi marchand, une obligation causée pour marchandise à lui fournie, a-t-il consenti tacitement une novation, et s'est-il, parce moyen, privé du droit de faire condamner par corps son débiteur?

1354. Telle est la question insérée dans la Gazette des Tribunaux, le 20 janvier 1778, tom. 5, pag. 57.

1355. Si je consulte, dit la personne qui a écrit au journaliste, la Jurisprudence consulaire par M. Rogues, tome 1er., pag. 203, je trouve que, si un marchand faisait une obligation pour fait de commerce, il ne pourrait prétendre la contrainte par corps; arrêt du 7 septemb. 1716, rapporté par Denisart, au mot contrainte. Le motif de cet arrêt, nous dit l'auteur de l'Instruction sur les conventions, pag. 310, est apparemment que le créancier, prenant une obligation, acquiert la sûreté de l'hypothèque, et doit perdre la contrainte par corps. M. Rogues, de son côté, dit que si la contrainte par corps était réservée par l'acte, il serait douteux si le juge ne l'accorderait pas ; car la dette, ajoute-t-il, étant pour commerce, la contrainte par corps devrait avoir lieu.

1356. L'arrêt de 1716 ne me paraît pas tout-à-fait dans la même espèce ; l'obligation (dont il est question) avait été précédée de deux billets : dans cette circonstance elle pouvait, en quelque sorte, faire *novation*, parce qu'elle changeait un titre en un autre ; mais dans l'espèce, n'y ayant point de billet, l'obligation étant le titre primordial, il semble qu'il ne peut y avoir de novation.

1357. Le motif donné à l'arrêt ne me paraît point frappant, quoique l'auteur des Instructions sur les conventions dise : « C'est apparemment que le créancier, prenant une obligation, acquiert la sûreté de l'hypothèque, et doit perdre la contrainte par corps ».

1358. Je n'aperçois aucune raison d'équité, qui, en donnant l'un, puisse faire perdre l'autre. Un acte pardevant notaire ne doit pas avoir à cet égard moins de force qu'un billet ; cet acte est comme lui une reconnaissance de la dette. Si l'obligation tient de la loi un privilège que ne donne pas un acte sous seing-privé, elle ne doit pas non plus faire perdre à un marchand celui qu'une autre loi lui accorde, qui est de faire prononcer la contrainte par corps contre son débiteur, pour cause de marchandise dont il fait trafic.

1359. Je suppose que ce débiteur ne sût pas écrire; le créancier ne serait-il pas autorisé à faire constater sa créance par-devant notaire, et parce qu'il aurait été obligé d'en faire écrire la reconnaissance par une personne publique, aurait-il renoncé à la contrainte par corps ? C'est ce que je ne puis me persuader.

1360. Le seul moyen séduisant dont on fait usage dans l'espèce, est de dire que l'art. 6 du tit. 34 de l'ordonnance de 1667, défend de passer aucune obligation portant contrainte par corps; mais il faut pénétrer l'esprit de la loi, et interpréter cet article par l'autre. Le législateur a expressément permis, par l'art. 4 de la même ordonnance, de condamner par corps, pour dettes, entre marchands pour fait de marchandise. Or, dès que l'obligation fait mention que le motif pour lequel elle est causée, est des mêmes marchandises, ceci doit être suffisant pour avoir autorisé le juge à prononcer la contrainte par corps par ce jugement dont on a interjetté appel.

1361. La question proposée et les réponses faites dans ce mémoire, donnent lieu aux questions suivantes, auxquelles j'essayerai de répondre.

1362. Un marchand recevant de son débiteur, marchand, une obligation notariée causée pour marchandise, cette obligation comporte-t-elle la contrainte par corps?

Pour répondre catégoriquement à cette question, reconnaissons le motif de la transaction, et parcourons rapidement nos lois nouvelles.

1363. Lorsqu'un marchand vend sa marchandise payable à terme, il la vend toujours plus cher qu'au comptant; de manière que lorsqu'il reçoit un billet, ce billet comprend le capital, plus l'intérêt. S'il vend cette marchandise par contrat notarié, ce contrat porte deux intérêts: l'un résultant de la nature de la transaction, et l'autre résultant de la nature du contrat.

1364. De cette observation, il résulte que le vendeur peut recevoir une obligation de l'acheteur, non pas pour avoir hypothèque, puisqu'il est possible que ce dernier n'ait point d'immeubles, mais seulement pour avoir un double intérêt, conséquemment un intérêt usuraire. Sous le rapport de la morale et de la politique, ce serait une injustice criante que de vouloir attacher la contrainte par corps à un contrat qui grève déjà assez le débiteur. Cependant comme l'art. 4 du tit. 1, ch. 1 de la loi du 11 brumaire an 7, ne donne point ultérieurement d'hypothèque à un acte notarié, parce qu'il faut que le contrat indique la nature et la situation de l'immeuble hypothéqué; que la loi de..... permet

(191)

la stipulation des intérêts ; que la loi du 15 germinal an 6, tit. 2, art. 1, veut que la contrainte par
corps ait lieu de marchand à marchand, pour
fait de marchandises dont ils se mêlent respectivement. Dans l'espèce, s'il n'y a pas d'hypothèque au terme de la loi ; si la marchandise
est de l'espèce dont les contractans font ordinairement commerce, j'oserais assurer que la
contrainte par corps pourra avoir lieu.

1365. Mais, si au contraire cette obligation
frappe un immeuble d'hypothèque, ou bien que
sans ce fait, la marchandise vendue, ne soit pas
de l'espèce de celle du commerce habituel des
contractans, la contrainte par corps ne pourra
pas où pourra avoir lieu ; parce que dans le
premier cas, la créance étant immobilaire dans
sa fin, quoique mobiliaire dans son principe,
le créancier ne pourra point agir par action
personnelle, mais par action immobilaire ; parce
que dans le second cas, une obligation de cette
espèce consentie pardevant notaire, doit être
assimilée eux billets non à ordre dont parle tacitement la loi, je dis tacitement, parce que la
loi précitée, dit même article : « La contrainte
par corps aura lieu, contre tous négocians
qui signeront des billets pour valeur en marchandises, soit qu'il doivent être payés sur l'acquit *d'un particulier y nommé, ou à son ordre* «.

1366. Un marchand qui a fait une obliga-
tion notariée pour deux billets qu'il avait souscrits,
valeur en marchandise, est-il assujetti à la contrainte par corps ?

1267. Comme il n'y a dans le fait que novation dans la forme et non dans le fond, qu'une
pareille mutation, n'a d'autre but que la stipulation d'intérêt, la certitude de la dette et
l'exécution parée, il faut se référer au précédentes notions.

1368. Un marchand qui ne sait pas écrire,
achète des marchandises à un autre marchand,
un billet à ordre en est passé pardevant notaire ;
la contrainte par corps peut-elle avoir lieu ?

1569. Les notaires passent deux sortes d'actes,
les uns avec minutes, c'es-à-dire, avec dépôt chez
eux de l'original, et les autres en brévet, c'est-
à-dire sans dépôt de l'original.

1570. Si l'obligation est faite avec minute,
et qu'elle repose sur un gage immobilier, le
créancier ayant renoncé aux sûretés personnelles, pour s'attacher aux sûretés réelles, point
de contrainte par corps, et qui plus est, les
juges du commerce ne pouvant connaître de la
matière.

1371. Si l'obligation faite sans minute, est
délivrée en brévet, comme le brévet ne porte
point exécution parée, vu qu'il est assimilé aux
écrits sous - seing privé, le créancier ayant .

renoncé

renoncé aux sûretés réelles pour s'attacher aux sûretés personnelles , peut donc agir en conséquence contre son débiteur , même devant les tribunaux du commerce , si l'acte a pour motif un fait commercial,

1372. Aussi Emerigon , dit-il , t. 1 , page 49: « Ce n'est pas seulement la souscription du notaire , qui donne aux actes le caractère nécessaire pour acquérir l'hypothèque , s'ils ne sont pas insérés en l'original dans un dépôt public, ils sont regardés comme écritures privées, incapables de nuire aux droits d'autrui. Il est donc certain , en règle générale , que les actes reçus par notaire , en cédule volante , ne porte pas hypothèque ».

1373. D'où il suit que si un notaire fait un billet au nom d'une autre personne , en y insinuant les clauses qui peuvent démontrer évidemment qu'il ne lui est pas personnel , celui, pour le compte de qui il l'aura fait , sera assujetti à la contrainte par corps , s'il est marchand.

<table>
<tr><td colspan="2" align="center">RÉSUMÉ.</td></tr>
<tr><td>DROIT CIVIL.</td><td>DROIT COMMERCIAL.</td></tr>
<tr><td>Le créancier hypothécaire et chirographaire n'a pas le droit de voter pour l'élargissement d'un débiteur, incarcéré par d'autres créanciers.</td><td>Le créancier chirographaire et hypothécaire a le droit de voter pour l'élargissement du débiteur, incarcéré par d'autres créanciers.</td></tr>
</table>

TITRE XI.

Ce titre traitera des privilèges et des révendications.

CHAPITRE XLI.

Du privilège , sur mobilier et marchandises.

1374. On appelle privilège le droit qu'a le créancier d'être payé de la totalité de la dette , avant tout autre créancier, dont le titre n'est pas aussi favorable , et comme la faveur de la créance décide le privilège , la dette la plus favorable est celle qui est la première privilégiée. *Ad, leg. 11 , §. ult. ff. de minorib.*

1375. Le privilége est de droit étroit , il n'est pas permis de l'étendre d'un cas à un autre ; en pareille matiére , on ne doit jamais augmenter par des conséquences , ni par des identités , il faut que ce soit la loi même qui établisse le privilège ; plusieurs auteurs l'ont ainsi décidé.

1376. Si la chose sur laquelle on a privilège est éteinte , le privilège s'évanouit ; enfin, le privilège est un droit spécial qui ne souffre pas d'extension. *Tit. cod. res inter alios.*

1377. L'ordonnance de 1673, tit. 11 art. 8, porte :

« N'entendons déroger aux privilèges sur les meubles , ni aux priviléges et hypothèques sur les immeubles , qui seront conservés , sans que ceux qui auront privilèges ou hypothèques, puissent être tenus d'entrer en aucune composition , remise , ou atermoiement , à cause des sommes pour lesquelles ils auront privilèges ou hypothèques ».

1378. Quant les priviléges sont égaux , les privilégiés concourent ensemble au marc la livre.

1379. PREMIER PRIVILÈGE. Par le droit Romain , dans les causes lucratives , le fisc était moins favorable que le particulier , il n'avait aucun privilège dans les dettes pénales ; au contraire il ne venait qu'après tous les créanciers. *Leg. unic. cod. pœn. fiscalib.* Parce que le fisc dans telle dette ne contestait que *lucro captando ;* au lieu que le créancier contestait *pro damno vitando. L. 33 , ff. de reg. jur.* La confiscation ne lui était adjugée qu'à la charge de payer les dettes. *L. 72 , ff. de jure dot. et l. 87 , ff. de jure fisc.*

1380. Ces principes avaient été consacrés par l'art. 7, du titre commun de l'ordonnance de 1681 , il était dit :

« N'entendons la préférence avoir lieu (sur les meubles pour le fermier) pour la confiscation de la juste valeur, en ce qu'elle excéderait nos droits, ni pour l'amende et les dépens ».

1381. La loi du 4 germinal an 2, tit. 6, art. 4, au contraire porte :

« La République est préférée à tous créanciers, pour droits, confiscation, amende et restitution ».

1382. La loi du 11 brumaire an 7, ch. 6, art. 11, dit plus ; elle dit, il y a privilége :

1°. Pour frais de scellés et inventaire.

2°. Pour une année échue et celle courante *de la contribution foncière* ;

3°. Pour frais de la dernière maladie et inhumation ;

4°. Pour une année d'arrérages, et ce qu'il y a d'échu sur l'année courante, des gages des domestiques.

Le premier, le troisième et le quatrième privilège, ne peuvent être exercés, sur les immeubles, que subsidiairement et en cas d'insufisance du mobilier.

1383. Cette loi est remarquable sous trois rapports, 1°. en ce que *la contribution foncière est préférée aux frais de la dernière maladie et inhumation* ; 2°. en ce qu'elle n'admet préalablement la discussion du mobilier, comme pour les autres privilèges, pour la contribution foncière ; 3°. en ce que le privilège des gages des domestiques est étendu à une année échue et la courante ; lorsqu'avant cette loi d'après l'ord. de Louis XII de 1516 , art. 65 , ce privilège n'était admis que pour une année seulement , le domestique étant obligé d'entrer dans la contribution pour le surplus.

1384. Les frais de justice ont été mis avec raison en tête de la série des privilèges , il était juste de les préférer à toute autre dette ; puisqu'ils n'ont lieu que pour conserver la chose dans l'intérêt du propriétaire et des créanciers , ils doivent donc se prendre sur la chose et par préférence ; c'est une dette commune qui doit être payée en commun.

1385. Mais au moment où tout le monde se disait philantrope , où le mot philantrophie sortait de toutes les bouches , où enfin l'humanité était proclamée dans toutes les tribunes , décider que les tristes restes de l'humanité seront privés des honneurs de la sépulture , plutôt que de priver le fisc d'une très-faible partie de son revenu , c'est chercher à insulter à la mémoire des morts , c'est chercher à détruire toute idée de morale parmi les vivans , enfin c'est chercher à détruire toute espèce de principes.

1386. Si l'on consulte le code civil de la nation la plus barbare, je doute que l'on y trouve une loi semblable à celle-ci. Bien loin que la créance du fisc dût être préférée à celle résultante des frais funéraires , si l'hérédité n'était pas assez considérable pour les payer, ils devraient être payés par le fisc lui-même, car, dans le fait, qu'est-ce que le fisc ? Le fisc est une bourse et une épargne publique dont le souverain est le dépositaire, laquelle se composant des deniers publics, doit s'ouvrir pour l'intérêt public ; or, comme il est d'intérêt public que l'un de ses membres qui a concouru à la cause commune, ne soit pas pour ainsi dire jetté à l'avoirie, après son décès, la bourse publique doit donc payer les frais qui ont été faits pour son inhumation.

1387. Les Romains portant un plus grand respect à la mémoire des morts, voulaient que les frais funéraires fussent payés même par préférence au loyer de la maison, dans laquelle était décédé le défunt. *L. 45 , ff. de religios. et impens. funer.*

1388. Nous devons espérer que les législateurs actuels, bien pénétrés de tous les principes moraux, feront disparaitre du code civil dont ils s'occupent, cette loi qui sans doute a été dictée plutôt par l'irréflexion que par l'abandon des principes moraux.

1389. DEUXIÈME PRIVILÈGE. *Loyer.* Le propriétaire de la maison est préféré sur tout ce qui garnit la maison à tout autre créancier ; avant la loi du 11 brumaire, il était préféré aux frais funéraires, mais actuellement les frais funéraires et les gages des domestiques, se prélèvent avant, c'est une amélioration sur-tout par rapport aux frais funéraires ; il est remarquable que la loi du 11 brumaire, ne parle pas de ce privilège, d'où l'on doit inférer qu'il doit être régi par les anciennes lois pour ce que les nouvelles n'ont pas abrogé.

1390. Ce privilège est restreint aux trois derniers termes et le courant, quand il n'y a pas de bail pardevant notaire, et pour tous ceux qui sont dûs jusqu'à la fin du bail, s'il a été passé devant notaire.

1391. Troisième privilège. Le boulanger, le boucher, et le marchand de vin : ces privilèges ne sont établis que par la jurisprudence des arrêts, et reposent sur l'universalité du mobilier.

1392. Quatrième privilège. Le cordonnier, le tailleur, le marchand drapier, enfin tous ceux qui ont concouru à l'entretien de la famille. Ces privilèges, qui naturellement devraient être incontestable, peuvent être contesté, et victorieusement, puisqu'il ne sont établis que par l'usage et non par la loi. Ce privilège repose aussi sur l'universalité du mobilier.

1593. Cinquième privilège. Tous ceux qui ont contribué à produire la chose, ont privilège sur cette chose, ainsi les vignerons ont privilège sur la récolte, tant qu'elle est en nature ; le tapissier sur les meubles qu'il a vendus ; ce privilége

étant spécial, ne frappe que la chose auquel il
est affecté , ceci n'est établi que par la jurisprudence des arrêts.

1394. SIXIÈME PRIVILÈGE. Les commis, les
courtiers , les papetiers et ceux qui fournissent le
comptoir des marchands , sont privilégiés ; ce
privilège étant fondé sur l'usage , peut-être contesté , il repose ordinairement sur le mobilier du
commerce et les effets du commerce.

1895. Le privilège étant attaché spécialement
à la chose , est susceptible de trois considérations , 1°. lorsque la dette a été contractée pour
l'avantage général , il repose sur la généralité
des objets mobiliers , tels sont les frais de justice ; l'avantage est-il moins général , il est subsi-
diaire , tel est celui des domestiques.

2°. Lors que le privilége a lieu pour une dette
affectée sur une généralité particulière, il repose
sur cette généralité, tel est celui affecté aux effets
de commerce, par rapport au commis.

3°. Lorsque le privilège est attaché spécialement à une chose, il est affecté à cette seule
chose , tel est par exemple le teinturier , qui a
privilége sur la chose qu'il a teinte.

1396. Lorsque la chose se compose d'un principal et d'un accessoire, comme dans une pièce
d'étoffe en blanc , qui a été teinte , le principal
l'emportant sur l'accessoire , peut être reven-

diqué , et l'accessoire payé ; ceci ne peut avoir lieu dans les faillites, comme je le dirais plus amplement en parlant sur les revendications.

1397. Le privilège diffère donc de la revendication, en ce que l'un donne le prix de l'accessoire et que l'autre donne le principal.

1398. Cette matière étant importante, il ne sera pas inutile que j'entre dans quelques détails pour présenter quelques règles générales.

1399. L'accessoire est ce qui suit ou accompagne le principal ; ainsi les fruits sont un accessoire des fonds , les intérêts de la rente , les dépens du fond du procès.

1400. Dans la jurisprudence, l'accessoire n'est pas au principal ce qu'est la partie au tout , parce que l'accessoire est toujours l'opposé ajouté au principal. Il diffère donc de la partie, en ce que celle-ci est une portion intégrante du tout, et que l'accessoire est une chose ajoutée au tout.

1401. Dans *le § 33, du liv. 2 , tit. 1 , des instituts* ; Justinien décide que l'écriture ou les caractères d'or , sont accessoires du papier ou du parchemin , comme les bâtimens sont accessoires du sol , fondé sur ce qu'il ne peut subsister sans quelque chose , donc il doit être cédé à celui à qui appartient la chose qui fait subsister l'autre. *L. in-rem. 23 , § sed. et id. 3 , ff. de rei vindicat.* D'après cette décision , un manuscrit de

Virgile, pourrait être considéré comme accessoire du papier sur lequel il est écrit ; tout de suite, l'Empereur décide que la toile est l'accessoire du tableau. Ces décisions ont soulevés avec juste raison les jurisconsultes, néanmoins toutes absurdes qu'elles sont , elles ne le sont pas tout-à-fait autant que l'on le croit au premier coup-d'œil. Ue manuscrit se copie et non un tableau. Au surplus en France , *le manuscrit est considéré comme le principal , et le papier comme l'accessoire.*

1402. *Première règle.* L'accessoire ne peut être plus fort que le principal. *Inst. l. 3 , tit. 21 ,* § 5 , en suivant cette règle on demande si un intérêt pris à raison de *neuf et cinq sixième* pour cent par mois, avec convention qu'il sera payé avec le remboursement de la somme principale , au bout de trois mois on demande , dis-je , si cet intérêt sera estimé plus fort que le principal ?

1403. *Oui,* la raison est, que les intérêts étant des fruits civils comme les fruits annuels qu'ils représentent, ne doivent pas se calculer par mois : mais par an , fondé sur ce que les revenus de la terre sont annuels , et que la monnaie métallique n'est que la représentation des productions naturelles , et par suite artificielles. (304)

1404. J'ai cru devoir faire cette petite disgression , parce que je pense qu'elle n'est pas sans utilité.

1405. *Deuxième règle.* l'Accessoire suit le principal; *Instit. de rer. div. lib. 2, tit. 1, §. 26. L.
19, §. 13 à 18, D. de auro, argento, etc. legatis.
L. 20 et 32, §. 1 id.*

1406. *Troisième règle.* L'accessoire périt avec
le principal; *L. 26, c. de usuris. L. 9, c. de prædis
et aliis reb. min., etc.*

1407. Cependant quoique l'obligation du fidé-
jusseur ne soit qu'un accessoire de celle du débiteur principal, la jurisprudence a décidé que
si le mineur se fait restituer, la caution n'en
sera pas moins obligée; mais en ce cas, la caution, par une *fiction de droit et d'équité*, est
considérée comme principal; *L. 2, c. de fidejus.
min..... L. 25, de fidej..... L. 7, §. 1, de excep.
præsc.*

1408. Ferriere dit au mot principal, *principal*
se dit de ce qui *est plus important et plus considérable.* Le principal peut être sans l'accessoire;
mais l'accessoire, comme accessoire, n'a pas
lieu quand le principal cesse; et au mot *accessoire* il dit : *l'accessoire* est une suite ou une dépendance du principal, c'est-à-dire, une suite
d'une chose qui est plus considérable....

1409. Il y a, je crois, contradiction dans ce
que dit cet auteur. Il est de principe que la
maison bâtie dans le fonds d'autrui appartient
au propriétaire du fonds, quoique celui qui a
fait l'édifice l'ait fait avec ses propres matériaux,

parce que cet édifice est considéré comme accessoire, et le fonds comme principal; *Leg. adeò 7, §. ex diverso 12 ff. de acquir. rerum domin.*

1410. Un terrein vaut 10,000 fr.; on bâtit dessus une maison de 50,000 fr.; quoique cette maison soit *plus importante et plus considérable que le fonds*, elle n'en est pas moins l'accessoire, et tellement accessoire, que la maison ne peut exister sans le fonds, et que le fonds peut exister sans l'accessoire.

1411. L'accessoire ne se distingue donc pas du principal *par l'importance, ni par la valeur,* mais par la nature des choses. Ainsi, toutes les fois qu'une chose *pourra exister* sans l'autre, il faut la considérer comme principal; et toutes les fois qu'une chose *ne pourra exister* sans l'autre, il faut la considérer comme accessoire : et la règle établie par le droit français, qui veut que le manuscrit soit l'accessoire au papier, est une exception particulière faite en faveur de la sienne, qui ne doit pas tirer à conséquence.

1412. Cependant il pourrait arriver qu'il se présentât des doutes sur cette question : le cadre est-il accessoire du tableau, ou le tableau du cadre ?

1413. Comme le cadre peut exister sans le tableau comme cadre, et que le tableau peut exister comme tableau sans le cadre, il pourra

arriver que l'un des deux pourra être ou l'accessoire ou le principal de l'autre : dans ce cas ce
sera la valeur qui décidera.

1414. Si, par exemple, le cadre par la beauté
de la sculpture et la richesse de la dorure,
vaut 3ooo francs, et que le tableau ne vaille
que 12 francs, le tableau sera l'accessoire du
cadre, et *vice versâ*. Au reste cette difficulté
serait bien-tôt levée dans quelques circonstances,
parce que l'un pouvant exister sans l'autre, la
séparation peut en être faite sans dégradation,
et la difficulté ne pourrait se présenter que dans
le cas où l'un serait identique de l'autre.

RÉSUMÉ.

DROIT CIVIL.	DROIT COMMERCIAL.
Le privilège n'a pas lieu s'il n'est établi par la loi.	Le privilège peut avoir lieu s'il est établi par l'usage.

CHAPITRE XLII.

Des revendications.

1415. LA revendication est l'action réelle par laquelle nous réclamons dans une déconfiture quelque chose que nous avons vendu et qui ne nous a pas été payé. Les choses qui peuvent être revendiquées par celui qui les a vendues à crédit, n'entrent point dans la contribution s'il ne lui plaît. Il a le droit de les reprendre pour le même prix de la vente qu'il en avait faite, suivant les circonstances.

1416. Suivant le droit, la confusion des propriétés en empêchant la distinction, *L. 1, §. 12, ff. de separationibus*, on ne peut les réclamer d'après quelques conjectures ou présomptions, parce qu'elles sont des signes équivoques, accompagnés de doutes et d'obscurités ; Cujas, *ad leg. juliam majestatis.*

1417. La revendication prend sa source dans le droit de propriété qui ne veut pas que celui à qui appartient une chose, en soit dépouillé sans son consentement.

1418. Par rapport à la revendication dans les choses, il faut considérer le principal et l'accessoire : lorsque ce dernier est identique de l'autre, on ne peut le revendiquer. *Navi tabula cedit*, dit la loi, *26, §. ff. de adquir. rér. domin.* Mais si l'accessoire peut s'extraire du principal sans le dégrader : comme principal il ne peut être revendiqué; *LL. 6 et 7, ff. ad exhibendum. L. 23, §. 5, ff de rei vindicat.* Mais on peut être privilégié sur le prix.

1419. On procède à la revendication par *action en distraction*, suivant l'art. 176 de la coutume de Paris, quand une chose mobiliaire était vendue *sans jour et sans terme*, dans l'espérance d'en être promptement payé, celui qui l'avait vendue pouvait poursuivre la chose en quelque lieu qu'elle fût transportée, pour être payé du prix; c'est-à-dire, qu'il pouvait la faire arrêter jusqu'à ce qu'il eût été ordonné qu'elle lui serait rendue en cas qu'il ne fût pas payé. Même l'art. 177 porte : qu'encore *qu'il eût donné terme*, si la chose se trouvait saisie sur le débiteur par un autre créancier, il peut en empêcher la vente, et être préféré sur la chose aux autres créanciers.

1420. La coutume de Paris était donc contraire aux principes, puisque le vendeur qui a donné terme, n'a plus, en rigueur, de règle, ni de droit de revendication; ni par conséquent droit de distraction. En effet, dès qu'on a suivi la foi de l'acheteur, et qu'on lui a délivré la chose vendue, elle lui appartient, quoiqu'il n'en ait pas payé le prix ; §. *41, Inst. de rer. div. LL. 19 et 53, ff. de contrah. empt. L. 38, §. 2, ff. de liber. caus.* Et cela est tellement vrai, que si la chose achetée à terme venait à périr par cas fortuit, entre les mains du débiteur, elle périrait pour lui, et non pour le créancier, parce qu'il est de principe que la perte, par cas fortuit, retombe toujours sur le propriétaire ; *L. 11, c. si cestum pet.*

1421. Cependant, suivant nos usages, le vendeur à terme qui n'est pas payé du prix de la part du débiteur dont les biens sont mis en discussion, peut, *par droit, non de propriété*, mais de *quasi-propriété*, ou de privilège réel, requérir la distraction de sa chose, pour la faire vendre séparément aux enchères, et être payé sur ce prix préférablement à tout autre créancier, ou pour s'y faire colloquer, due estimation faite, jusqu'à concurrence du prix qui lui reste dû ; Meynard, *liv. 2, ch. 45.* d'Olive, *liv. 4, ch. 10,* contre la loi *Procuratoris 5, §. sed si dedi. 18 de tributor action.* Dans l'espèce la distraction n'est pas une dissolution de la première vente ; elle opère vente nouvelle, parce que le prix ayant été atermoyé dans le principe, et le vendeur ayant suivi la foi de l'acheteur, l'aliénation primitive avait été parfaite ; *L. 5, §. 18, ff. de tribut. act.*

1422. Mais si le vendeur a retiré cédule, billet

ou autre obligation écrite, il est tenu de concourir au marc la livre, si c'est pour reste de paiement; Automne, *ad d. L. Procuratoris, ff. de*
tribut. act.

1423. Un négociant qui a reçu en paiement un
billet ou une lettre de change de son débiteur
pour une marchandise qu'il lui a vendue, peut-il
revendiquer sa marchandise, en cas de non
paiement?

1424. Par rapport au billet on peut répondre
affirmativement, quoique la jurisprudence de
quelques tribunaux de commerce soit contraire
à cette décision : la raison est, qu'une promesse
de payer, verbale ou écrite, n'en est pas moins
une promesse de payer : un arrêt du parlement,
du 19 février 1772, l'a ainsi décidé. Mais il en
sera différemment si la marchandise a été payée
en lettre de change, parce que, dans ce cas, il
n'y aura pas prêt, mais, etc. (762), la lettre
de change étant une marchandise sujette à la
hausse et à la baisse, comme toutes les autres, et
que l'échange est consommé du moment que les
permutans se font la tradition respective des
choses qui font l'objet de leur contrat ; donc etc.

1425. Cependant l'auteur du Traité du contrat
d'échange, page 67 et 68 dit que pour lettre de
change on peut revendiquer la marchandise qui
a été donnée en paiement. Cette doctrine me pa-

rait erronée, parce qu'elle semble pousser trop loin la faveur.

1426. La chose vendue sans jour et sans terme pour être payée promptement, venant à périr par cas fortuit entre les mains de l'acheteur, le paiement n'ayant point été effectué, sur qui retombera cette perte?

1427. Quoique dans l'espèce il y ait eu tradition et possession, cependant l'obligation n'ayant pas été accomplie, il semblerait que la perte doit retomber sur le vendeur. Car s'il y a perfection dans le contrat de vente à terme, il y a imperfection dans celui dont il est question, du moment que le paiement n'a pas été effectué; et cela est si vrai, que si le créancier se présente d'un moment à autre chez son débiteur pour en recevoir le prix, et qu'il ne le paie pas, il peut revendiquer sa marchandise sur-le-champ, quoique le débiteur ne soit pas en faillite : d'où l'on doit conclure qu'il n'y avait pas perfection dans le contrat. La vente conditionnelle n'est parfaite qu'après l'événement de la condition; *D. L. necessario 8, in princ. ff. de peric. et com. rei vend.* la faveur du commerce en décide différemment.

1428. D'après ces règles , on doit conclure que :

1°. Si la chose est vendue sans jour et sans

terme, elle peut être revendiquée en nature, si elle est encore en nature.

2°. Si la chose a été vendue payable à terme, soit qu'il y ait billet ou cédule, soit qu'il n'y en ait pas, la chose se trouvant en nature, la revendication pourra n'en être faite en nature, mais seulement le prix de la vente qui en sera survenu pourra être réclamé par le vendeur. Dans ce cas ce ne sera pas par l'effet de la revendication, mais par celui du privilège; ce qui est différent, puisqu'il sera possible que s'y trouvant des privilèges de premier ordre, ils l'emporteront sur celui-ci ; au lieu que s'il y avait véritablement revendication, la chose serait remise intacte. Voilà les principes. Mais dans l'usage, par rapport au commerce, il en est différemment : les négocians réclament, non par privilège, mais par revendication réelle. Daguesseau dit : «C'est un usage commun dans les différens tribunaux.... que dans le cas des faillites ou banqueroutes..... on a égard à la demande d'un négociant qui réclame par *droit de suite* ».

1429. Cet usage n'est autorisé que par la faveur du commerce. En effet le droit de suite n'a pas lieu sur les meubles et choses immobiliaires, par hypothèque; car lorsqu'un négociant fait, par exemple, cession de biens, ses biens n'étant plus à lui, mais à ses débiteurs, il suit de-là que la chose à revendiquer passant entre les mains de la masse dés créanciers elle leur appartient : ainsi du moment que le vendeur la réclame entre les mains du tiers, il procède donc pour les choses mobiliaires, commme il procéderait pour des choses immobiliaires, c'est-à-dire, par *droit de suite*. A la vérité l'article 170 de la coutume de Paris porte bien que les meubles n'ont pas de suite par hypothèque; mais comme il ajoute, *quand ils sont hors de la possession du débiteur,* il semblerait que la revendication ne doit point être interdite; mais l'article de la coutume n'est pas applicable en suivant rigoureusement les principes, puisque les biens du cessionnaire sont tombés entre les mains de ses créanciers.

1430. Emerigon, tom. 2, page 581, mettant les principes de côté, en n'ayant égard qu'à la faveur du commerce, dit :

« Le patrimoine du débiteur discussionné, ou celui du défunt, dont l'hérédité est prise par bénéfice d'inventaire, reçoivent une espèce de scission.

« Tout ce qui est soumis aux actions personnelles et aux actions générales d'hypothèque ou de privilège, forme une masse.

« Tout ce qui est soumis à l'action réelle de *propriété,* ou *de quasi-propriété,* forme une masse particulière, distincte de la masse générale ».

1431. Ce qui vient d'être dit s'adapte à ce qu'on appelle dans les faillites *droit de suite*. Le vendeur d'une marchandise non payée, peut la saisir, et la distraire de l'instance de direction pour la faire vendre et être payé de sa créance privilégiée. Par ce moyen, les biens du failli sont divisés en deux classes : l'une destinée aux créanciers généraux, et l'autre respectivement destinée à chacun des créanciers qui ont privilège particulier, ou droit de *quasi-propriété* sur une chose déterminée encore existante.

1432. Dans ce cas il n'y a donc pas de *droit de suite*, puisque ces expressions signifient que *l'on peut prendre sa chose de quelque main qu'elle se trouve*, et que le créanceier ne peut qu'en recevoir le privilège. Au reste le privilège, ou la revendication de la chose ne peut avoir lieu que lorsque l'usage de la place décide pour l'un ou pour l'autre.

1433. RÈGLE GÉNÉRALE. 1°. On peut revendiquer toute chose, du moment qu'elle se trouve en nature, et que l'on en prouve évidemment la propriété et l'identité.

2°. On peut même *revendiquer* une chose, quoiqu'elle soit changée de nature, si on peut en prouver incontestablement, et de la manière la plus évidente, l'identité et la propriété. Dans ce cas, le principal l'emportant sur l'accessoire, le revendiquant en sera quitte pour payer l'accessoire (1). Mais dans l'hypothèse il faut que la masse des créanciers y consente : la raison est que la marchandise ayant acquis, non – seulement une valeur *intrinseque*, mais ayant encore pu avoir acquis une valeur *extrinseque*, les créanciers ont le droit de la retenir pour la faire vendre. En ce cas, les propriétaires du principal et de l'accessoire ne sont que privilégiés sur le prix. Dans le fait, il ne peut y avoir que privilège, quoique l'identité d'une marchandise puisse quelquefois être prouvée par certains incidens, il est cependant de règle générale, reçue dans la jurisprudence mercantile, que l'identité des choses mobiliaires *ne se présume jamais* ; par la raison qu'on peut facilement s'en procurer de semblables ; Casaregis, *de com. disc.* 176, n° 25 et 26.

3°. Toutes les fois que l'on peut prouver la propriété, on *peut revendiquer* ; toutes les fois que l'on ne peut que prouver la *quasi-propriété*, on ne peut être *que privilégié* sur le prix de la chose (2).

---

(1) Cette règle est très-controversée par les auteurs et les arrêts, néanmoins elle devrait prévaloir parce qu'elle est fondée en raison.

(2) En cela il faut suivre l'usage des places ; tout ceci n'est fondé que sur les principes.

4°. La revendication diffère du privilège, en ce qu'elle donne la chose intacte, sans perte ni bénéfice, et que le privilège ne peut donner que de la perte seulement.

<table>
<tr><td colspan="2" align="center">RÉSUMÉ.</td></tr>
<tr><td align="center">DROIT CIVIL.</td><td align="center">DROIT COMMERCIAL.</td></tr>
<tr><td>Le droit de suite n'a jamais lieu en matières mobiliaires.</td><td>Le droit de suite peut avoir lieu en matières mobiliaires.</td></tr>
</table>

QUATRIEME PARTIE.

CETTE partie traitera des huissiers, des tribunaux de commerce, et de diverses choses qui leur sont particulières.

TITRE XII.

CE titre traitera des huissiers et des abus qu'ils ont introduits dans leurs fonctions.

CHAPITRE XLIII.

Des huissiers en général, et huissiers des tribunaux de commerce en particulier.

1434. ON appelle huissiers certains officiers ministériels établis pour assister les juges dans leurs fonctions. Outre la garde de l'entrée de l'auditoire, leur principal emploi consiste à faire les significations requises pour l'instruction des procès ; de rédiger tous actes et exploits nécessaires pour mettre les jugemens à exécution, et contraindre ceux qui sont condamnés, par les voies légales.

1435. Il y a à Paris trois huissiers audienciers attachés au tribunal de commerce; tous les réassignés sont portés par eux; et leur exactitude, qui ne se dément jamais, fait la sécurité des négocians.

1436. Par la déclaration du 20 décemb. 1712 les huissiers avaient tous le droit d'exploiter de la même manière qu'ils l'ont aujourd'hui; mais il n'y avait que ceux des tribunaux de commerce qui pouvaient signifier les sentences, les défauts, etc.; mais actuellement les huissiers des tribunaux civils font concurremment toutes ces choses avec eux, (loi du 19 vend. an 4 art. 27) sauf ceux du tribunal de paix.

1437. Les huissiers peuvent être contraints à donner assignation lorsqu'ils en sont requis, à peine de l'amende, dépens, dommages et intérêts; Ord. de 1539, art. 22; loi du 6 messidor an 6, art. 20.

1438. Par l'ordonnance de 1667, tit. 2, art. 2, il était ordonné aux huissiers de remettre leurs exploits en présence de deux recors, ou de deux témoins. Les négocians ayant représenté que l'appareil de tous ces officiers nuisait à leur crédit, quoique souvent ils ne fussent protestés que pour des lettres qu'ils n'avaient voulu accepter, parce qu'ils n'avaient pas reçu de provision, le gouvernement voulant tirer parti de cette réclamation ; pour faire une opération fiscale, par l'édit d'août 1669, il abrogea la formalité des recors. En conséquence il ordonna, qu'à commencer du 1er. janvier 1770, tous exploits, à la réserve de ceux qui concerneraient la procédure et l'instruction des procès, seraient controlés dans les trois jours de leur date. Le prétexte de cet édit fut, que les huissiers prenant pour recors leurs confrères, ceux - ci signaient de confiance, sans remplir d'autres formalités, et que le contrôle préviendrait cet inconvénient.

1439. Si le contrôle fixe à-peu-près la date de l'original de l'exploit, il ne prouve pas que la copie ait été remise. Au surplus, suivant Prost de Royer, l'édit de 1669 n'eut son exécution que dans quelques provinces.

1440. Quoique l'art. 17 de la loi du 6 messid. an 6, veuille que les copies des pièces écrites en minutes soient écrites en caractères *bien lisibles*, néanmoins les huissiers continuent d'écrire d'une manière *indéchiffrable*; de sorte que l'on ne peut découvrir si l'on reçoit une assignation, ou un réassigné, ou une signification, sur-tout quand les exploits précédens ont été soufflés.

1441. Il me semblerait que, comme les actes extra-judiciaires sont les bases fondamentales des procès, les officiers chargés de les remettre devraient prendre les plus grandes précautions, d'abord pour en faire la remise d'une manière sûre, et pour n'énoncer dans les réponses que la pure vérité. Cependant il en est différemment; et ce qu'il y a de plus criant, c'est que l'abus est poussé aussi loin que possible.

1442. Voici un fait qui prouvera jusqu'à quel point les huissiers poussent la licence. Quoique j'écrive d'après les pièces, néanmoins, je ne nommerai pas l'officier qui s'est livré à l'excès dont je vais parler, parce que je me plais à croire qu'il a plus péché par inconséquence, que par envie de nuire à un honnête homme qui jouit à juste titre de l'estime de ses concitoyens.

1443. Les citoyens Perrette et Cony, négocians à Beaune (1), ayant fait traite de 695 liv. au profit du citoyen Billié, sur le citoyen Blanchon, libraire à Paris, le 18 germinal an onze; ce dernier passa cette traite à l'ordre du cit. Champeau-Fromageot, et celui-ci à l'ordre de dame veuve Jouffroid, de Châlons-sur-Saône. En dernière analyse, elle fut passée à l'ordre du cit. Selliere, négociant à Paris. Le commissionnaire de ce dernier s'étant présenté, à l'échéance, au domicile du citoyen Blanchon; ce citoyen ayant voulu se libérer *en louis en or*, le commissionnaire lui dit

------

(1) Beaune est une ville de la ci-devant généralité de Bourgogne, actuellement département de la Côte d'Or.

qu'il avait ordre de ne point *recevoir d'or, mais de l'argent*. Le citoyen Blanchon persistant dans son offre, le commissionnaire lui fit constater au dos de sa traite, qu'il avait voulu le payer en or, et se retira sans vouloir recevoir la monnaie qui lui était offerte.

1444. Le même jour, c'est-à-dire, le 1er. mess. le citoyen M...... *clerc de l'huissier* dont il est *ici question*, se présenta avec la traite pour en recevoir le montant. Le citoyen Blanchon, en présence de quatre témoins, dont un est officier ministériel, offrit à ce clerc ses louis d'or, en l'invitant de venir avec lui chez un orfèvre ou à la monnaie pour en faire constater le titre et le poids; il les lui offrit de plus pour les examiner. Non-seulement ce clerc refusa d'accepter ce paiement, mais encore de voir les louis, en observant qu'il lui était absolument défendu de recevoir de l'or en paiement; il se retira. Tous ces faits ont été exposés par le citoyen Blanchon, et certifiés par ses témoins devant le juge-de-paix du 11e. arrondissement de Paris.

1445. Le 15 thermidor suivant, le cit. Blanchon reçut une citation pour comparaître devant le *tribunal de commerce de Beaune*. Quelle fut sa surprise, lorsqu'il apprit que cette traite avait été protestée, sous prétexte qu'il avait offert *de payer en or*, et non autrement, *à l'huissier porteur de commission*, qui refusa d'accepter cette monnaie, *attendu que dans le nombre des louis, présentés à cet effet, il s'en trouva plusieurs contrefaits, et d'autres altérés.*

1446. Toutes ces fausses assertions se trouvent énoncées, avec d'autres qu'il est intéressant de connaître, par le jugement du tribunal de commerce de Beaune, du 28 thermidor an 11, dont voici l'extrait :

« ..... Le citoyen Blanchon observe que le *protêt n'a point été fait dans son domicile*; qu'il n'en a eu connaissance que lorsque la citation lui a été donnée ; que ce qui le confirme d'autant mieux....... qu'il n'y est fait mention d'aucune interpellation de signer sa réponse, et qu'aucun consentement ni refus de sa part n'y est exprimé, ce qui le rend nul ».

JUGEMENT. Le tribunal considérant :

1°. Qu'il est constant que le citoyen Blanchon avait provision nécessaire à l'échéance.

2°. Qu'il est constant qu'il a réellement offert des espèces non démonétisées, lesquelles, conformément à l'article premier du 14 germinal dernier, sont admissibles dans les paiemens, au poids... et que c'est sur ce pied qu'il les a offertes.

3°. Que le protêt d'un effet ne doit avoir lieu qu'à refus de paiement; et qu'on a indûment qualifié telles les offres faites par le cit. Blanchon de payer en or.

4°. Que dès-lors les demandeurs n'ont nulle action fondée contre les défendeurs.

1347. De cet exposé il résulte les faux suivans, énoncés dans les poursuites judiciaires :

1°. L'huissier ne s'est pas présenté chez le cit. Blanchon, mais seulement son clerc ; ce qui est contre la loi. Ces faits ont été assertiorés par les quatre témoins du citoyen Blanchon.

2°. L'huissier ne pouvait point assurer qu'il y avait dans le nombre des louis offerts *plusieurs de contrefaits et plusieurs d'altérés*, puisque non-seulement il ne les *a point vus*, mais encore le clerc qui le représentait n'avait pas *voulu les voir, fondé* sur ce qu'il avait *ordre de ne point recevoir de louis d'or en paiement.*

1448. Si on a égard à la bonne réputation dont jouit à juste titre le cit. Blanchon, cette affaire ne peut présenter aucune dangereuse conséquence, soit par rapport à lui, soit par rapport à son crédit. Néanmoins, comme il est dénoncé pour avoir voulu *émettre dans la circulation des louis contrefaits*, et qu'il a été protesté, aux yeux des personnes qui ne le connaissent pas, ne peut-il pas être considéré comme faussaire ?

1449. Plusieurs ordonnances, notamment l'article 1 de l'édit de mars 1718, veulent que toutes personnes qui contribueront *sciemment* à l'exposition de la fausse monnaie, soient *punies de mort*. En supposant que le citoyen Blanchon eût offert, et eût persisté à faire recevoir la prétendue fausse monnaie, sa persévérance ne le mettait-elle pas dans le cas de la loi? On peut offrir un, deux faux louis par ignorance; mais lorsque l'on en offre plusieurs; qu'un officier de justice vous en instruit, qui ne voit dans cette persévérance l'intention manifeste du crime? Si les assertions de l'huissier n'eussent pas été fausses, ces réflexions pouvaient s'adresser judicieusement au citoyen Blanchon.

1450. Presque toutes les ordonnances, à partir de celle de 1315 jusqu'à celle de 1545, ont permis à chacun de dénoncer et d'accuser devant les magistrats toutes personnes qui distribuent *de la fausse monnaie;* et qui plus est, elles ont voulu que ceux qui avaient connaissance de cette distribution, en fissent part aux magistrats, à peine de....etc.

1451. Supposons actuellement qu'il soit vrai que l'huissier se soit présenté lui-même chez le cit. Blanchon; que celui-ci ait voulu le payer *en louis contrefaits, et d'autres altérés;* puisqu'il est ordonné à tout citoyen de dénoncer ceux qui veulent verser dans la circulation de la fausse monnaie, à plus forte raison est-il ordonné à un officier ministériel de faire une pareille dénonciation, sur-tout quand il peut s'étayer de quatre témoins, comme pouvait le faire l'huissier en question.

1452. Lors donc que le citoyen Blanchon a voulu payer cet huissier en prétendue *fausse monnaie*, il devait le sommer, au nom de la loi, en présence des quatre témoins qui se trouvaient là, de le suivre *à la Monnaie*, pour faire constater le fait; et en cas de refus, il devait de suite verbaliser, faire signer le procès-verbal par les quatre témoins : alors s'étant mis en règle, son procès-verbal aurait valu ce que de raison.

1453. Mais bien loin que l'huissier, ou pour parler plus vrai, son clerc ait voulu faire constater les louis, il a refusé de les voir, de les regarder, quoique non-seulement le cit. Blanchon lui offrit d'en faire faire la vérification; mais encore qu'il lui offrit de la faire faire *par les officiers de la Monnaie*, comme l'ont attesté ses témoins.

1454. Tous ces faits prouvent sans replique qu'il est instant de sévir et bien vigoureusement contre les huissiers qui abusent de leur ministère. Car il ne faut point dissimuler cette vérité, les huissiers se présentent à la fois comme pouvoir législatif et comme pouvoir exécutif, il font les lois, comme bon leur semble, et les exécutent de même, il est donc instant de détruire cette monstruosité anarchique.

Apres avoir examiné la conduite de l'officier ministériel ,

ministériel, il nous reste à examiner celle du tribunal de commerce de Beaune; je vais donc
l'examiner avec quelques détails, non pour jeter
sur lui de la défiance, car l'estime et le respect que je porte aux citoyens qui le composent
m'interdisent toutes espèces de réflexions qui
pourraient tendre à affaiblir la confiance qui leur
est due; tous les hommes sont peccables de tous
les tems, même les tribunaux supérieurs, composés de magistrats les plus éclairés, ont fait
des fautes; aussi anciennement suivant Pasquier,
liv. 2, ch. 6, les juges étaient-ils obligés de défendre en champ clos la justice de leur sentence;
et ensuite par l'ordonnance de mars 1350, de
1355, de 1563, il fut dit qu'ils seraient condamnés à l'amende quand leurs sentences seraient
réformées; dans la crainte de recevoir cette hu-
miliation, ils ne les motivaient pas comme le
faisaient jadis les Romains. Xamar, *de officio
judicis, part. 1, quest. 15, n. 1*, et comme
ils le font depuis la loi de 1790.

1455. Si on réfléchit sur l'estime dont ont joui
depuis Charles ix, jusqu'à ce jour, les tribunaux
de commerce; si on fait attention que les respectables citoyens qui les composent par un dé-
vouement patriotique, négligent leurs propres
affaires pour aller administrer gratuitement la
justice à leurs pairs; si on a égard à l'équité et
au zèle qu'ils mettent dans leurs décisions; si on

2   P

fait attention que toujours prêts à concilier les colitigeans, ils font leurs efforts pour leur éviter des discussions désagréables; si on est assez juste pour croire que les juges du commerce, quoique très-instruits pour ce qui regarde purement leurs fonctions, mais que quelquefois pour des choses rarement extraordinaire, ils ne peuvent point avoir une instruction aussi parfaite; on sentira combien ils méritent d'indulgence en pareille circonstance. Je viens au fait:

1456. Dans l'espèce, il a deux faits; l'un dénonciation de monnaie contrefaite et de monnaie altérée, l'autre protêt, puisque le protêt n'a été fait qu'à la suite de la présentation de cette monnaie, et qu'il ne pouvait point dans l'hypothèse exister sans ce fait, il est donc l'accessoire de la monnaie offerte, et conséquemment la monnaie est le priucipal. (1399)

1457. En suivant l'ordre naturel des choses, l'accessoire ne pouvait être jugé qu'après que le principal l'aurait été; conséquemment, les effets des exploits devaient être suspendus jusqu'à ce que la question principale eût été jugée: mais comme le citoyen Blanchon n'a point réclamé contre la dénonciation d'offre de paiement en monnaie contrefaite et altérée, à supposer que le tribunal de Beaune fût compétent pour recevoir l'assignation, il pouvait donc juger valablement l'accessoire, néanmoins il apparte-

nait au juge de paix et au tribunal de commerce
de Beaune d'instruire le ministère public de la
dénonciation de l'offre de payer *en louis contrefaits*, conformément aux ordonnances précitées, et comme l'émission de la fausse monnaie
est un crime de lèze-majesté, au second chef,
et que l'ordonnance de décembre 1477, veut que
tous crimes de cette espèce soit dénoncé par
tous ceux qui en ont connaissances, il était donc
du devoir de ces juges de faire une pareille dénonciation comme magistrats, et le tribunal de commerce, non comme juges, mais comme personnes
privées, vu que la société entière est intéressée
à faire punir un pareil délit; car s'il était permis
de faire circuler de la fausse monnaie avec connaissance de cause, les capitalistes pourraient-
il compter sur leur fortune ? Aussi l'art. 35 de
la loi du 25 septembre 1791, veut-il que celui
qui fera usage d'une pièce qu'il savait fausse, soit
condamné *à huit année de fer.*

1458. Ainsi, le juge de paix et le tribunal de
commerce, avertis par les actes d'un officier ministériel qu'un citoyen voulait répandre dans la
circulation *de la monnaie contrefaite*, ne pouvaient se dispenser de dénoncer ce fait *vrai ou
faux* au ministère public, sauf au citoyen Blanchon et à cet officier à ce débatre, ou pour
mieux dire, sauf au citoyen Blanchon à faire

punir suivant la rigueur des lois , l'inconséquent qui lui avait fait un pareil outrage.

1459. J'ai dit plus haut , en supposant que le tribunal de Beaune fût compétent pour *recevoir l'assignation*, etc. : je crois ces réflexions judicieuses , car en fait de lettres de change, le débiteur doit être *assigne devant le juge du lieu , dans lequel est établi son domicile*. Voyez le chap. des tribun. de commune , vous y verrez deux jugemens qui l'ont ainsi décidé.

1460. Un marchand, de ma connaissance, ayant été protesté et condamné le premier germinal de cette année , trois huissiers se présentèrent chez lui , le prirent au corps ; il leur observa que sa capture était illégale , parce qu'on ne lui avait pas signifié *le visa du juge de paix* , comme le veut la loi du 15 germinal an 6 , *vingt-quatre heures* avant la capture , au même moment, il le lui présentèrent , en lui disant : nous sommes en règle , il est signé du *trente* ; qu'elle horreur !!!

1461. Cependant , comme il fut pris dans sa boutique , et qu'il y avait des acheteurs chez lui , s'il les avait pris à témoins , je ne sais pas de quelle manière se seraient tiré d'embarras ces vexateurs.

1462. Une autre personne , a reçu *un protét prématuré*, dans lequel il y avait cette énonciation mensongère..... *de ce* sommé , a répondu *qu'il ne payait pas , parce qu'il était en faillite*.

1463. Comme il est très-difficile de confondre

ces faussaires, il appartiendrait à la police de les prendre la main dans le sac , par le moyen de ces agens ; si jamais elle emploie ce stratagême , elle rendra le plus grand service au commerce , car il est douloureusement affecté de l'arbitraire, des vexations de tout genre , auxquels se livrent la plus part des huissiers.

1464. Il serait aussi nécessaire que *le visa du juge de paix* , fût notifié au contraignable , ou par *un huissier audiencier* du tribunal de commerce , ou par *un huissier du juge de paix* ; les premiers sont très-surs , et les autres ne le sont sans doute pas moins.

1465. A combien de malheur ne donnent pas lieu les huissiers, lorsque , souflant au contraignable le *visa* qui lui donnait un petit répit qui le mettait à même de faire honneur à ses affaires , il se voit enlever à sa famille, à ses amis , par des hommes qui calculent leur existence , sur tout ce qu'il a de plus précieux , *la liberté*. Il paraît pour ainsi dire comme naturel , que , se voyant vexé d'une manière aussi outrageante , il emploie la force pour repousser la force ; delà des rixes , qui pouvant avoir des suites sinistres, font d'une affaire civile , une affaire criminelle de la plus dangéreuse conséquence. Il serait donc bien nécesssaire d'employer des moyens propres à prévenir de pareils résultats, et on les prendra en opposant l'intérêt à la cupidité.

P 3

1466. Savez-vous , disaient les sbires dont j'ai parlé plus haut , en prenant leur proie , que nous avons *cent* et tant de livres toutes les fois que nous arrêtons un homme ; en ce cas, lui répondit le patient , je vous conseille d'arrêter tout Paris , et votre fortune sera bientôt faite.

1467. Joindre l'ironnie à la vexation, c'est pousser la vexation au-delà de tout ce qu'on peut imaginer, il faut sans doute être plus qu'homme pour ne point être tenté de punir sévèrement sur-le-champ une pareil insolence.

1468. Au surplus , il est remarquable que la plupart des huissiers ne remettent les exploits que dans certaines circonstances ; dans le cas contraire, si ceux qui font faire les exploits ont intérêt qu'ils ne soient pas remis , l'exploit est souflé sans difficulté.

1469. Dans tous les cas , lorsque l'exploit est destiné pour être envoyé , ce n'est point comme le veut la loi, *l'huissier qui le remet lui-même* , mais un clerc, comme on l'a vu dans l'affaire du citoyen Blanchon , et quelquefois tout autre personne.

1470. Nous trouvons dans la Gazette des Tribunaux, tom. 5, page 330, année 1778 , le trait suivant :

« L'abus dans lequel tombent la plupart des huissiers, dit le journaliste, de faire porter leurs exploits par des journaliers, ou des manœuvres, a donné lieu à un acte de justice que voici :

1471. Un huissier résidant à huit lieues de Cyvray, avait formé un appel pour un particulier, et au lieu de porter l'acte lui-même, il l'avait confié à la partie pour qu'elle le fit tenir comme elle le jugerait à propos, et l'huissier n'avait pas manqué de faire mantion *du transport exprès*, et *du parlant à sa personne* ; cette infidélité ayant été découverte, le ministère public a rendu plainte, et a obtenu *un décret de prise au corps, contre l'huissier*, et celui qui avait porté la signification de l'acte ; ils ont été tous deux constitués prisonniers, et d'après l'instruction, est intervenu sentence, qui les a condamnés à *l'admonition*, à l'aumône, et a interdit l'huissier pour six mois ».

1472. Si on séfléchit qu'il y avait *deux faux* dans cette signification, *la mention du transport exprès* et celle *du parlant à sa personne* ; si on réfléchit que c'est un officier ministériel qui avait commis *ces faux*, on conviendra que la punition était beaucoup au-dessous du délit ; un pareil faux devrait être sévèrement puni.

1473. La loi du 25 septembre 1791, sec. 5, art. 15, porte que tous faux commis, par un fonctionnaire public, ou officier public dans l'exercice de ses fonctions, comportera le peine *de vingt années de fers*. L'on devrait appliquer la loi.

à tous huissiers qui insinuerait un faux dans ses exploits : depuis l'ordonnance de Moulins de 1566,
jusqu'à ce jour, c'est-à-dire, depuis près de 240
ans, on se plaint de l'infidélité des huissiers (957),
il serait donc tems de les mettre à la raison en
les forçant à faire un peu mieux leur devoir.

1474. Le faux dit Daguesseau, tom. 8 p. 163,
« est une crime qui intéresse si fort la sûreté des
familles et le bien commun de la société, qu'il
doit être approfondi avec toute l'attenion, et
puni avec toute la sévérité qu'il mérite ». Donc
si on ne sévi pas vigoureusement contre les huissiers, qui sait jusqu'où il pousseront la licence.

1475. Par exemple, n'était-il pas bien criminel
cet huissier, qui sans avoir remis d'exploit, sans
avoir vu par conséquent les louis que l'on voulait lui donner en paiement, (1446) a l'audace de
déclarer qu'un homme probre, un citoyen respec-
table, estimé de tous ceux qui le connaissent, a
voulu se libérer en *louis contrefaits*; il ne manquait plus, pour le présenter comme un faux mo-
noyeur bien caractérisé, que d'ajouter ces mots:
sortis de dessous ses balanciers.

1476. Cependant, un huissier serait bien surpris, si en faisant remettre son exploit avec énonciation *de transport et du parlant à sa personne,*
celui qui s'attendrait à le recevoir, avait trois
ou quatre témoins chez lui, qui arrêteraient le

clerc et le conduiraient chez un officier de police ; celui qui emploierait ce stratagême, *mé-riterait bien du commerce.*

1477. Mais dira-t-on, comment faut-il s'y prendre lorsque les huissiers ne remettront pas les exploits ? Pour cet inconvénient, il n'y a que le législateur qui puisse y remédier ; et je pense qu'il y remédiera, en rendant une loi qui ordonnerait aux huissiers de retirer un récipissé de l'exploit, soit de la porsonne pour qui il a été fait, soit de tout autre personne de sa maison , et en cas de refus de le donner, l'huissier devrait être autorisé à prendre deux témoins dans le quartier , qui sous aucun prétexte ne pourraient refuser de le suivre, à peine de......

Il me semble entendre déjà dire qu'un pareil expédient *blesserait la liberté*; je répliquerai à cette observation , que *la liberté particulière* ne doit point être prise en considération lorsqu'il s'agit *de la liberté générale.* Car n'est-ce pas blesser la liberté générale , que de permettre que tout un chacun puisse être condamné sans être entendu.

1478. Tout le monde sait que l'assignation est l'acte le plus important de l'ordre judiciaire , puisqu'il commence les procès, qu'il en est la base fondamentale , qu'il en détermine la conduite , l'instruction , la perte ou le gain , enfin l'issue ; or comme toutes personnes peuvent être assignée justement ou injustement, tout le monde est donc intéressé à ce que l'assignation soit remise avec vérité et sincérité, de-là, la nécessité de sacrifier faiblement *la liberté particulière*, pour *la liberté générale*.

1479. Les huissiers sont tenus de donner aux parties un récépissé des pièces qu'elles leur ont confiées ; ils doivent pareillement donner quittance de l'argent qu'ils ont reçu des parties qui les ont employés. Ils sont d'ailleurs tenus, sous peine d'interdiction, et de plus grande peine, le cas échéant, d'annoter au bas de leurs procès-verbaux, ou exploits, ce qui leur a été payé pour ces objets ; Ord. d'Orléans ; Règl. 10 janvier 1587, 24 mai 1603 et 1667.

1480. L'art. 9 du tit. 12 de la loi du 22 août défend aux huissiers de saisir le produit des droits entre les mains des receveurs de la régie des douanes, à peine de nullité, d'interdiction, et de 1000 livres d'amende, indépendamment des dommages et intérêts de la régie contr'eux et les saisissans.

1481. L'art. 23 de l'arrêt de règlement du 15 mai 1714 porte : « Les huissiers ne pourront, sous peine d'interdiction et de tous dépens, dommages et intérêts des parties, accorder du délai à un débiteur, à moins qu'ils n'y aient été autorisés par le créancier ».

1482. Les huissiers ne peuvent exploiter, en

matière civile, après le soleil couché ; arrêt du
20 mars 1576, et arrêt du 21 juin 1720, rapporté dans le Journal des Audiences. Cependant
autrefois, par rapport à l'urgence et le précaire
attaché au commerce, les huissiers pouvaient
exploiter la nuit, pourvu que ce ne fût pas à
une heure indue ; mais comme actuellement la
constitution porte, art. 76 : « Que pendant la
nuit nul n'a le droit d'entrer dans le domicile du
citoyen, que dans le cas d'incendie, etc. » ; conséquemment l'huissier ne peut pas exploiter à
domicile après le soleil couché et avant son lever ; mais il reste sans doute toujours la faculté
à l'huissier d'assigner à personne, comme, par
exemple, dans une rue. Au reste les huissiers ne
se gênent pas encore sur ce point : j'ai vu rendre,
l'hiver passé, un exploit à sept heures du soir.

1483. L'huissier qui assigne en vertu d'une
promesse verbale, est tenu de l'exprimer dans
son exploit, à peine d'amende ; arrêt du conseil,
du 25 septembre 1725.

1484. Dans les exploits, l'huissier doit mettre
indépendamment du domicile élu, le domicile
légal, sinon l'assignation *serait nulle;* Arrêt du 9
janvier 1708, et 5 septembre 1710.

1485. Suivant divers arrêts du conseil, du 21
mars 1676, 4 novembre 1766, 25 octob. 1768,
et 14 mai 1771, les huissiers ou sergens doivent
tenir des registres paraphés par les premiers ju-

ges des siéges où ils sont immatriculés, pour y
faire mention sommaire des exploits qu'ils dé-
livrent, ainsi que du bureau où ils les ont fait
contrôler.

1486 Un exploit est-il nul lorsqu'il a été fait
au domicile de l'assigné, en parlant à un citoyen
qui s'est chargé de le faire parvenir, et qui n'a
dit son nom, de ce interpellé? Décidé négativement le 14 brumaire an 10, vu l'art. 22 de l'ord.
de 0539, ainsi conçu :

« Que de toutes commissions et ajournemens
seraient tenus les sergens laisser la copie avec
l'exploit aux ajournés, ou à leur domicile, etc. »
Journ. de l'Ac. de Législ. 13e. liv. pag. 104.

1487. Il y apparence que le citoyen à qui avait
été remis l'exploit, était dans le domicile de l'a-
journé, ou il était censé le représenter ; car,
sans ce fait, l'huissier aurait dû l'attacher à la
porte, conformément à l'art. 4 du titre 2 de
l'ord. de 1667, dans lequel il est dit :

« Si les huissiers ou sergens ne trouvent personne aú domicile, ils seront tenus, à peine de
nullité, et de vingt livres d'amende, d'attacher
leur exploit à la porte, et d'en avertir le plus proche
voisin, par lequel ils feront signer l'exploit ; et
s'il ne le veut, ou ne peut signer, ils en feront
mention : et en cas qu'il n'y eût aucun proche
voisin, feront parapher leur exploit et dater le
jour du paraphe par le juge du lieu, et en son

absence, ou refus, par le plus ancien praticien, auxquels nous enjoignons de le faire sans frais ».

1488. Par l'édit de novembre 1772, registré en parlement le 2 janvier 1773, il fut créé des officiers, gardes du commerce, qui eurent le droit d'arrêter, en vertu de sentences, les débiteurs dans leur maison. L'édit de juillet 1778, registré en parlement, supprima, le 9 août suivant, les dix officiers gardes du commerce, et créa douze commissions d'officiers gardes du commerce, avec un conseil pour examiner les titres, avant de procéder à la contrainte par corps.

1489. L'art. 38 de la loi du 27 mars 1791, porte : « Les huissiers, gardes du commerce, et autres exécuteurs de jugemens, faisant une exécution quelconque, *porteront une canne blanche, et à la boutonnière une médaille suspendue par un ruban aux trois couleurs*, et portant ces mots : *actions de la loi.*

1490. Mais comme la loi du 15 germinal an 6, tit. 3, art. 2, porte, que les huissiers pourront mettre à exécution tous les jugemens emportant contrainte par corps, concurremment avec tout individu qui a ci - devant exercé les fonctions de garde du commerce.

1491. Par ces mots *avec tout individu qui a ci-devant exercé*, on doit conclure que les gardes du commerce n'exercent plus aujourd'hui en cette qualité, mais qu'ils exercent comme *huissiers*. Cependant, suivant l'observation de M. Fournel, on devrait conjecturer que les gardes du commerce sont rétablis sur l'ancien pied ; cet auteur dit :

« Cette disposition, en rétablissant pour le département de la Seine, les fonctions *des gardes du commerce*, est un témoignage de l'utilité de cette institution, et une espèce d'engagement de communiquer le même avantage au reste de la France ».

1492. M. Fournel insinue donc que les gardes du commerce sont *retablis* : je crois qu'il est dans l'erreur ; et l'on s'en convaincra par ce que j'ai dit, et par ce que je vais dire.

1493. Si les gardes du commerce eussent été rétablis, l'arrêté du 18 prairial an 8, art. 1, rendu par rapport aux cautionnemens des huissiers, n'aurait pas manqué de parler *des gardes du commerce* ; mais comme il n'en est pas dit un seul mot, il faut conclure de ce silence, qu'il n'y a plus que des *huissiers*, et que ces gardes n'exploitent plus aujourd'hui que comme *huissiers*.

1494. Les huissiers sont obligés de prêter leur ministère pour l'exécution des jugemens ; Loi du 24 août 1790, tit. 8, art. 5.

1495. Les huissiers qui étaient attachés aux tribunaux de district établis dans Paris, peuvent exercer leurs fonctions dans toute l'étendue du département de Paris; Loi du 20 mars 1791, art. 12.

1496. Tous les autres huissiers..... peuvent, en vertu de leur ancienne immatricule, continuer d'exercer, concurremment entr'eux, leurs fonctions dans le ressort des tribunaux de district qui auront remplacé celui dans lequel ils étaient immatriculés, et même dans l'étendue de tous les tribunaux de districts, dont les chef-lieux seront établis dans le territoire qui composait l'ancien ressort des tribunaux supprimés. Art. 13.

1497. Par l'art. 70 de la loi du 27 ventose an 8, il a été créé 8 huissiers qui instrumentent exclusivement pour les affaires de la compétence du tribunal de cassation, dans l'étendue seulement du lieu de sa résidence; ces huissiers peuvent instrumenter concurremment avec les autres huissiers, danstout le département de la résidence du tribunal de cassation.

1498. D'après la loi du 17 avril 1791, art. 8, les officiers ministériels, chargés de l'exécution des jugemens, mandemens, saisies, ordonnances et contrainte par corps contre un citoyen, lui présenteront *une baguette blanche*, en le sommant d'obéir. Aussitôt après l'apparition de ce signe de la puissance publique, toute résistance sera réputée rébellion.

Article 9. Si les..... officiers ministériels d'exécution sont insultés, menacés, ou attaqués dans l'exercice de leurs fonctions, ils prononceront à haute voix ces mots : *force à la loi!* A l'instant où ce cri sera entendu, les dépositaires de la force publique, et même tous citoyens, sont obligés, par la constitution, de prêter main-forte à l'exécution des jugemens et contraintes, et de régler leur action sur l'ordre de l'homme public, qui seul demeurera responsable.

Article 10. Si un fonctionnaire public, administrateur, juge, officier ministériel d'exécution, exerçait, sans titre légal, quelque contrainte contre un citoyen; ou si, même avec un titre légal, il employait ou faisait employer des violences inutiles, il sera responsable de sa conduite à la loi, et puni sur la plainte de l'opprimé, portée et poursuivie selon les formes prescrites.

1499. L'assignation étant de droit naturel, elle a été usitée de tous les tems par tous les peuples policés. Il en est résulté que, de tous les tems les grands comme les petits ont pu être assignés valablement. Prost de Royer, *t. 7, p. 511,* nous apprend que Louis XII allant à la messe, fut assigné par un sergent, comme s'il n'eût été qu'un simple particulier; bien loin de s'offenser d'une pareille hardiesse, il prit l'exploit, et donna

aussitôt

aussitôt des ordres pour qu'il fût rendu justice au demandeur.

1500. Cependant depuis on n'assignait les rois et les reines qu'en la personne des procureurs-généraux.

1501. L'édit de 1669 , portant établissement du contrôle des exploits, en dispensant les huissiers, sergens, et autres ayant pouvoir d'exploiter, de se faire assister de témoins, ou *recors* pour délivrer leurs exploits, cet édit dispense-t-il les huissiers *des recors* ou témoins , pour faire les saisies mobiliaires ?

1502. Il y a trois sortes de saisies : la saisie des meubles ou effets mobiliers ; ou des sommes dues à un débiteur ; ou celle de ses immeubles.

La première est appellée *saisie et exécution.*

La seconde est appellée saisie et arrêt.

La troisième est appellée saisie réelle.

1503. Disons en passant que la vente que ferait un débiteur d'un bien saisi sur lui, serait absolument nulle.

1504. Par l'édit du 21 mars 1671 , il a été dit : que les exploits des saisies réelles, criées et apposition d'affiches, seraient assujettis *à la formalité des recors ;* il n'y est pas parlé *des saisies mobiliaires.* D'où l'on devrait conclure, en argumentant d'après l'édit de 1669, que, dans cette circonstance, *la formalité des recors* est surabondante ; et qu'une saisie mobiliaire ne serait pas moins valable, quoiqu'elle eût été faite par un huissier seul. Cependant, si on le pensait ainsi, on serait dans une grande erreur; et pour le démontrer bien évidemment, entrons dans quelques détails.

1505. Lorsque l'édit de 1669 sortit, sa sortie fut provoquée, comme il a été dit (1438), par une raison fiscale : puisqu'il n'obviait à rien des inconvéniens qu'il semblait vouloir prévenir; ce fut sans doute cette raison qui fit que le châtelet continua, contre la teneur de l'édit, d'exiger *la formalité des recors* dans *les saisies réelles,* comme il l'atteste lui-même dans son acte de notoriété du 23 mai 1699, rapporté dans le recueil de ces actes, page 103.

1506. Cette jurisprudence sagement établie ne resta pas sans fruit, puisque la déclaration subséquente de 1671, la légalisa.

1507. Dans le langage du droit, le mot *saisie* exprime la prise de possession faite par le créancier sur son débiteur au nom de la justice, cette saisie est appellée *réelle,* parce que l'on s'empare *réellement de la chose,* voilà ce que comporte le mot *saisie* dans sa plus grande acception ; *la saisie réelle* diffère donc *de la saisie personnelle,* en ce que l'une fait passer la chose dans la propriété du créancier, et que l'autre ne lui fait pas passer la propriété *de la personne,* sauf les esclaves qui, par le code noir, sont *réputés meubles.*

1508. La propriété se compose essentielle-ment *de chose mobile* et de *chose immobile* ; ces deux choses étant de différentes natures, de-là, est venu la nécessité de leur donner des dé-nominations différentes pour les distinguer. Alors on a appelé *saisie réelle* celle des choses *immobiles*, ou ce qui est la même chose, celle *immobiliaires*, (1) et on a appelé *saisie mobiliaire* celle des choses mobiles, ou susceptibles d'être mues, enfin, les choses rangées dans la classe

---

(1) Tite-Live, liv. 40, considère *les meubles* du roi de Macédoine comme *immeubles*, à cause de leur grand prix. S'il en était ainsi parmi nous, il faudroit déclarer en principe que les choses *mobiles* sont *immobiles* ; à la vérité, à certains égards, nous avons déclaré que les vaisseaux sont *immeubles* : je crois que, pour ne point faire de contre-sens, on aurait dû déclarer qu'ils sont régis par les lois des *immeubles*.

Au surplus, comme dit d'Aguesseau, tom. 7, p. 527 :

« Il n'est pas nouveau de comparer, même à l'égard du particulier, les meubles précieux aux héritages ; et l'on en trouve *un exemple* dans *les loix romaines*, qui veulent que les meubles de cette nature, qui appartiennent à des mineurs, ne puissent être vendus qu'avec les mêmes solemnités que l'on observe pour la vente de leurs im-meubles ».

En effet, la loi *nulla* 27, *in princip. de episc. et cleris, l. quæ tutoris, c. de ad min. sect. l. emptori* 37, *parag.* 1 *d. de evict* ; voulait que les meubles précieux fussent vendus avec les mêmes formalités que les immeubles.

des meubles. Ces différentes dénominations ont donc été inventées à raison des distinctions : mais par rapport à leur origine, leur sujet appartient *à la réalité*, d'où l'on doit conclure que la *saisie des meubles* est une *saisie réelle*. Ces principes que je crois incontestables, décident donc que, dans les *saisies des choses mobiles* comme dans celles *des choses immobiles*, la formalité des recors est indispensable, suivant ce qui est énoncé dans l'édit de 1671 ; voyons actuellement si les conséquences viennent étayer ces principes :

1509. Jousse, sur l'art. 2 du tit. 2 de lord. de 1667, t. 1, pag. 119, qui prescrit *la formalité des recors* dit : « Au reste la déclaration du 20 mars 1671, ne comprend point *les exploits des saisies mobiliaires ; ils sont dispensés comme* les autres de cette formalité ; la déclaration n'exceptant que les exploits *des saisies réelles*. Cependant c'est un usage assez général *de se servir de recors dans toutes les saisies et exécutions mobiliaires* ; ce qui paraît avoir été établi à deux fins ; 1°. afin que l'huissier, *dans le cas où il ne pourrait trouver de gardien, puisse mettre un de ses recors en garnison chez le saisi* ; 2°. *afin d'avoir avec lui main-forte, en cas d'insulte ou de rébellion de justice.*

1510. Cependant, par arrêt du parlement de Dijon, du 13 août 1689, R. au Code civil de Serpillon, pag. 627, une saisie et exécution a *été déclarée nulle pour avoir été faite par un huissier sans recors*, quoiqu'on alléguât l'édit du contrôle de 1669, et la déclaration du 2 mai 1771, ce qui est fondé sur ce que *les saisies mobiliaires peuvent être regardées comme des saisies réelles* ».

. 1511 Le commantateur après avoir parlé sur des matières accessoires, observe, t. 2, p. 288, sur l'art. 5 du tit. 32 de l'ordonnance, qui veut que « toutes les formalités des ajournemens soient observées dans les exploits de saisie et exécution, et sous les mêmes peines ».

1512. Ce commentateur observe, dis-je, sur quoi il faut remarquer que, quoiqu'on observe le plus souvent *dans l'usage de se servir de recors pour les saisies et exécutions mobiliaires*, néanmoins *leur assistance paraît y être entièrement inutile*, et un débiteur saisi serait bien fondé à prétendre que le salaire de ces recors ne doit point passer en taxe » ; ensuite il observe que l'on pourrait répliquer dans le sens de l'arrêt du parlement de Dijon, de sorte que cet auteur n'est pas concluant, et laisse la question sans solution.

1513. Néanmoins, lorsque je considère, 1°. que l'édit de 1669, a eu essentiellement pour motif une opération fiscale ; 2°. que le motif qui fut exposé par les négocians, concernant l'appareil des officiers ministériels, n'existe pas dans la saisie; 3°. qu'il est nécessaire de laisser un gardien chez le saisi ; 4°. qu'il est nécessaire que l'huissier ait des recors avec lui pour éviter autant que possible les rébellions, 5°. que l'abrogation de la formalité de recors pour les saisies, et même pour les simples exploits, n'a pas eu lieu dans toute la France ; 6°. que, si l'huissier allait seul chez le débiteur, il lui serait plus facile de s'entendre avec lui, que s'il était accompagné ; 7°. Qu'il est d'usage général en France que les huissiers ne saisissent jamais seuls ; 8°. que la saisie mobiliaire est une saisie réelle.

1514. Lors dis-je, que je considère toutes ces choses, je pense qu'une saisie mobiliaire qui serait faite sans le concours des recors serait *essentiellement nulle.*

1515. Une chose qui ne m'a pas peu surpris, c'est de voir que plusieurs auteurs, notamment Jousse, le répertoire de jurisprndence, Prost de Royer et autres, ont affirmé que depuis l'édit de 1696, il n'est plus nécessaire de recors pour la signification des protêts ; Jousse, sur l'art. 8 du tit. 5 de l'ord. p. 98, dit : cette formalité des recors, pour *les protéts*, n'est plus nécessaire depuis l'édit d'août 1669.

1516. Comment les auteurs et Jousse ont-il pu donner cette assertion, lorsque l'art. 8 du tit. 5, de l'ordonnance de 1673, postérieure de quatre ans à l'édit cité, porte textuellement : (957).

Les auteurs et Jousse ont donc erré.

1517. L'art. 76 de l'ordonnance de 1559 , permet indistinctement la saisie réelle et mobiliaire pour les dettes consistant en espèce ; mais par l'art. 10 de l'édit de 1563 , on peut procéder par saisie et exécution sur les biens meubles et immeubles, et à la contrainte par corps tout-à-la-fois ; l'art 13 de l'ord. de 1667, contient la même disposition , la loi du 15 germinal an 6 , tit. 3 , art. 7 , est encore plus générale ; elle permet , quoique le débiteur soit incarcéré, de saisir ses biens , meubles, immeubles, et de faire une saisie arrêt. (1073)

1518. Cependant , quoiqu'il paraisse par toutes ces lois que le créancier puisse exercer dans le même tems toutes ces choses , il n'est pas moins vrais que si le créancier pouvait être désintéressé par une d'elle , que s'il se livrait à plusieurs actes violens et inutiles, les tribunaux ne manqueraient pas d'annuller ses poursuites superflues , parce que la loi n'entend pas fournir au créancier des moyens de vexation ; mais seulement des moyens de libération, d'où je conclus que l'on ne peut se servir de plusieurs moyens , que dans le cas où l'un d'eux serait insuffisant , parce que dans le cas contraire , le débiteur, *en payant de sa personne et de son bien , paierait deux fois.*

1519. Par l'ordonnance de Moulin , art. 32, il est expressément défendu au créancier saisissant , d'être lui-même présent à la saisie : il lui est seulement permis d'envoyer quelqu'un pour indiquer les lieux et les personnes , pourvu qu'il les envoie sans armes et sans suite.

1520. Au surplus il n'est pas moins naturel de décider que le créancier riche, qui poursuit un débiteur pauvre, lorsque par sa conduite régulière, il n'a pas provoqué son état de détresse, se couvre de honte et d'infamie , parce que il ne doit employer les moyens violans que lorsque son débiteur a abusé de sa confiance.

1521. De tous les tems on a eu une adversion invincible pour les huissiers ; delà une haîne qui a flétri dans l'opinion , un état , qui d'ailleurs est aussi honorable que tout autre ; d'où est donc venu cette flétrissure ? Elle est venue non de la profession ; mais de la manière dont elle a été faite ; les hommes justes feront sans doute toujours cette distinction.

1522 Lorsqu'un médecin cruel traîne en longueur une maladie , lorsqu'un procureur aigrit l'esprit de son client, lorsqu'un avocat plonge malicieusement dans un dédale de procès l'homme qui lui a accordé sa confiance , il ne s'ensuit pas de-là que la profession de ces individus ait quelque chose de condamnable en soi : mais seulement ces faits prouvent qu'ils abusent de leur état ; de même lorsque l'huissier fait des actes vexatoires et arbitraire , sa conduite ne prouve pas que son état est vil et humiliant , mais elle prouve qu'il abuse de sa profession.

1523. Cependant il faut être juste , tous les huissiers ne se sont pas rendus coupables de pareils délits ; parmi ces officiers ministériels , il en est sans doute qui méritent l'estime publique, et l'on peut dire avec vérité que, si leur profession les honorent, ils honorent leur profession.

1524. Si , par les lois, les huissiers sont les derniers individus dans l'ordre judiciaire , par *le fait* ils pourraient être des premiers s'ils le voulaient , l'huissier étant le premier agent , puisque c'est par son ministère que commencent les procès ; intermédiaire entre les colitigeans , s'il se présentait dans sa mission avec le caractère noble de concilliateur, combien de procès ruineux ne préviendrait-il pas, et par conséquent, combien de services importans ne rendrait-il pas à plusieurs familles en particulier, et à la fortune publique en général.

1525. Un huissier honnête-homme et instruit dans sa profession, est un citoyen très-recommandable. En s'arrêtant aux apparences , il semblerait d'abord qu'une routine aveugle doit lui suffire, cependant , il en est différemment , car l'huissier qui possède la pratique des lois sans être initié dans leur théorie , peut entraîner dans l'infortune des familles entières. Il ne suffit donc pas à cette officier ministériel d'avoir des connaissances pratiques pour exercer honorablement son emploi ; mais encore il lui faut des connaissances théoriques.

1526. Les huissiers ont un bureau à Paris dans lequel ils s'assemblent , ils ont parmi eux des officiers de leurs corps pour les présider ; si l'un d'eux pénétré de l'importance de son état , proposait aux autres , d'ouvrir les séances par le rapport des conciliations qu'ils auraient opérées , et d'en tenir registre , cette proposition serait des mieux accueillie , et le grand nombre d'affaires arrangées que présenteraient leurs procès-verbaux , prouveraient aux magistrats qu'ils ne sont pas de simples exécuteurs de leurs ordres , mais encore des médiateurs recommandables qui leur évitent souvent la douleur de voir des plaideurs acharnés se plonger dans l'indigence.

1527. O vous ! créancier dur et inhumain , qui, sans égard au malheureux qui a succombé sous les coups terribles du sort, allez, d'une main sacrilège , arracher de son domicile le triste grabat sur lequel il oubliait quelques instans ses peines ! Vous, qui, sans pitié pour une famille désolée , arrachez à sa tendre sollicitude le chef qui par sa présence adoucissait l'amertume de son sort , comment est-il possible qu'après vous être livré à cet excès, de voir de sang-froid à vos pieds, une femme, une mère en pleurs , qui, pour toucher votre commisération , vous présente les

innocentes créatures à qui elle a donné le jour ;
cependant, ces petits êtres, voyant en vous une
figure humaine, vous regardent, vous sourient
en vous tendant les bras, comme pour joindre leurs
prières à celle de la victime que vous voulez sacrifier à votre cupidité ? mais sourd aux accens
de l'innocence, aveugle au spectacle attendrissant qui se présente devant vous, sans en être
ému vous le fixé, et l'humanité, dont la voix
éloquente est toujours entendue de l'homme suc-
ceptible de quelque sensibilité, ne frappe point
votre oreille, parce qu'une voix plus forte la
couvre : l'intérêt.

1528. Oui, l'intérêt, ce tiran de la raison,
vous parle avec un tel langage, que vous per-
dez de vue, non-seulement les considérations
les plus respectables, mais encore l'intérêt lui-
même.

1529. Cependant si cette passion effrenée pour
les espèces, pouvait vous laisser quelque reste
de jugement, vous verriez que vous ne sortez
de Carybde que pour tomber dans Scylla ; c'est-
à-dire, que votre cupidité, bien loin de satisfaire
vos désirs, ne fait que les contrarier.

1530. Votre débiteur est un honnête homme,
il ne peut vous payer ; mais il est actif, labo-
rieux : quelques répits peuvent le mettre à même
de se libérer envers vous. Chimère : vous voulez,
à quelque prix que ce soit, être payé sur-le-

champ ; il ne le peut : la trompette bruyante
se fait entendre , elle donne le signal du rassem-
blement ; les vampires coalisés accourent de
toutes parts, ils s'emparent, à l'aide de quelques pièces de monnaie, de la dépouille du malheureux ; ils la partagent sans que vous soyez
entièrement désintéressé. Alors, la rage dans le
cœur, redoublant d'efforts, accumulant vexation
sur vexation, vous le précipitez dans l'asile qui
ne devrait être destiné qu'au crime. Est-il sous
les verroux, privé des consolations de sa famille, vivant avec parcimonie avec un morceau
de pain arrosé de ses larmes, tourmenté de sa
position, sans pouvoir en suspendre un seul instant la douleur entre les bras du sommeil, il re-
grette de s'être trouvé dans la société, où il s'est
rencontré un monstre cent fois plus cruel que
les bêtes féroces qui habitent les forêts de
l'Afrique. (1002, 1003, 1027)

Actuellement jettez un coup-d'œil sur sa famille en pleurs : vous la verrez achever sa ruine
en dévorant les tristes morceaux de pain qu'elle a
soustrait à votre rapacité. Ne lui reste-t-il plus rien,
réduite à la plus cruelle misère, n'en apercevant le terme que dans la privation de la vie,
ce sera un miracle si elle ne se livre pas à
quelqu'acte de désespoir . . . . : voilà quel
est votre cruel ouvrage. Mais que vous en revient-
il ? Quelque peu d'argent, que vous êtes forcé

de donner au cerbère qui retient votre débiteur sous les verroux.

1531. Cet argent qui a tant causé de peine à celui à qui il a été arraché, est-il dépensé? Votre position, bien loin d'être améliorée, se trouvant aggravée; il ne vous reste plus que la désolante ressource d'ouvrir les portes de la prison à l'homme que vous avez perdu peut - être pour toujours. Alors, livré à vos propres réflexions, tourmenté des remords d'avoir fait le mal pour le seul plaisir de le faire, vous devenez l'opprobre de tous ceux qui connaissent vos cruels procédés.

1532. Actuellement, je vous le demande, quel est ici le coupable, ou l'officier public qui a mis à exécution votre volonté, ou vous ? C'est vous-même, parce que cet officier, quoiqu'apercevant votre injustice, a été forcé d'exécuter les ordres que lui ont donnés les organes de la loi. Sous ce rapport, bien loin d'attirer sur lui l'animadversion publique, il ne peut que prétendre à des éloges, comme tous ceux qui obéissent à la voix du législateur. Car condamner un officier public qui a fait son devoir, c'est condamner la loi elle-même; enfin c'est faire le procès au législateur. Et comme le législateur a été forcé, dans cette circonstance, d'assimiler l'innocent avec le coupable, par rapport à la difficulté qu'il y a à distinguer l'un de l'autre, on ne peut donc qu'applaudir le législateur, la loi et celui qui l'exécute.

1533. D'où je conclus, que l'officier ministériel, honnête, qui fait bien son devoir, est un citoyen très-respectable, pendant que le créancier cruel, inhumain, qui poursuit avec acharnement son débiteur, pauvre et malheureux, est un être des plus méprisables.

1534. Comme il y a des hommes assez attentifs à recueillir tout ce qui peut jeter, dans leur manière de voir, de l'odieux sur la nation, il est nécessaire de leur prouver que, s'il y a quelques traits propres à alimenter leur calomnie, il y en a aussi qui sont propres à en diminuer les fureurs, même dans les classes dont l'éducation est la moins cultivée.

1535. En germinal de cette année, le nommé Champy, porteur d'eau, probe, honnête, et père de quatre enfans, avait acheté un cheval et son atelage pour faire sa profession. N'ayant point de moyens pécuniaires, il avait contracté pour 600 fr. d'engagemens. Le terme fatal arriva, il ne paya pas : les huissiers le conduisirent à Sainte-Pélagie. Ses confrères n'ont pas sitôt appris ce cruel évènement, qu'ils se cottisèrent, firent la somme, et arrachèrent généreusement des cachots celui qui, par sa probité et sa conduite, avait su mériter leur estime.

Voilà le trait noble, mais non surprenant,

de plusieurs PORTEURS D'EAU DE PARIS , oui ;
de plusieurs PORTEURS D'EAU DE PARIS !

Combien d'hommes qui semblent, par leur
éducation et leur fortune, devoir donner des
leçons d'humanité et de morale à d'autres
hommes, de qui ils devraient en recevoir!!!

CHAPITRE XLIV.

*Des tribunaux de commerce, et des formes à
observer pour procéder devant eux.*

1536. LA royauté ayant été abolie à Rome
vers l'an 244, le pouvoir souverain fut remis à
deux magistrats à qui l'on donna le nom de
consuls, parce qu'ils donnaient *leur soin et leur
conseil* à la patrie ; *Regio imperio dur. sunt*, dit
Cicéron. Par analogie et par rapport à la surveillance et au soin qu'exige le commerce, on
a appellé consuls les juges chargés de lui administrer la justice.

1537. Nul ne pouvant se refuser au service
public ; *qui bon. ced. poss. L. 12 , in fin. de
episcop.*, nul marchand, négociant ne peut donc
refuser d'être juge, sauf empêchement légitime.
C'est sur ce principe que le magistrat d'Arme-
nonville, d'après la réponse du conseil, écrivit
aux consuls de Bayonne, en 1726, que le nommé

Vanduffel ne pouvait réclamer contre sa nomination de consul. Par arrêt du Parlement de Paris, du 23 mai 1721, le nommé Davigny, négociant à Reims, et par arrêt du conseil, du 28 septembre 1762, les nommés Dabaanne Barne, de Bordeaux, furent contraints de déférer à leur nomination en cette qualité : le premier à Reims, et les deux derniers à Bordeaux.

1538. Ces arrêts sont conformes à l'édit de janvier 1718, portant création d'une jurisdiction consulaire à Valenciennes. Cet édit porte en substance, que les négocians qui possèdent des offices qui leur donnent quelques privilèges, au cas qu'ils soient élus juges et consuls, seront tenus d'accepter et exercer lesdits emplois, s'ils n'ont d'ailleurs excuse légitime pour en être dispensés. Cette loi a été rendue commune à toutes les jurisdictions consulaires de France, par arrêt du conseil, du 16 février 1763, *Instr. cons. de Bordeaux, page 499, édit. de 1791.*

1539. Comme on a et on aura toujours besoin de se référer à plusieurs lois anciennes; que la plupart de celles rendues pour instituer de nouvelles jurisdictions consulaires, présentent les unes certains détails que l'on ne retrouve pas dans les autres, ce qui pourrait faire croire qu'elles ont été instituées en raison des localités; il faut bien faire attention que par-tout où il

n'y

n'y aura pas d'exceptions expresses , toutes ces lois sont communes.

· 1540, En effet, l'art. 1 du tit. 12 de l'ordonnance de 1673, rend commun à toute la France l'édit de novembre 1563, et tous autres édits et déclarations touchant la jurisdiction consulaire. Par cette première loi, le législateur a voulu que l'on considérât toutes ces jurisdictions comme n'en formant qu'une, entendant rapprocher les principes de leurs constitutions particulières.

1541. De tous les tems le commerce a eu des juges particuliers. Les Grecs en avaient parmi eux qu'ils appelaient *jus dicentes nautis.* Ces juges se transportaient sur les ports, entraient dans les navires, entendaient les différends des particuliers et les terminaient sur-le-champ sans aucune procédure ni formalité, afin que le commerce ne périclitât point.

1542. Tout en louant l'institution, on ne peut s'empêcher de désapprouver la forme.

1543. La balance de la justice étant remise entre les mains de ses ministres, c'est pour ainsi dire manquer au respect qui lui est dû, que de rendre, ailleurs que dans son temple, ses oracles. Aussi Daguesseau dit-il, tom. 8, pag. 163 :

« C'est dans le sanctuaire même de la justice, *in loco majorum,* que les procès doivent être vus aussi bien que décidés. C'est-là seulement que les juges forment une assemblée légitime et un corps régulier : ils ne sont ailleurs **que des personnes** privées, en quelque nombre qu'ils soient, et c'est sur le tribunal qu'ils deviennent véritablement publics ».

1544. D'où l'on doit conclure que les juges de commerce ne peuvent administrer la justice que dans le lieu qui leur est désigné par l'autorité souveraine.

1545. Démosthènes, dans son oraison contre Phormion, fait mention de certains juges institués seulement pour juger les causes des marchands. Montesquieu, livre 20, chap. 16, dit : « Xénophon, au livre des revenus, voudrait qu'on donnât des récompenses à **ceux** *des prefets du commerce* qui expédient le plus vîte les procès ».

1546. Si cet auteur convient qu'il y avait à Athènes des *prefets du commerce*, que dans nos usages nous appélions, lorsqu'il a écrit, *consuls*, et leur tribunal *jurisdiction consulaire*, on n'est pas peu surpris de lui entendre dire ensuite :

« *Xénophon sentait le besoin de notre juris-* » *diction consulaire* ».

1547. Montesquieu, par ces mots Xénophon, *sentait le besoin* ; insinue donc que les grecs n'avaient point de tribunal de commerce ; mais comme on *ne sent le besoin* d'une chose, d'une institution, que par *son absence*, cet auteur a donc parlé affirmativement et négativement sur le même sujet, d'où il résulte une contradiction frappante.

1548. A Rome, il y avait plusieurs corps de métiers, qui avaient chacun leurs juges, appelés *primates professionum.* Cet usage de déférer le jugement des affaires de chaque profession à des gens qui en sont, est fondé sur ce principe que Valère-Maxime pose, liv. 8, chap. 11 : *que, sur chaque art, il faut s'en rapporter à ceux qui y sont experts, plutôt qu'à toute autre personne.* Ce qui est conforme à plusieurs texte du droit.

1549. Les jurisdictions consulaires proprement dites, tirent leur origine d'Italie, comme l'attestent les publicites de cette belle partie de l'Europe, notamment *Bathole* de Sentin en Umbrée ; *Balde* de Perouse ; *Jason* de Milan ; *Salicet* de Bologne (1).

1550. En France, c'est dans les lettres patentes de Philippe de Valois, de 1349, que l'on trouve les premières traces de nos jurisdictions consulaires, et la loi qui les assujettit à juger promptement et gratuitement les causes qui entrent dans leurs attributions, puisque l'art. 25, rend justiciable des gardes des foires de Champagne et de Brie, les marchands fréquentant ses foires et même dès 1472, il y avait des consuls

---

(1) Suivant ce dernier auteur, il y avoit à Bologne, dès 1400, des juges et consuls.

à Marseille. Mais , malheureusement depuis, la gratuité de ces jurisdictions n'est que par rapport aux juges et non par rapport à la justice ; il faut espérer que, lorsque les circonstances le permettront , le gouvernement s'empressera d'élaguer de ces sortes de tribunaux , cet inconvénient qui porte le plus grand tort à la confiance , vu que les négocians appréhendant d'aggraver leur position lorsqu'ils sont obligés de plaider , ne veulent guère opérer qu'au comptant.

1551. François I, ce sage administrateur, ce père des arts, des sciences et du commerce, s'occupa essentiellement de l'administration de la justice ; ce fut lui qui , par son édit de 1539, art. 110 , bannit la langue latine des jugemens , en 1549 il attribua à un prieur et un consul le droit de connaître et décider en première instance de tous procès, qui , pour raison de marchandises, foires et assurances , seraient intentés entre les marchands et fabricans de Toulouse ; à l'exemple de François I , Henri II , établit à Rouen, en 1556 , une bourse.

1552. François II , voulant encore arracher d'une manière plus certaine le commerce du dédale de la chicane , par son ordonnance d'août 1560 , voulut que tous les différens fussent arbitrés ; il s'exprime ainsi :

« Le trafic de marchandise...... reposant entièrement sur la foi des marchands , qui le plus souvent agissent de bonne foi entr'eux , sans témoins et notaire, *sans garder et observer la subtilité des lois*...... veut que dorénavant les marchands...... ne puissent tirer procès les uns contre les autres , pour fait de marchandise , par-devant ses juges ou autres : mais qu'ils seront contraints d'élire et de s'accorder de trois personnages, ou plus grand nombre, en nombre impair, si le cas le requiert... et se rapporter à eux de leurs différens ; et que ce qui sera par eux jugé *et arbitré* , tiendra *transaction et jugement souverain* ».

1553. Vers 1681 , cette manière de procéder entre marchands était usitée encore à Metz, parce qu'il n'y avait pas de jurisdiction consulaire, à cette époque, comme l'observe Stranskius. Il y avait en Boëme des juges semblables à ces arbitres , qui jugeaient suivant la coutume et l'expérience qu'ils avaient, à la vérité il fallait que pour que le litige eût acquis force de chose jugée , que la sentence fût confirmée par les parties dans les quarante jours suivans.

1554. Il paraît néanmoins que la forme de procéder entre marchand par François II, n'eut pas tout le succès qu'il en attendait , comme le prouve l'anecdote que j'ai cité dans ma préface, page 35..... Car si la loi eût été exécutée , l'événement passé sous les yeux de Charles IX, n'eût point eu lieu.

1555. Après que Charles IX , par l'art. 56 de
l'ordonnance de 1563 , eût ordonné que les lettres patentes , réponses des requêtes , conclusions de procureur du roi , seraient écrites en
français et non en latin , il voulut par son édit
de novembre de la même année , qu'il y eût une
jurisdiction consulaire à Paris : il en fut donc
créé une , et depuis , on en créa plusieurs
autres.

1556. Si on se réfère à l'institution des tribunaux des marchands depuis les grecs jusqu'à cette
époque , on verra que ceux qui ont été préposés
à administer la justice , sont vrais juges, par rapport à leur autorité , mais arbitres dans la manière
de rendre leur sentence , et que conséquemment ils
doivent juger suivant *le droit prétorien*, c'est-à-
dire , *ex æquo et bono.*

1557. Si Platon voyait tout à-la-fois , dans la
législation , le danger des exceptions , et l'im-
possibilité de prévoir toutes les différences, *Plato
in paliticiis* ; cet inconvénient cesse pour ainsi dire
d'en être vu dans les tribunaux des marchands ,
parce que les juges appliquent comme arbitres
des exceptions , et en cette dernière qualité
remédient aux lacunes de la loi.

1558. Anciennement lorsque les tribunaux
ordinaires étaient obligés de prononcer sur un
différent commercial , ils consultaient les négocians éclairés , les chambres de commerce , et

rendaient ensuite leur jugement suivant ce qui leur paraissait raisonnable ; je crois que les tribunaux actuels feraient bien de suivre la même marche, sans cette précaution, personne n'osera traiter avec confiance. C'est ici le cas d'appliquer la maxime de Valère, dont il a été parlé :

« Sur chaque art, il faut s'en rapporter à ceux qui » y sont experts, plutôt qu'à toute autre personne ».

1559. Le préambule de l'édit de Charles IX, de novembre 1563, s'exprime ainsi, « pour le bien public, et *l'abréviation des procès et différens* entre marchands qui doivent négocier ensemble *de bonne-foi, sans être astreints aux subtilités des lois et ordonnances*, etc. »

1560. Charles, dans son édit, voulut reproduire les principes du droit romain, qui exigaient que, dans les actions *de droit civil*, et celles *de bonne-foi*, le juge s'attachât à *la justice* et à *l'équité* plutôt qu'à *la subtilité du droit*, l. 8, c. de judiciis.

1561. Mais qu'entend la loi par ces mots *bonne-foi* et *subtilité?*

1562. BONNE-FOI. Lorsque la loi parle généralement, l'application doit s'en faire d'une manière générale, à tous les cas qui y sont relatifs. *L. de pretio, ff. de public.* Mais observez que le motif de la loi est plus à considérer que l'expression. Voyez Laglose, sur le texte *cum pater, §. dulcissimis, ff.*

de legib. 2. Convenances vainquent la loi, dit Loisel, liv. 3, tit. 1, règle première.

1563. Le grand Pontife Quintus Scœvola, disait : « cette clause *de bonne-foi donne sanction de loi aux sentences arbitrales* ; ces mots disent beaucoup ; ils sont de style dans tous les actes civils, comme..... société..... commission, achats, ventes.... vû que ces affaires ont différentes faces ; l'habilité du juge consiste *à en saisir la vraie* pour en déduire le droit et l'obligation de chaque partie. Cicéron, *chap. 17, liv. 3.* Mais pour atteindre ce but, il faut de la part du juge une scrupuleuse attention, et qu'il se rappelle des préceptes du législateur romain, lequel disait : « nous sommes les prêtres de la justice, et rien ne doit nous distraire de son culte, » *l. 1, S 1, D. de just. et jure*, et cette vérité a été tellement sentie en France, que plusieurs lois ordonnent aux juges des marchands, de négliger plutôt leurs propres affaires que celles de leur tribunal.

1564. Toutes ces maximes sont particulièrement applicables au commerce.

1565. Dans les affaires civiles ordinaires, on ne peut établir pour règle générale, ni que la rigueur de la loi, doive être suivie, ni qu'elle doive toujours céder aux tempérances d'équité : dans le commerce, au contraire, on peut établir pour règle générale que la loi doit toujours céder aux tempérament d'équité, parce que le tribunal de commerce, comme il a été déjà dit en d'autres termes, est un tribunal arbitral. *Voyez Préface, page 19 et suiv.*

1366. Lorsque la loi veut que les marchands *négocient de bonne-foi*, elle veut que quand bien même les contrats ne seraient pas conçus de la manière prescrite, qu'ils n'en soient pas moins valables, si d'ailleurs ils sont faits sans dol, ni fraude; comme aussi, s'il sont faits dans la forme prescrite, s'il y a d'ailleurs astuce et perfidie de la part de l'un des contractans, le contrat soit annulé. La loi frappe de nullité le contrat de société qui n'a pas été enregistré (517); mais le juge le maintient lorsque l'intérêt d'un tiers n'est pas blessé, conséquemment s'il compromet l'intérêt d'autrui, il est considéré comme non avenu. Arrêt du 7 mai 1705. *Voyez mes institutions commerciales, pag. 934.*

1567. Voici, je crois une hypothèse décisive Un négociant appellé **A**, a reçu quelques protêts, quelques condamnations, il s'associe avec **B**, l'un fournit des fonds, et l'autre fournit son industrie, le commerce doit se faire sous la raison de **B** *et compagnie*, mais l'extrait du traité social n'est point enregistré; cinq à six mois après **A** fait *faillite*, je dis que cette société doit être annullée (552); voici sur quoi je me fonde.

1°. Lorsque **A** s'est associé avec **B**, ses affaires étant en décadence, il est bien évident qu'il a voulu aliéner des fonds au préjudice de ses créanciers (518).

2°. Lorsqu'il s'est associé avec un homme qui n'a apporté que son industrie, il n'est pas moins évident qu'il a voulu faire passer ses fonds sur la tête d'un prête-nom (538).

3°. Il est convenu de la raison sociale de **A**, *et compagnie* (554), afin que son nom ne paraissant pas, ses créanciers ignorassent son association.

4°. Il n'a point fait enregistrer son traité social pour ne point proclamer son opération au moment où il l'a faite, et ne la découvrir qu'à tems opportun, afin que son associé pouvant prouver que les choses ne sont plus en leur entier, retienne valablement les capitaux qui lui ont été remis.

5°. En ne faisant point enregistrer les contrats de société, il peut se ménager collusoirement le droit de la dissoudre à volonté après qu'il aura amené à bonne composition ses créanciers, ce qui n'aurait pas pu faire s'il eût exécuté la loi, parce qu'en ce cas, il aurait été obligé de fixer un tems moral pour sa durée (554).

La collusion de deux fripons ne pouvant nuire à des tiers, *l. 9*, § 5, *cod.* donc, etc.

1568. D'un côté la loi veut que toute société soit enregistrée (516), de l'autre l'usage si oppose, la mauvaise foi peut paralyser le contrat quoiqu'enregist**** et la bonne-foi peut le maintenir quoique non enregistré ; en pareille circonstance, c'est toujours la justice et l'équité qui doivent prononcer ensemble.

1569. SUBTILITÉ. Le préambule de l'édit de Charles IX , de novembre 1563 , porte : « Sur les remontrances des marchands...... pour » le bien public, et abréviation de tous procès » et différens , entre marchands qui doivent » négocier ensemble *de bonne-foi* , sans être » entremise *aux subtilités des lois et ordon-* » *nances* ».

1570. Qu'entend donc le législateur par ce mot *subtilité* ? Il n'est pas facile de le dire , j'ai déjà hasardé une opinion dans ma Préface, page 24 , je crois devoir y revenir. Quand les lois sont claires et positives , elles doivent s'exécuter à la lettre ; mais du moment que , dans le commerce elles ne concordent pas *avec la justice* , et qu'elles *ne protègent point la bonne-foi*, l'équité naturelle doit leur imposer silence , s'il en était différemment, leur application ne pourrait être que l'effet de la *subtilité*, au terme de l'ordonnance ; ne serait-ce pas, par exemple, profiter de ce que le législateur appelle *subtilité* des lois et ordonnances , si un associé voulait faire annuller une société , sous prétexte qu'elle n'a pas été enregistrée au terme de l'édit de 1673? (535) fondé sur ce que la loi est impérative (*Préface, pag. 29*)

oui sans doute, aussi toutes les lois qu'une prétention de cette espèce a été portée devant les
tribunaux, les juges l'ont-ils rejetée, d'où je
conclus que *la subtilité des lois*, dont parle
l'ordonnance, peut se définir ainsi :

« *La subtilité des lois et ordonnances*, est
» l'application rigouseuse de ces mêmes lois à
» tous les cas soumis à leur empire, lorsqu'elles
» ont parlé en terme généraux, parce qu'on ne
» peut en règle générale suivant le droit com-
» mun, s'écarter de leur disposition, par une
» distinction qu'elles n'ont point faite, à moins
» qu'il ne parût qu'elles aient eu en vue de l'é-
» tablir ».

1571. Conséquemment, puisque l'ordonnance
de 1673, tit. 4. art. 2, porte que l'extrait de
société sera enregistré..... *à peine de nullité des
actes et contrats passés, tant entre les associés,
qu'avec leurs créanciers et ayant cause*, d'après
la règle générale, la loi étant impérative, (*Voyez
ma Préface p. 29*), aucune raison ne peut être
admise, quelque soit sa bonté et son évidence, pour
maintenir une société qui n'a point été enregistrée, mais comme pour me servir du langage du
législateur, c'est une *subtilité*, puisque du moment que le tiers n'a point à se plaindre de cet
arrangement, les parties qui l'ont consenti volontairement, ne sont censées ne pouvoir ignorer
d'autre tort que celui qu'elles ont bien voulu

ignorer , par rapport *à la bonne-foi et à la fa-*
veur dues au commerce , de pareilles conventions
sont validées.

1572. Il est étonnant qu'aucun des auteurs
qui ont écrit sur le droit commercial , ne nous
aient point donné la signification de ce mot ,
cette considération aurait sans doute dû me retenir , parceque sans doute leur silence a été
fondé sur *la difficulté* ; néanmoins cet obstacle ne
m'a point arrêté , vu que je me suis engagé d'é-
crire sur les points de droit épineux , étant per-
suadé que si je n'ai point réussi à donner des notions exactes , quelqu'un de plus instruit sup-
pléera à mon insuffisance.

1573. Le serment étant quelquefois déféré
dans les tribunaux de commerce , il sera nécessaire de présenter les règles qui lui sont appliqua-
bles , en énonçant préalablement son principe et
ses conséquences.

1574. Le serment , dit Ferrière , est l'affirmation que l'on fait par laquelle on prend Dieu à
témoin de dire la vérité , touchant les choses sur
lesquelles on est interrogé. Ainsi c'est *l'invocation*
du nom de Dieu, par laquelle *nous le prions d'ê-*
tre témoin de notre affirmation , et de nous punir
si sous un mensonge , nous déguisons *la vérité.....*
Les pères de l'église l'appellent...... *le lien de la*
foi publique , et le gage le plus assuré que nous
puissions donner de nos promesses».

1575. D'après cette définition , avant que de recevoir cet acte religieux, il est donc essentiel de savoir si celui à qui il est déféré , ou bien qu'il veut le présenter , croit aux récompenses et punition de l'éternel , et s'il ne dit pas avec le roi de Macédoine, *les jouets sont fait pour amuser les enfans , et les sermens sont faits pour amuser les hommes* , d'où il suit que celui qui a affiché l'athéisme ne peut point être reçu à faire serment, parce que s'il est dans l'intention de trahir la vérité , il ne peut être retenu par la crainte du châtiment de l'être qu'il méconnait ; dans ce cas , il vaut mieux le croire sur parole , car cette voie secrète que l'on appelle conscience , pourra peut-être lui défendre de faire sans qu'il s'en aperçoive , ce que lui ferait faire ce qu'il appelle *sa philosophie.*

Cicéron, Pro. Cornel. Bulbo , cap. 5 , dit :

« L'homme de bien n'a pas besoin de jurer pour
» être cru, Xénocrate s'étant avancé de l'autel,
» pour affirmer à serment le témoignage qu'il
» avait donné, tous les juges s'écrièrent que *son*
» *serment etait superflu* ».

L'observation faite *à Xénocrate* , aurait dû être faite *à Philippe* , par un motif diamétralement opposé.

1576. Cependant, (et heureusement,) comme aux yeux du commun des hommes ce serait leur faire une injure que de leur demander s'ils sont *athées ,* on ne peut donc refuser le serment d'un individu, que dans le cas où par orgueil, jaloux de se montrer dans la société comme un esprit supérieur au vulgaire, il aurait affiché publiquement ce qu'il appelle dans son jargon prétendu philosophique, *athéisme* (1).

1577. Ces notions, qui au premier coup-d'œil paraîtront hors d'œuvre dans cet ouvrage, ne sont point cependant aussi déplacées que l'on pourrait le penser, lorsqu'il est question de prononcer sur des objets fondés sur l'intérêt : tout ce qui tend à faire perdre de vue la justice doit être pris en considération.

1578. Quand le serment est déféré par la partie, il produit le même effet que la transaction ; *L. 1 et 2, D. de jure jur.* Or, comme on ne peut revenir sur une transaction, lorsqu'elle a été faite sans dol ni fraude, de même on ne peut revenir sur un serment, lorsqu'il n'est point vicié par l'une de ces considérations; mais il en est différemment lorsque le serment est déféré par le juge.

1579. Les créanciers peuvent se pourvoir

____

(1) On a beaucoup crié contre les *philosophes* et contre *les patriotes* : d'où sont donc venus ces étonnantes clameurs ? C'est qu'on a confondu *les Diogène* avec *les Socrate*, et *les Marc—Antoine* avec *les Caton;* c'est-à-dire, on a confondu *le vice avec la vertu.* Quand serons-nous donc plus conséquens ! ! !

contre le débiteur de leur débiteur, quoique celui-ci s'en soit rapporté au serment de celui-là.

1580, Le serment du mandataire, du procureur fondé, sert à son commettant ; §. *6 eod.*

1581. Le mandataire n'a pas droit de déférer le serment sans un pouvoir spécial ; *L. 19 eod.*

1582. On peut déférer le serment sur toutes sortes d'objets, notamment en matière d'ouvriers ; *L. 34, eod.*

1583. Celui à qui on défère le serment, refusant de le faire, on admet son adversaire de le faire lui-même ; §. *ult. eod.*

1584. Il est indécent de ne vouloir ni prêter serment, ni de ne vouloir s'en rapporter à celui de son adversaire ; *L. 38, eod.*

1585. Le serment est utile en matière de dépôt ; *L. 10, c. de red. credit.*

1586. Celui qui après avoir déféré un serment, se rétracte, ne peut plus le déférer de nouveau. Il est donc loisible de se rétracter ; mais il faut que ce soit avant le jugement dont il n'y a point d'appel, ou qui, sur l'appel, a été confirmé, tout est consommé ; l'on ne peut plus revenir sur ses pas, et demander à être admis à des preuves ; *L. 11, eod.*

1587. Si celui à qui le serment est déféré, refuse de le prêter, est-il coupable de fraude ?

Pothier ,

Pothier, 2., 16 se décide pour l'affirmative ; il se fonde sur la loi 3, §. 1, *ff. de jure jurando.*

1588. Cependant, dit Emerigon, « Le refus de serment n'est pas toujours une preuve positive de fraude. On peut n'avoir su la chose qu'à demi, et dans le doute, on aime mieux perdre que de jurer ».

1589. Lorsque l'on se décide à faire une demande, il ne faut la faire que lorsqu'on est sûr de sa légitimité. Dans le doute, si on réclame, il est de l'honnêteté d'avouer que l'on n'a point de données suffisantes pour affirmer le fait : dans ce cas, la partie adverse ne défère point le serment ; car le serment ne peut être déféré que lorsque l'on soutient bien énergiquement la justice de ses prétentions.

1590. Conséquemment, si on se présente devant un tribunal sans faire une pareille observation ; que l'on soutienne que le fait existe ; que l'on soit invité à faire serment pour en assurer la vérité ; si on se refuse à satisfaire à cet acte religieux, c'est se condamner soi-même comme frauduleux. J'adopte donc l'opinion de Pothier.

1591. Dans les affaires civiles ordinaires, les juges , forcés par la loi, jugent quelquefois contre la justice, malgré la répugnance qu'ils éprouvent. Car, comme dit fort bien Domat, et après lui le répertoire de jurisprudence, on ne peut établir pour règle générale, ni que la rigueur de la loi doive être suivie, ni qu'elle doive toujours *céder aux tempéramens d'équité*. Dans le commerce, les juges n'étant pas forcés par la loi, jugent *toujours suivant la justice*. Sous ce rapport ils peuvent être considérés comme des arbitres : ce qui résulte de l'ordonnance de François II. Car , qu'a entendu le législateur par cette expression, *sans subtilité?* Il n'a pas sans doute entendu dire décidément que les lois étaient *subtiles*, parce qu'il n'eût pu le sous-entendre ainsi, sans insinuer que les lois étaient *un piège*; mais il a entendu dire que les juges du commerce doivent s'arrêter plutôt à ce qui leur paraîtrait juste, qu'à ce qu'elles prescrivent. *(Voyez Préf. pag. 27 et suiv.)*

1592. *Loi du 24 août 1790*. Cette loi porte :

Art. 6. Chaque tribunal de commerce sera composé de *cinq juges* : ils ne pourront rendre aucun jugement s'ils ne sont au nombre *de trois, au moins*.

Art. 7. Les juges de commerce seront élus dans l'assemblée des négocians, banquiers, marchands, manufacturiers, armateurs et capitaines de navire de la ville où le tribunal sera établi.

1593. En se référant à l'article 5 du tit. 10 de l'ordon. de 1673, où il est dit que ceux qui auront obtenu des lettres de répit ne pourront avoir *voix active et passive* dans les corps de communauté, on doit décider que celui qui a fait faillite, cession de biens, etc., n'a point le droit de voter dans ces assemblées (1142, à 1165).

1594. Comme aussi, nul ne peut avoir le droit de se présenter dans ces assemblées, si par état il n'achète pour revendre, et s'il ne prouve son état par sa patente; c'est mon opinion. Par rapport aux étrangers, il faut avoir égard à la loi du 17 vent. an 11; cette loi porte, art. 11 :

« L'étranger jouira en France des mêmes droits civils que ceux qui sont ou seront accordés aux Français par les traités de la nation à laquelle cet étranger appartiendra. Art. 13. L'étranger qui aura été admis par le gouvernement à établir son domicile en France, y jouira de tous les droits civils, tant qu'il continuera d'y résider ».

Art. 8. Cette assemblée sera convoquée huit jours en avant, par affiches et à cri public, par les juges consuls en exercice, dans les lieux où ils sont actuellement établis; et pour la première fois, par les officiers municipaux, dans les lieux où il sera fait un établissement nouveau.

Art. 9. Nul ne pourra être juge d'un tribunal de commerce, s'il n'a résidé et fait le commerce au moins depuis cinq ans dans la ville où le tribunal sera établi, et s'il n'a trente ans accomplis. Il faudra être âgé de trente-cinq ans, et avoir fait le commerce depuis dix ans, pour être président.

S 2

Art. 10. L'élection sera faite au scrutin individuel et à la pluralité absolue des suffrages; et lorsqu'il s'agira d'élire le président, l'objet spécial de cette élection sera annoncé avant d'aller au scrutin.

1595. C'est-à-dire, qu'il faudra annoncer à l'assemblée, que l'on va procéder à la nomination du président.

Art. 11. Les juges du tribunal de commerce seront deux ans en exercice; le président sera renouvellé par une élection particulière tous les deux ans; les autres juges le seront tous les ans par moitié. La première fois les deux juges qui auront le moins de voix, sortiront de fonctions à l'expiration de la première année; les autres sortiront ensuite à tour d'ancienneté.

Art. 12. Les juges de commerce établis dans une des villes d'un district, connaîtront des affaires de commerce dans toute l'étendue du district.

Art. 13. Dans les districts où il n'y aura pas de juges de commerce, les juges du district connaîtront de toutes les matières de commerce et les jugeront dans la même forme que les juges de commerce. Leurs jugemens seront de même sans appel, jusqu'à la somme de *mille livres*, exécutoires, nonobstant l'appel, au-dessus de *mille livres*, en donnant caution.

1596. Lorsque le juge du commerce prononce

au-dessous de *mille livres*, on ne peut appeler de son jugement, si on se trouve mal jugé; il y a cependant deux moyens pour faire infirmer le jugement : 1°. en invitant le juge à réformer son jugement; 2°. en se pourvoyant en cassation (1).

1597. Quand une des parties se plaint que, lors de l'instruction du procès par écrit, ou lors de la plaidoirie de la cause, quelque raison essentielle a été omise, de même que l'on présente requête civile contre les jugemens qui ont été rendus, l'on peut aussi présenter requête devant les juges des tribunaux de commerce, et faire appel pardevant eux, en réparation de leurs jugemens; et si on est fondé en raison, on y a autant d'égard que l'on en a pour les requêtes civiles. Instruction consulaire de 1791, page 278; jugement de la cour de la Bourse de Bordeaux, du 7 août 1702.

FAIT. Lavie avait fait un billet de 5oo liv. à l'ordre de Julien, valeur reçue en vin : Julien le le passa à l'ordre de Benel, *valeur reçue*, tout court.

____

(1) D'après le titre 5, article 65 de la constitution de l'an 8, le tribunal de cassation prononce sur les demandes en cassation contre les jugemens en dernier ressort, rendus par les tribunaux.

1598. A l'échéance, Benel fit assigner ledit Lavie devant les juges et consuls. Lavie soutint que, comme il ne paraissait pas, par l'endossement, que Julien eût reçu *aucune valeur* de Benel, il fallait regarder ce billet, aux termes de l'art. 28 du tit. 5 de l'ordon. de 1673 (923), comme billet *appartenant* audit Julien; et que n'ayant reçu de celui-ci que pour 200 liv. de vin, il ne pouvait pas être tenu de payer autre chose. Jugement qui confirme ces conclusions.

1599. Mais Benel ayant présenté requête, et fait observer que, si le défaut *d'énonciation de valeur* lui portait quelque préjudice, cela venait de la faute dudit Lavie, qui avait écrit *l'endossement*, et qu'ainsi il ne pouvait profiter de sa faute. A ces fins, par appointement du 10 août 1702, les juges et consuls réparèrent leur appointement du 7 précédent. Appel de la part de Lavie. Par arrêt du 27 novemb. 1702 l'appel fut mis au néant.

1600. Si dans l'espèce les juges eussent suivi la loi, ils n'auraient pu se réformer; mais comme la bonne foi du demandeur parut dans son grand jour, et que la mauvaise foi du défendeur parut avec non moins d'évidence contre ce que prescrit l'art. 23 du titre 5 de l'ordon. par rapport aux endossemens en blanc, ils réformèrent leur jugement.

1601. On trouve dans la Gazette des tribu-

naux; tom. 11., page 257, année 1781, l'espèce
suivante :

1602. Deux personnes , mari et femme, font
un billet pur et simple, sans stipulation de solidité. Assignées aux consuls , sentence qui les condamne solidairement à payer en douze paiemens
égaux, de mois en mois, à la charge de donner
caution. Les débiteurs exécutent la sentence, et
présentent pour caution un maître écrivain.

1603. Seconde sentence des mêmes juges, qui,
en faveur de la solidité prononcée par la première, décharge les débiteurs de la caution.
Offre de la part des débiteurs de payer le premier
terme : refus par le créancier. Pareilles offres
réitérées de mois en mois, jusques et compris le
dixième paiement : toujours même refus de recevoir.

1604. Appel de la deuxième sentence par le
créancier, parce qu'elle décharge les débiteurs
de la caution. Appel de la première par les débiteurs, parce qu'elle prononce la solidité; réa-
lisation de leurs offres à la barre de la cour.

1605. Le créancier, pour soutenir son appel,
prétend que la seconde sentence doit être infir-
mée, parce que *les premiers juges n'ont pu se
réformer eux-mêmes*, et qu'ils se sont rétractés
en déchargeant les débiteurs de la caution.

1606. Les débiteurs, de leur côté, font envi-
sager cette décharge de caution comme *une*

compensation de la solidité prononcée contre eux ; solidité qu'ils ne doivent pas, et qui a été accordée par une première sentence dont ils demandent l'infirmation.

1507. Cette affaire qui souffrait beaucoup de difficultés, fut mise en délibération sur-le-champ.

1608. Arrêt du 1er. décem. 1780, qui faisant droit sur les appels, les met au néant ; émandant, *décharge les débiteurs de la solidité* pour les deux derniers paiemens, en donnant néanmoins *caution*....... Leur donne acte de leurs offres faites et réitérées.... des premiers termes échus..... que le créancier sera tenu d'accepter dans le jour, sinon autorise les débiteurs à consigner, dépens compensés.

1609. Ces jugemens sont remarquables en ce que :

1610. 1°. Les juges du commerce dans leur première sentence avaient considéré le billet comme *solidaire*, quoique la solidité n'y fût pas exprimée, (plusieurs jugemens l'ont ainsi décidé, et d'autres l'ont décidé différemment !!!) et ce, en donnant caution.

1611. 2°. Les mêmes juges , à la réflexion , ayant cru avoir erré dans leur premier jugement, croyant apercevoir dans la souscription *une caution volontaire*, et non pas un co-obligé solidaire, pour réparer leur erreur décidèrent qu'il ne serait pas donné de caution. Ce qui, en supposant qu'ils eussent erré dans leur premier jugement, présentait une double erreur.

1612. 1°. Parce qu'il paraît que, la somme étant au-dessus de 500 l. ils ne pouvaient pas se réformer ; s'était au tribunal d'appel, à qui il appartenait de réformer le jugement, *quia functus est officio, et tunc hac in controversia desinit esse judex*.

1313. 2°. Parce que, en supposant qu'ils eussent pu considérer l'un des souscripteurs comme caution l'un de l'autre, ils ne pouvaient accorder de terme.

1614. 3°. Parce que le parlement ne considéra point les obligés comme solidaires : mais seulement comme des débiteurs qui devaient payer chacun leur part, en donnant néanmoins caution, de manière que le parlement n'adopta, des deux jugemens, que le terme du paiement.

1615. Quelques personnes partisans rigoureux des formes civiles, trouveront absurdes que la juridiction consulaire de Bordeaux se soit permise de réformer son jugement, c'est-à-dire, l'erreur dans laquelle l'astuce l'avait plongée, fondées sur ce qu'il n'y avait que le tribunal compétent qui pût réformer son jugement; si leur opinion était suivie, où serait cette procédure sommaire, et peu coûteuse, cette proscription de forme inutile et ce bannissement de

subtilité ? Certes, ce ne serait pas dans les jugemens qui seraient rendus. Il faut donc convenir
que ce qui est très-utile dans les affaires civiles
ordinaires , est souvent inutile, superflu et onéreux dans les matières de commerce.

1616. Anciennement les juges étaient tenus de
leur-mal jugé , *tat. tit. c. de pœna jud. qui mal.
judic. et instit. de obligat. quæ ex quas. del. in
pr* Mais depuis , comme l'on a reconnu qu'un
juge n'était pas infaillible, et que parconséquent
il peut se tromper, ce qui est d'autant plus vraisemblable, que souvent des pièges sont tendus
à sa bonne-foi, on a décidé qu'il ne serait jamais
garant que de la sincérité de ses intentions. Ordonnance de François I , de décembre 1540. A
partir de ce principe, et par rapport à la bonne-
foi et à la faveur du commerce, toutes les fois
que les juges jugent en dernier ressort , leur erreur étant démontrée , ils peuvent réformer leur
jugement, et s'ils ne défèrent pas à l'invitation
qui leur est faite , on peut se pourvoir en cassation. Mais il n'en est pas de même par rapport
aux arbitres , parce que les arbitres ont leur pouvoir limité par un compromis, et que les juges du
commerce ont un pouvoir qui n'est pas limité de
cette manière.

1617. Art. 14. Dans les affaires qui seront
portées aux tribunaux de commerce , les parties
auront la faculté de consentir à *être jugées sans*

appel, auquel cas les juges de commerce *pro-nonceront en dernier ressort.*

1618. Loi du 27 mars 1791 ; cette loi porte :

Art. 18. Les affaires de la compétence du juge de commerce...,.. pourront être portées devant eux...... sans qu'il soit besoin de comparution préalable au bureau de paix, quand même elles seraient portées au tribunal de district (de première instance), au cas de l'art. 13, du tit. 12, du décret du 16 août 1790.

1619. Par l'art. 36 de la loi du 27 mars 1791, il est dit : « les défenseurs officieux seront tenus de justifier au président, et de faire viser par lui les pouvoirs de leurs cliens, à moins qu'ils ne soient assistés de leurs avoués ».

1620. L'art. 6 de la loi du 21 fructidor an 4, veut que les tribunaux de commerce n'aient point de vacances.

1621. Dans l'art. 22 de la loi du 23 ventose an 8, il est dit : les tribunaux d'appel statueront sur les appels des jugemens rendus par les tribunaux de commerce.

1622. Les juges de commerce, quoique nommés par les négocians, ne peuvent entrer en fonctions sans être institués par le premier Consul ; Conseil d'État, 28 prairial an 8.

1623. La juridiction du tribunal de commerce est *plus réelle que personnelle,* c'est-à-dire, que ce ne sont pas les personnes qui y sont soumises, mais les choses, ou pour parler explicitement, les choses y entraînent les personnes, et les personnes n'y entraînent point les choses; ainsi quoique la contrainte par corps soit personnelle, elle n'est pas la suite d'un fait décidément personnel, puisqu'il peut arriver qu'un débiteur soit réellement dans l'impuissance de payer, mais elle est la suite d'un engagement fondé sur un objet réel.

1624. Lorsque je dis que ce sont les choses qui sont soumises à la juridiction commerciale, je n'entend pas parler des choses en général, mais des choses en particulier, qui ont pour origine un acte de commerce, et il y a acte de commerce toute les fois qu'il y a une transaction de faite par celui qui est placé entre le producteur et le consommateur, ou bien par ses agens (11); ainsi puisque la jurisdiction des marchands est réelle, s'il y a fait commercial, quelques soient les personnes desquelles il dérive, soit qu'elles soient marchandes ou non, le tribunal de commerce est compétent; s'il n'y a pas fait commercial, quelques soient les personnes desquelles il dérive, soit qu'elles soient marchandes ou non, le tribunal de commerce est incompétent; enfin, c'est le fait commercial qui fixe la compétence.

1625. L'art. 4 de l'édit de novembre 1563, veut que les ajournemens soient libellés et qu'ils contiennent demande certaine.

1626. Comme l'ajournement ou l'exploit d'assignation est la pièce primordiale qui sert de base au procès, avant de passer plus loin, il sera nécessaire d'entrer dans quelques détails.

1627. Quoique dans les tribunaux des marchands, on ne doive pas s'arrêter aux formalités qui regardent l'instruction, comme l'observent Scaccia, Marquardus, Arétin et Haffin, néanmoins une assignation qui ne contiendrait pas les moyens de demande, serait *nulle de droit*; parce que naturellement elle le serait de fait, aussi les auteurs cités, disent-ils que ces juges doivent suivre les formalités qui peuvent servir à découvrir la vérité du fait, et qui regardent l'intérêt des parties.

1628. Lorsque l'ordonnance veut que l'exploit soit *libellé*, par ce mot *libellé*, elle entend que l'exploit d'assignation explique la demande que l'on fait en justice, que les moyens sur lesquels elle est fondée soient énoncés briévement, et que les conclusions qu'on en tire y soient exposées.

1629. Pour la validité d'un exploit, il faut qu'il soit libellé, afin que le défendeur puisse être instruit du sujet pour lequel il est assigné. *Leg.* 1, *in princ. ff. de Edendo.*

1630. L'exploit d'assignation doit être fait et donné par un sergent ou huissier, qui doit signer l'original et la copie des exploits; les huissiers ou sergens doivent déclarer par leurs exploits les juridictions où ils sont immatriculés le domicile, avec leur nom, sur-noms et vacation, domicile et la qualité de la partie; le tout à peine de nullité, et de vingt livres d'amende, art. 2 du tit. 2 de l'ord. 1667. D'après l'art. 20 du tit. 3 de la loi du 22 frimaire an 7. Les exploits des huissiers et leurs procès-verbaux doivent être enregistrés dans les quatre jours.

1631. Tous exploits d'ajournement doivent être fait *à personne ou domicile* ; et il doit être fait mention dans l'original et dans la copie, des personnes auxquelles ils auront été laissés (1486); *à peine de nullité* et de 20 liv. d'amende, art. 3 de l'ord. précitée.

1632. Les demandeurs sont tenus de faire donner dans la même feuille, ou cahier de l'exploit, copies des pièces sur lesquelles la demande est fondée, ou des extraits, si elles sont trop longues ; autrement les copies qu'ils donneront dans le cours de l'instance n'entreront en taxe, et les réponses qui seront faites seront à leurs dépens et sans répétitions, art. 6.

1633. Les absens pour faillite, voyage de long cours au hors de l'état, doivent être assignés à leur dernier domicile, sans qu'il soit besoin de procès-verbal de perquisition, ni de leur créer un curateur, art. 8.

1634. Ceux qui n'ont ou n'ont eu aucun domicile connu, doivent être assignés par un seul ori

public au principal marché du lieu de l'établissement du siège où l'assignation est donnée , sans
aucune perquisition ; et doit être l'exploit para-
phé par le juge des lieux , sans frais, art. 9.

1635. L'art. 7 portait que les étrangers devaient être assignés aux hôtels des procureurs généraux du parlement; où ressortissaient les appels des juges devant lesquels ils étaient assignés,
et il ne devait plus être donné aucunes assignations sur la frontière ; actuellement les assignations aux étrangers se donnent aux hôtels des
commissaires du gouvernement.

1636. Quant aux assignations pour faits maritimes , comme elles sont actuellement de la compétence des tribunaux de commerce ; suivant
l'art. 18 du tit. 12 de l'ord. de 1673, les assignations doivent être données pardevant le tribunal de commerce du lieu où le contrat a été
passé.

1637. Il n'y a pas d'article dans ce titre qui
règle les délais des assignations données devant
les juges de commerce , parce qu'on n'a rien
voulu changer dans l'usage pratiqué dans leurs
tribunaux.

1638. Aussi les domiciliés des villes où il y a
trib. de commerce, peuvent-ils être assignés au lendemain pour tout délai, et lorsqu'il y a péril dans
la demeure ; comme par exemple , si le débiteur
avait écrit à son créancier que s'il ne prend pas

avec lui les arrangemens qui lui propose, il par-
tira ? s'il faisait vendre tous ses effets, etc. ; dans
ce cas, et autres cas semblables, les débiteurs peuvent être assignés à comparaître le même jour :
l'huissier doit mentionner l'heure où l'exploit leur a
été donné, et l'heure à laquelle ils doivent comparaître. Mais s'il n'y a pas péril dans la demeure, si
ceux qui font leur résidence ailleurs que dans le
lieu du siège de la juridiction, les délais sont
réglés arbitrairement suivant la distance ; ordinairement on fixe ces distances à dix lieues par
jour.

1639. L'édit de 1563, art. 20 , défendait aux
huissiers de porter les assignations aux heures de la
bourse ; mais cet article n'a plus d'exécution ;
seulement les huissiers doivent porter leurs exploits de jour ; néanmoins les huissiers ne se gênent
pas, quelquefois ils remettent leurs exploits le soir
très-tard , même à dix heures ; cette négligence
tend à les compromettre, parce que si celui qui
reçoit un exploit à une heure indue, prenait des
témoins ; l'huissier pourrait encourir des peines
auxquelles il ne s'attendrait pas.

1640. L'ordonnance de 1673, tit. 12, art. 17, porte :

TEXTE.	OBSERVATIONS.
« Dans *les matières* at-tribuées aux juges et consuls :	Il semble que la loi veuille dire : dans toutes les matiè-res en général lorsqu'il y a marchandises et billets.
» Le créancier pourra donner l'assignation à son choix ou au lieu.	C'est-à-dire qu'il est le maître d'assigner à l'un des trois endroits indiqués.
» Ou au lieu du domicile du débiteur.	C'est le domicile recon-nu, par toutes les lois, pour assigner.
» Ou au lieu auquel la promesse (1) a été faite et les march. fournies.	Il faut que le billet ait été fait et la marchandise fournie dans le même lieu.
» Ou au lieu auquel le payement doit être fait ».	C'est-à-dire lorsque le billet fait dans une ville, est payable dans une autre.

1641. Sur cet article, Boulnois, question mixte, page 329, fait ces observations :

1642. « En faveur du commerce, on a accordé

---

(1) Les anciennes lois, ordonnances et arrêts appelaient les billets qui n'étaient par de change, *promesses*, no-tamment l'arrêt du 16 mars 1650 ; Dufresne, *L.* 7, *ch.* 7.

le choix au marchand, créancier, c'est-à-dire, qu'on a réuni en sa faveur les priviléges que sa négociation, considérée par partie, pouvait mériter.

1643. Il a commercé avec un domicilié : cette première vue lui donnait pour juge celui de son débiteur (1).

1644. Mais *les billets ont été faits dans un autre endroit, et les marchandises y ont été fournies*. La tradition semblait établir pour juge celui du lieu où l'engagement reçoit sa perfection et son complément (2).

1645. Les parties ont stipulé le paiement dans un autre lieu, et dès - lors elles sont présumées s'être soumises à la jurisdiction de ce lieu, puisque c'est-là où le débiteur se doit trouver pour payer, et le créancier pour recevoir (3), et c'est là de même où la contumace du débiteur doit se constater.

1646. Ces trois jurisdictions différentes, accor-

----

(1) Ceci suppose que le vendeur a envoyé la marchandise chez l'acheteur.

(2) Il faut supposer que la marchandise a été vendue en commission.

(3) Boulnois entend sans doute dire que le billet est fait dans un lieu, payable dans un autre lieu : conséquemment, il entend parler d'un billet *à domicile* (934).

dées au marchand, sont toutes trois fondées en raison.

1647. Celle du débiteur, parce que dans les principes généraux et communs, *actor sequitur forum rei.*

1648. Celle de l'engagement et de la tradition, parce que *conveniri quis potest ubi contraxit,* suivant les lois *19 §. 1. 36. §. ult. 45, ff. de judiciis* (1).

1649. C'est pourquoi Evrard *en son conseil 78* dit : (c'est toujours Boulnois qui parle) que dans le cas où le contrat est passé dans un lieu, et l'engagement doit être acquitté dans un autre, le lieu du contrat est double : il y a celui où le contrat a été formé, et celui où il doit être exécuté par le paiement ».

1650. Jousse dit : « Au reste, la conjonctive ET qui est apposée, fait voir qu'il faut l'une et l'autre condition; c'est-à-dire *que la promesse ait été faite, et la marchandise fournie dans le lieu;* alors on ne pourrait faire assigner le débiteur *au lieu où*

---

(1) La faculté qu'accorde la loi, est un privilège institué en faveur du commerce ; aussi parmi nous, sauf cette exception , l'assignation ne peut être donnée qu'au domicile qu'à le défendeur lors de l'action intentée, parce que nous suivons la loi, *exigere, ff. de judicis actor sequitur forum rei.*

T 2

la promesse a été faite, ou *au lieu où la marchandise a été fournie* : il faut nécessairement que ces deux choses concourent».

1651. La faculté que la loi accorde au créancier tire son origine des lois romaines : en cela elle a confirmé les usages reçus avant qu'elle ne sortît ; aussi Bacquet dit-il, tom. 1, page 38 :

« Plusieurs juges et consuls de Paris, d'Orléans, et d'autres villes, obtinrent des lettres vérifiées en la cour, pour avoir connaissance *des marchandises vendues et livrées en leurs villes, ou promises d'être livrées en leurs villes, ou desquelles le paiement est destiné en leurs villes.* Quoique, pour attribuer la connaissance au conservateur des foires de Lyon des dettes *contractées entre marchands*, trois cas doivent concourir, savoir :

1°. Que la marchandise soit prise en foire ;

2°. Que les parties soient marchands fréquentans les foires ;

3°. Que le paiement soit destiné en foire ; Comme il a été plaidé le 22 mars 1664 ».

1652. L'observation de Bacquet se trouve confirmée dans l'espèce suivante, rapportée par Toubeau, page 108. Cet auteur dit :

« Etienne Veron, marchand, ne trouvant pas son compte en la jurisdiction du prieur (du juge) et consul de la ville de Rouen, non plus au fond qu'au déclinatoire par lui proposé, interjetta appel d'une sentence contre lui, rendue seulement pour dépayser l'affaire : car étant au parlement, reconnaissant que son appel n'était pas soutenable, il *le convertit en opposition*; soutenant, qu'eu égard et attendu *la longue distance de sa demeure*, il ne pouvait être distrait, ni attiré *hors de son juge naturel*. Mais la cour, considérant *sa qualité et la matière* (1), ordonna que ce dont était appel, sortirait son effet; condamna l'appelant à cent sols d'amende envers le roi, et aux dépens; et au principal, renvoya les parties *pardevant les prieurs et consuls des marchands* (de Rouen); arrêt du 17 octob. 1573, rendu dans la chambre des vacations ».

1653. Dans le Recueil des édits des consuls de Paris, édition de 1705, page 220, il est dit que le nommé Vevien, marchand à Paris, en vertu *de lettres de pareatis* (2), avait pu faire assigner au consulat de Paris, le nommé Yeury, marchand à Rouen, pour marchandise à lui vendue et livrée dans Paris, qu'il avait payée en deux billets et une lettre de change tirée sur lui, protestée faute de paiement. Cette sentence ayant été cassée par le parlement de Rouen, le

---

(1) C'est-à-dire, considérant qu'il était marchand et qu'il était question de marchandise.

(2) Avant l'ordonnance de 1673, en pareille circonstance, il fallait obtenir des lettres *de pareatis*.

T 3

(294)

16 décembre 1642 il sortit un arrêt du conseil d'état, qui, sans avoir égard à l'arrêt précité, renvoya les co-litigeans pardevant les consuls de Paris.

1654. Il semblerait que cet arrêt contrarie l'assertion que j'ai donnée, qui est qu'en matière de lettre de change, on doit assigner le débiteur pardevant le juge du lieu où est établi son domicile (1654) : cependant il n'y a point de contrariété.

1655. Comme la faculté qu'accorde l'ordonnance est un privilége fondé sur la faveur du commerce ; que les priviléges sont de droit étroit, sur-tout par rapport aux attributions des tribunaux ; que conséquemment il faut se tenir très-rigoureusement à ce que prescrit la loi, je tirerai ces conséquences :

1°. S'il n'y a pas de billet de donné, le créancier ne pourra assigner son débiteur que pardevant la juridiction de celui-ci (1).

---

(1) Un marchand de Troyes avait acheté des marchandises pour lesquelles il n'y avait pas eu de billet, mais un simple mémoire. Le débiteur fut assigné pardevant les consuls de Paris ; sur l'appel il fut dit, pour le procureur du roi : « Qu'il fallait, pour que la sentence fut valable, que la marchandise fût prise à Paris et les obligations faites audit lieu, ou le paiement destiné à Paris ; de sorte que, si la marchandise est prise à Paris, et le mémoire fait à Troyes, les juges de Paris sont incompétens ». Arrêt du

2°. Que s'il y a des billets de donnés, faits dans un lieu ou dans un autre, pourvu qu'ils aient été faits dans le lieu où les marchandises ont été fournies, le créancier pourra assigner à son choix dans un des lieux assignés par la loi.

3°. Que si les billets ont été faits dans un lieu, et la marchandise fournie dans un autre, le créancier devra assigner son débiteur à son domicile (1654), sauf le cas où il y aurait un domicile élu ou conventionnel.

4°. Que si les billets sont causés valeur comptant, valeur en compte, ou de toute autre manière, autre que valeur en marchandise, le débiteur ne pourra être assigné que pardevant sa juridiction.

5°. Qu'il en sera la même chose si le débiteur a donné une lettre de change en paiement, causée valeur reçue en marchandise, parce que la loi ne parle que de *promesse*, et non *de lettre*

---

18 janvier 1577, qui, sans s'arrêter à l'appel, ordonne que la sentence aurait son plein et entier effet.

Mais, depuis l'ordonnance, il faut que les *billets* et non pas les *mémoires*, soient faits où la marchandise a été fournie.

Au surplus il faut faire attention qu'à cette époque les marchands de Paris pouvaient attirer devant leurs juridictions les autres marchands du royaume, soit pour lettres de change ou autres obligations, comme il paraît clairement par une sentence du 12 décembre 1671.

de change. Car, encore une fois, en fait de privilège, il faut s'en tenir à ce que prescrit la loi,
sans aucune extension.

1656 Aussi Savary dit-il, Parère 19 : « **La
liberté du choix n'est donnée qu'aux créanciers
marchands, pour fait *de marchandise*, et non
pour le fait de *la banque ou du change*. En sorte,
dit-il, que le porteur, par exemple, d'une lettre
de change protestée au défaut de paiement, ne
serait fondé à assigner celui qui l'aurait acceptée, ailleurs que pardevant les juges et consuls
de son domicile ; et que l'assignation lui serait
mal donnée pardevant les juges et consuls du
domicile du tireur** ».

1657. Ceci se trouve confirmé par l'espèce
suivante :

1658. Roux, marchand à Lyon, était créancier de 4000 liv. de Villet, marchand de Marseille.
Celui-ci donna ordre à Roux de se prévaloir
pour son compte (de lui Villet) sur Bayard, de
Paris. Il en donna avis. La traite ayant été faite,
Bayard n'accepta et ne paya que sous protêt,
pour seulement l'honneur de la signature de
Roux ; et ensuite, pour se remplir de son paiement, il tira sur lui avec compte de retour. La
traite fut protestée. Assignation à Roux, de la
part de Bayard, *pardevant les juges et consuls
de Paris*. Roux soutient qu'il ne pouvait être valablement assigné que pardevant la conservation,

en se fondant sur l'édit de 1669, qui lui attribue la connaissance de toute contestation concernant le commerce de Lyon.

1659. D'ailleurs, dit-il, la nature de l'action *étant purement mandat, et par conséquent personnelle, elle ne peut donc être exercée que par-devant le juge du lieu de mon domicile.*

1660. Sentence de la conservation de Lyon, du 10 juin 1757, qui ordonne que les parties se pourvoiront devant elle.

1661. Vignier, marchand épicier à Paris, ayant fait faillite, avait obtenu de la part de ses créanciers, remise d'un quart de sa dette, et terme pour le surplus. Laus, son créancier pour 688 livres, 6 sous, 3 deniers, crut pouvoir s'ouvrir une route pour se faire payer sur-le-champ en entier : son titre était *un billet fait à Paris, à l'ordre d'un marchand de Paris, et stipulé payable à Paris.* Il l'envoya à Bellot, négociant à Lyon, avec un ordre à son profit. Celui-ci, voulant profiter des privilèges de la place, fit assigner Vignier à la conservation de Lyon. Condamnation : Vignier est mis sous les verroux.

1662. Vignier soutint qu'il n'avait reçu ni assignation, ni signification de la sentence, ni commandement. Ces moyens n'ayant pas prévalu, il interjetta appel au parlement; il échoua une seconde fois.

1663. Arrêt du conseil d'état, du 23 février 1745, qui casse et annulle deux arrêts du parlement de Paris, du 20 mars et 13 juin 1742, et une sentence de la conservation de Lyon, confirmée par ces arrêts ; déclare nul, injurieux, tortionnaire et déraisonnable l'emprisonnement de Vignier, et condamne Bellot, marchand à Lyon, 1° à lui restituer 690 l., 16 s., 3 d., par lui payé audit Belot, en vertu de ladite sentence ; 2°. Tous les dépens, faits tant au parlement qu'au conseil, et ceux payés en exécution des arrêts cassés ; 3°. en 2000 livres de dommages et intérêts.

1664. Cet arrêt eut pour motif l'incompétence de la conservation de Lyon.

1665. Nous trouvons encore dans l'instruction consulaire de Bordeaux, édition de 1791, p. 582, l'espèce suivante :

« Le sieur Ressac, marchand à Bordeaux, tira une lettre de change de 2400 liv., à l'ordre de.... sur son frère, à Paris ; cette lettre fut passée à l'ordre de Vendufle, de Bayonne, et celui-ci la passa à l'ordre de la veuve Bertrand, de Nantes, et celle-ci à l'ordre de Pichau, aussi de Nantes, qui l'envoya à Cromelin, de Paris, qui l'a fit protester faute de paiement, lequel renvoya la lettre et le protèt à Pichau, qui en demanda le remboursement à ladite veuve Bertrand, qui refusa de le faire, sous prétexte d'un défaut de diligence ; elle fut assignée au *consulat de Nantes*.

1666. La veuve Bertrand demanda qu'il lui fût permis d'assigner les endosseurs *du consulat de Nantes ,* pour être condamnés à la garantie.

1667. Les juges et consuls déférèrent à sa demande ; elle assigna ledit Fajet au consulat de Nantes, lequel se pourvut au parlement de Bordeaux, et y demanda la cassation de l'assignation, à cause de la distraction de ressort : le parlement cassa l'assignation.

Cela forma un conflit au conseil ; arrêt du 20 octobre 1727 , qui, sans s'arrêter aux lettres en réglement de juges obtenues au grand sceau, renvoie les parties pardevant les juges et consuls de Bayonne, sauf l'appel au parlement de Bordeaux.

1668. Cet arrêt prouve , dit le rédacteur de l'instruction précitée , que l'on ne peut assigner les tireurs ni les endosseurs des lettres de change , que devant les juges et consuls de leur domicile , et que l'art. 17 de l'ordonnance , ne peut être appliqué aux contestations qui surviennent par les protêts , faute de paiement des lettres de change, ou pour la garantie; l'art. 17, ne pouvant avoir d'application qu'aux *billets ou promesses* faites pour de la *marchandise* prise *dans une ville ,* ou envoyée *d'une ville en un autre* endroit.

1669. Jousse dit aussi , sur cet article 17 : « En matière de lettre de change , on ne peut faire assigner , que pardevant le juge du domicile du débiteur , ou bien au lieu ou le paiement doit être fait. » Sans doute qu'il suppose que si la lettre est acceptée et non payée , ce propriétaire doit faire assigner le tireur , qui alors est débiteur , pardevant le juge de son domicile , et qu'il faut faire assigner l'accepteur à son domicile , parce que c'est à son domicile que la traite doit être payée : c'est donc là le lieu du paiement.

1670. Cependant , l'auteur du Praticien des juges et consuls, page 418, et après lui, Rogues , cite un arrêt du conseil du 3o mars 1705 , qui l'a jugé différemment ; et Rogues , prétend , tom. 1 , pag. 41 , que beaucoup d'autres arrêts postérieurs l'ont ainsi jugé , mais ces arrêts ne peuvent point l'emporter sur la loi ; pour pouvoir avoir le choix, il faut *promesse , billet et marchandise* , et non pas *lettre de change et marchandise.*

1671. Lorsque la loi ne parle pour marchandise que de *promesse ou billet* et non *de lettre de change* , elle est fondée en raison : un billet est une *promesse de payer soi-même* , une lettre de change est un mandat pour *faire payer par un autre.* La promesse *n'est pas marchandise* , et ne peut entrer *en échange* pour marchandise , la lettre de change est marchandise , et peut entrer en échange *pour de la marchandise* ; et comme on ne doit pas prononcer pour une lettre de change de la même manière que pour un billet , il faut donc se référer au droit commun.

1672. Lorsqu'un créancier a le choix, si la promesse a été faite dans le lieu où la marchandise a été fournie, et que ce lieu, je le suppose, soit Paris , son débiteur étant à Orléans, le créancier étant à Orléans, en envoyant sa procuration, il pourra faire assigner son débiteur à Orléans, pour comparaître devant le tribunal de commerce de Paris , qui comparaîtra ou fera comparaître quelqu'un à sa place ; dans tous les cas , ce sera un huissier d'Orléans qui devra faire l'assignation, parce que les huissiers ne peuvent exploiter que dans leur département. *Loi du 20 mars 1790 , art. 12 et 13.*

1673. Lorsque l'assignation se donne au loin , ou suit les délais portés au titre 3 de l'ord. de 1667 , ou bien un jour par *cinq lieues* de distance , lorsque l'échéance d'une assignation de cette espèce, tombe un jour d'audience, la cause n'est appelée qu'à l'audience suivante , parce que suivant l'ordonnance de 1667, tit, 3 , art. 6, le jour de l'échéance fait partie du délai qui n'est échu que le lendemain.

1674. A Paris, l'usage est de ne pas prononcer sur une simple assignation, on y fait signifier le défaut de non comparution par une réassignation.

1675. Un marchand a vendu des marchandises à son domicile, avec convention qu'elles seraient payées à son domicile ; ce marchand ayant été s'établir dans une autre ville, peut-il faire assigner son débiteur devant le juge de son nouveau domicile ?

1676. Arrêt du parlement d'Aix, du 9 novembre 1728, qui a jugé l'affirmative. Bonnet, recueil d'arrêts de la compétence des juges-consuls, arrêt 9, page 26 — 28.

1677. Dans l'espèce il était prouvé que le débiteur avait écrit plusieurs fois à son créancier, à son nouveau domicile, pour lui demander du répit, cette circonstance influa sur la décision. D'ailleurs, dit Prost de Royer, la faculté accordée au marchand créancier, de faire assigner son débiteur au lieu où le paiement doit être fait, *est une faveur personnelle aux créanciers.*

1678. Non-seulement le domicile conventionnel pour le paiement est une faveur personnelle aux créanciers, mais encore les deux autres lieux que la loi indique pour assigner ; mais comme cette faveur est *un privilége,* que les priviléges *sont de droit etroit,* puisqu'il y avait un lieu de convenu, c'était donc dans ce lieu que le paiement devait être fait. Lorsqu'un débiteur convient de payer dans un certain lieu, il est présumable qu'il a fait cette convention, que parce qu'il avait dans ce lieu des moyens faciles de libération ; exiger qu'il satisfasse ailleurs son créancier , c'est vouloir favoriser celui-ci au détriment de l'autre , ce qui n'est pas juste, lorsque la loi donne le choix au créancier , elle lui donne pour le cas seulement où il n'y aurait pas eu de convention expresse ; dans le doute , la loi lui permet de choisir le lieu qu'il voudra pour assigner et non autrement. Je dis donc , s'il n'y a pas quelqu'autres circonstances déterminantes, que l'arrêt précité est erronné , d'autant plus, que les considérations voulues par la loi , ne se trouvaient pas dans l'espèce , c'est-à-dire , que la marchandise avait été prise dans un lieu , et que par l'effet du nouveau domicile , elle se trouvait payable dans un autre lieu, lorsque la loi veut que l'obligation soit faite dans le lieu où la marchandise a été fournie.

1679. Lorsque l'obligation est faite dans un lieu, et que la marchandise est fournie dans le même lieu , et que dans ce lieu il n'y a pas de tribunal de commerce , mais un tribunal ordinaire , qui juge en matière de commerce , de la même manière que ce premier tribunal, comme le veut la loi , le créancier peut-il assigner son débiteur par devant le tribunal civil ?

1680. Arrêt du 26 juin 1675 , rapporté par Huard , dictionnaire du droit normand , tom. 3, page 20, qui a jugé la négative.

1681. Lorsque les tribunaux ordinaires, à défaut de tribunal de commerce, jugent une affaire de commerce, ils se dépouillent pour de pareils faits de leur attribution purement civiles, de sorte que ce ne sont plus, pour ces faits-là seulement, que des tribunaux du commerce, et non des tribunaux ordinaires, ils remplacent donc les premiers, du moment que la loi n'a point fait de distinction, il ne faut pas distinguer en effet ce que veut la déclaration du 7 avril 1759 (1) ; elle veut que dans les lieux où il n'y a pas de jurisdiction consulaire, les juges du lieu aient la connaissance des affaires de commerce ; ces juges, dit la loi, *doivent juger sommairement*, c'est-à-dire, de **la** même manière que les jurisdictions consulaires.

1682. Si ces juges remplacent les tribunaux du commerce, s'ils sont pendant tout le tems de ce remplacement *juges du commerce*, pour-

---

(1) La déclaration du 21 octobre 1710 et l'arrêt du conseil du 14 mars 1722, autorisaient le créancier à assigner son débiteur devant le consulat le plus proche, aussi disait-on à cette époque, que *les juridictions consulaires n'avaient pas de territoire* : on disait une vérité; mais depuis la déclaration du 7 avril 1759, *elles ont un territoire*, ce qui présente beaucoup d'inconvéniens, puisque les villes qui n'ont pas de tribunal de commerce, sont obligées de se pourvoir devant les juges ordinaires qui n'étant pas familiers avec le droit commercial, font souvent de grandes fautes.

quoi

quoi donc décider par rapport au choix du lieu où l'assignation peut être donnée, que le créancier ne peut jouir de la faculté que lui accorde la loi en concluant qu'il faut que le créancier assigne son débiteur par-devant le juge du lieu de son domicile. Comme cette décision me paraît contraire à la loi, je conclus en disant : que l'arrêt précité, n'est pas propre à faire autorité, et qu'il faut se tenir à ce que prescrit l'ordonnance.

1683. Dans tous les cas, du moment qu'il y a un domicile de convenu, et que la convention est écrite, c'est à ce domicile que le créancier doit assigner ce débiteur, parce que, en acceptant une pareille stipulation, le créancier renonce à son privilège : car, si on ne peut renoncer au bénéfice de la loi, on peut renoncer au privilège qu'elle accorde.

1684. Au surplus, lorsque les lois renferment des dispositions contraires au droit commun, elles ne doivent point recevoir d'extension ; parce *qu'un droit singulier est fondé sur une raison particulière,* qui ne peut préjudicier au droit commun, qui a été institué pour l'avantage général.

1685. Rogues, dit tom. 1, page 41 : « Il est d'usage dans le commerce, que lorsqu'on a fait son billet payable à un autre ville que celle de sa demeure , qu'on y fait une réquisition de paiement à l'endroit indiqué, qu'on peut **y** faire assigner , et qu'on y signifie **même** la sentence ; si on agissait différemment , le débiteur pourrait prétendre qu'il ne devrait pas le voyage **de** l'huissier, et qu'il **avait** indiqué ce domicile , pour éviter les frais ».

1686. Je ne sais si j'ai bien entendu cet auteur, il me paraît qu'il suppose que deux personnes se trouvant hors de chez elles, que l'une faisant un billet à ordre à l'autre, tiré du lieu où elles sont , que c'est dans ce lieu où il veut que l'assignation soit donnée et la sentence signifiée : si cela est ainsi , il suppose donc *un domicile élu* ; dans ce cas , il paraît naturel de supposer qu'il entend que le billet portera ces mots : *je paierai en la maison du citoyen un tel , chez qui je fais élection de domicile*, etc. Si mon interprétation est bien faite , j'admets sa décision.

1687. Il me paraît aussi par rapport *au voyage de l'huissier*, que cet auteur suppose, que le débiteur ayant *son domicile légal*, plus éloigné, *que son domicile élu* , si on le faisait assigner à ce premier domicile, comme les frais de voyages seraient plus couteux ; que le créancier, doit pour éviter des plus grands frais , faire assigner son débiteur *à son domicile conventionnel* : mais comme il parle de frais de voyage, il paraît sousentendre que le domicile élu est situé dans l'arrondissement de la jurisdiction du créancier, car s'il était situé dans un autre arrondissement, il ne pourrait y envoyer un huissier, soit parce qu'il provoquerait de trop grands frais, soit parce que les huissiers ne peuvent exploiter que dans les lieux où ils sont immatriculés. Déclaration du 3 novembre 1761.

1688. On assigne les maîtres de bateau, en parlant à l'un de leurs compagnons, dans leur bateau, lorsqu'ils sont éloignés de leur domicile légal; argument tiré de l'ord. de 1681, tit. 11, art. 1, des ajournemens et délais.

1689. On assigne les maîtres de forges, manufactures, fabriques : là, dans le lieu où sont situés leurs ateliers, soit en parlant à eux-mêmes, soit en parlant à l'un de leurs commis.

1690. Ceux qui sont assignés devant les tribunaux de commerce, sont tenus de comparaître en personne à la première audience, pour être entendu par leur bouche; ord. d'avril 1667. tit. 16, art. 1.

1691. Mais en cas de maladie, absence, ou autre légitime empêchement, les parties peuvent envoyer un mémoire contenant les moyens de leurs demandes ou défaites, signé de leur main, ou par leurs parens, voisins ou amis de ce chargé de procuration spéciale, dont ils doivent faire à paroir, tit. 16. art. 2.

V 2

1692. Les juges , dit avec raison *Nicodème* , page 8 , ne doivent jamais permettre que le demandeur rectifie ou amplifie des conclusions , à son avantage , en l'absence du défendeur ; par exemple , si *Guillaume* a assigné *Laurent* , et qu'au jour désigné *Laurent* ne comparaisse pas , et laisse lever défaut contre lui, on ne doit pas permettre que *Guillaume* fasse des changemens à la demande, parce qu'il faut qu'une *demande soit signifiée* avant de pouvoir être régulièrement jugée : mais un créancier peut en l'absence de son débiteur diminuer sa demande.

1693. La cause doit être vuidée sur-le-champ sans ministère d'avocat ni de procureur ; ord. de 166⁷ , tit. 16 , art. 2, à moins que les parties ne veuillent se servir des avoués adoptés par les juges pour plaider et défendre les droits des parties ; il y a à Paris , des avoués de cette espèce, reçus par le tribunal ; à Bordeaux , ce sont les huissiers qui défendent ; il suffit qu'ils soient porteur de l'assignation pour qu'ils aient le droit de plaider.

1694. Dans une affaire pour laquelle on est garant , lorsque l'on reçoit une assignation , il ne faut pas manquer de la dénoncer au garanti, parce qu'il n'est responsable que des frais fait depuis la dénonciation.

1695. Il est libre à chacun de demander aux juges que sa partie comparaisse en personne, supposé qu'elle ne soit ni absente ni malade. Dans le cas de maladie , si le président croit qu'il soit nécessaire de l'entendre , il nomme un des juges qui se transporte chez le malade , avec un greffier ; et sur l'interrogatoire rapporté par écrit , à l'audience , il prononce la sentence. *Édit 1563 , tit. 5 ; ord. 1667 , tit. 16 , art. 2.*

1696. On ne donne qu'une assignation à un des associés d'une société générale , tant pour lui , que pour les autres associés ; arrêt du 15 juillet 1709 (742) ; mais une assignation donnée à un tel , tant pour lui que pour ses consorts , serait nulle contre ces derniers , si les consorts ne sont pas dénommés , Denizard : parce que les consorts sont ceux qui sont engagés dans une même affaire , qui y ont le même intérêt , sans cependant être associés. L'arrêt du conseil du 14 décembre 1718 , autorise les juges et consuls à donner des réassignations quand bon leur semble ; mais cet arrêt n'a été rendu que pour Paris , seulement ; en effet, il n'y est dit, sans tirer à conséquence à l'égard des autres jurisdictions , dans lesquelles sa majesté veut que l'art. 2 du tit. des Congés , de l'ord. de 1667 , soit ponctuellement exécuté. *Réqert. jurisp. verbo consul.* Néanmoins , il y a des tribunaux de commerce ou la réassignation a lieu.

1697. Si l'assignation est donnée d'aujourd'hui à tant de jours , le jour de l'assignation est compris dans le terme. Bornier, com. 1667, d'après Guy Pape et Ranchin, quest. 270.

1698. « Dans les autres délais des assignations et procédures, ne sont compris les jours de significations des exploits et autres actes , ni les jours auxquels échaient les assignations ». Art. 6, tit. 3, ord. de 1667.

1699. Lorsqu'on reconnait les nullités dans un exploit , on peut le refuser par un autre exploit , en payant les frais du précédent.

1700. Les nullités se couvrent par les défenses au fond , de la partie assignée , c'est-à-dire , comme s'en est expliqué le président dans le procès-verbal de l'ord. de 1667 , sur l'art 1 du tit. 2 , procès-verbal, page 5 : que dans l'usage de toutes les jurisdictions , les nullités d'un exploit se doivent coter dès l'entrée de la cause comme au préalable ; sinon demeurer couvertes par les défenses et les réglemens de la contestation. Le chancelier opina dans ce sens.

1701. Lorsque l'on a intérêt de faire renvoyer la cause après l'assignation, il faut comparaître, ou faire comparaître quelqu'un pour soi, pour former sa demande en renvoi.

1702. Si la partie assignée ne comparaît pas, on donne défaut ou congé, dès l'audience à laquelle l'assignation échet ; et on peut tout de suite lever la sentence.

(311)

1703. Les défauts (1) et congés (2) peuvent être rabattus (3) à l'audience suivante, pourvu que le défaillant ait sommé par acte celui qui a obtenu défaut ou congé, en offrant de plaider sur-le-champ. Art. 6, tit. 16; art 5, tit. 14, et art. 5, tit. 16, ord. de 1667.

1704. Le défendeur, condamné par défaut, se relève par une requête qui lui permet de faire assigner le demandeur pour rapporter la sentence à la première audience; et jusque-là toute contrainte sera sursise; mais il doit payer les dépens du défaut.

1705. Le juge à qui la requête est présentée par le défaillant, avec les pièces justificatives qui doivent l'accompagner, met au bas : *soit donné assignation au premier jour pardevant nous, aux fins de la présente requête ; cependant sursis à l'exécution de la présente sentence pendant tant de jours.*

---

(1) Le défaut est un acte qui se donne en justice au demandeur, de la contumace du défendeur défaillant, qui est tel lorsqu'il se laisse condamné sans paraître.

(2) On appelle congé, l'acte qui se donne au défendeur de la contumace du demandeur.

(3) Un défaut est rabattu, lorsqu'on remet la cause au même état que si le demandeur qui a obtenu un jugement par défaut à l'audience, faute de plaider, n'avait rien obtenu.

1706 Lorsque l'on saisit et l'on arrête entre les mains des débiteurs du débiteur, on fait assigner ces premiers, pour affirmer ce qu'ils doivent, et vider leurs mains; et on fait aussi assigner le débiteur pour y consentir, et le voir ainsi ordonner.

1707. Un créancier qui n'a qu'une simple promesse non reconnue, ou un autre écrit sous seing privé, peut obtenir, sur une simple requête, à ses risques, périls et fortune, une ordonnance du juge, portant permission de faire saisir et arrêter.

1708. Quand la saisie et arrêt n'a pour fondement qu'une promesse, ou un autre écrit sous seing privé, il est nécessaire que l'exploit de dénonciation, fait au débiteur partie saisie, contienne assignation de reconnaissance de son écriture et de sa signature.

1709. Si celui entre les mains de qui la saisie est faite, affirme devoir une somme, et que le débiteur reconnaisse devoir le contenu en la promesse, il n'y a point de contestation. Le juge ordonne que les deniers saisis et arrêtés à la requête du demandeur, lui seront délivrés sur et tant moins, ou jusqu'à la concurrence de son dû. Mais si le prétendu débiteur affirme ne rien devoir, et que le saisissant soutienne le contraire, cela fait naître une contestation qu'il faut instruire. Il peut arriver aussi qu'il y ait d'autres saisies de la part d'autres créanciers, ou qu'il en survienne. Dans ce cas, il faut que tous les saisissans soient appelés, pour savoir qui aura la préférence, ou sinon on sera dans le cas d'une contribution.

1710. Quand on a un titre exécutoire, comme sont les jugemens, sentences, obligations, ou contrats en forme, on n'a pas besoin d'ordonnance du juge dans les lieux où les titres sont exécutoires : on fait la saisie en vertu du titre même, signé et scellé.

1711. L'huissier fait la saisie en vertu de la sentence signée et scellée, ou d'un jugement, ou d'un contrat, et à la requête du saisissant, avec élection de domicile, et pour sûreté de la somme qui est la cause de la saisie, sans préjudice d'autres dûs et actions, intérêts, frais et dépens. Il fait mention qu'il a arrêté, de par la loi, entre les mains de ce débiteur, en parlant à..... en son domicile, tous et chacun des deniers et autres choses qu'il doit et devra à la partie saisie, avec défense d'en vider ses mains jusqu'à ce qu'autrement par justice en ait été ordonné, à peine de payer deux fois; et pour affirmer sur cette saisie, il lui donne assignation à comparoir dans le délai pardevant le juge, et en outre à répondre et procéder, ainsi que de raison, et à fin des dépens.

1712. L'huissier donne assignation au débiteur

partie saisie, à comparoir devant le même juge, et lui dénonce la saisie, ainsi que la cause pour laquelle il a fait saisir, avec le titre qui en est le fondement.

1713. Les conclusions de cet exploit, sont à ce que la saisie soit déclarée bonne et valable; et en conséquence ordonné, que les deniers saisis et arrêtés seront délivrés au demandeur sur et tant de moins, ou jusqu'à concurrence de son dû; et en outre procéder comme de raison, et à fin de dépens; Traité du commerce de terre et de mer, page 478.

1714. Anciennement on appelait *simple saisie* ou *empêchement* et arrêt, la saisie-arrêt qui ne contenait point d'assignation. Un marchand devait-il de l'argent, un autre lui devait-il, le créancier arrêtait la valeur de son dû entre les mains du débiteur de son débiteur par un simple exploit. Cet arrêt s'appelle aujourd'hui *opposition.*

1715. L'opposition lie les mains au débiteur du débiteur, et n'est sujette à péremption; au lieu que lorsqu'il y a assignation, elle peut périr comme les autres demandes. De sorte que, si celui entre les mains de qui elle est faite, payait son créancier au préjudice de l'empêchement, il serait en danger de payer deux fois. Il doit donc, pour ne pas courir le risque, dénoncer l'empêchement à son créancier, à ce qu'il ait à le faire cesser, s'il le poursuit pour être payé; et c'est à ce créancier à faire des diligences contre le sien pour obtenir main-levée, ou à faire ordonner que, nonobstant l'opposition, son débiteur sera contraint de lui payer ce qu'il lui doit. Si celui qui est débiteur déclare ne rien devoir, on peut l'assigner en déclaration de somme.

1716. Quelle difference y a-t-il entre les effets d'une opposition faite par un créancier dans les mains d'un tiers, et une saisie-arrêt?

1717. *La saisie-arrêt* présuppose par sa nature un titre exécutoire, une ordonnance du juge, qui autorise la saisie et l'arrestation qu'on fait d'une somme pour servir de gage et de sûreté à sa créance. *L'opposition* n'est, dans son essence, qu'une notification à un tiers, débiteur, de nos droits sur les sommes dont il est nanti; Chabroud.

1718. Par jugement du tribunal de cassation, du 1er. frimaire an 10, il a été dit : que comme une *opposition* n'était qu'un simple *acte conservatoire*, et non une *saisie-arrêt*, qu'il n'y avait pas lieu, par rapport à *l'opposition*, à la péremption portée par les ord. de Roussillon et de 1629.

1719. Il résulte de ce jugement, 1°. que l'acte *d'opposition dure 30 ans*, à la différence des saisies-arrêts faites avec l'ordonnance du juge, qui sont sujettes à péremption. 2°. Que l'ordonnance de 1629, du moins quant à l'article 91, est en vigueur.

1720. L'opposant n'est tenu d'expliquer, par

son opposition, les titres de sa créance ; règlement du parlement du 31 août 1690.

1721. On peut donner main-levée d'une opposition par acte devant notaire, par signification d'huissier d'un sous seing-privé, dûment enregistré.

1722. Si cette main-levée est refusée, on peut la demander par assignation, et le jugement qui intervient, tient lieu.

1723. Par l'article 1 du titre 12 de l'ordon. de 1673, l'édit de novem. 1563 est rendu commun à toute la France, ainsi que les autres édits et déclarations pour établir la compétence des tribunaux de commerce. L'art. 3 de l'édit porte : « Les juges et consuls connaîtront de tous procès et différends qui sont mus *entre marchands* pour fait de marchandise seulement, leurs veuves, marchandes publiques, leurs facteurs, serviteurs et commettans, tous marchands, soit que lesdits différends procèdent d'obligations, cédules, récépissés, lettres de change ou crédit, réponses, assurances, transports de dettes, et novations d'icelles, comptes, calculs, ou erreurs en iceux, compagnies, sociétés, ou associations ».

1724. Lorsque l'ordonnance veut que les juges et consuls connaissent des différends *mus entre marchands*, par ces derniers mots il ne faut pas croire que la loi parle seulement *des marchands de profession*, mais encore de toute personne qui *a acheté pour revendre;* parce que *le mar-chand*, généralement parlant, est celui qui *achète et revend de la marchandise.* C'est d'après ces considérations, que le rédacteur de l'Instruction consulaire de Bordeaux, édition de 1791, page 184, dit : «Pourront être assignées pardevant les juges et consuls toutes sortes de personnes qui auront acheté barriques ou *autres marchandises* qu'elles auront revendues, sans qu'elles puissent obtenir leur renvoi. Si le créancier peut justifier ou vérifier la vente d'icelles, comme il a été jugé en la cour de la Bourse les 29 juillet et 5 août 1689, confirmé par arrêt du parlement de Bordeaux du 4 septembre 1693, en la cause de Pierre Lalanne......., procureur du roi des trésoriers, contre Jean Pradillon, avocat, pris *comme marchand*, qui avait vendu trois douzaines de barriques audit Lalanne, lesquelles ledit Lalanne revendit audit Pradillon, qui lui fit son billet.

1725. Nicodême, page 156, cote un arrêt du conseil, du 7 février 1709, qui a jugé qu'un gendarme, gentilhomme de naissance, à qui on prouva qu'il se mêlait de trafiquer des pierreries, serait condamné par corps à payer le contenu en ses billets payables au porteur.

1726. Enfin le règlement du conseil, du 23 décembre 1578, rendu en faveur de Lyon, veut que tous ceux qui *achètent pour revendre*, soient justiciables de la conservation.

1727. On m'opposera peut-être que cet arrêt ne peut présenter une règle générale, parce que le commerce de Lyon jouissait de certains privilèges dont celui-ci faisait partie. Je répondrai à cette réplique, que le privilège n'est tel, que quand il intervertit l'ordre des choses naturelles. Or comme il est naturel de signaler comme *marchand* celui qui *vend de la marchandise*, l'expression du législateur ne présentait donc pas un privilège, mais un hommage rendu aux principes. Je le pense ainsi, avec d'autant plus de raison, que la déclaration du 20 juillet 1566, veut que toutes personnes, de quelqu'état et condition qu'elles puissent être, soient traduites devant les juges des marchands, pour les *marchandises qu'elles auront achetées pour revendre*.

1728. D'après l'art 2, les juges du commerce connaissent de tous les billets de change (1047) faits entre négocians et marchands, mais non entre toute autre personne. Cette dernière décision est celle de l'article 3 suivant, fondée sans doute sur ce que des personnes qui ne font pas le commerce, ne peuvent jamais fournir, ni s'engager à fournir des lettres de change. Car si ces personnes ont des débiteurs éloignés, elles ont les voies ordinaires pour se faire payer : mais comme la plupart de ces personnes ne peuvent que fournir des traites sur des êtres imaginaires, et conséquemment faire des engagemens frauduleux, le législateur crut devoir les proscrire; et cette proscription a paru si naturelle aux rédacteurs des Constitutions de Sardaigne, publiées en 1770, que par l'art. 37, tit. 16, ch. 3, il est dit :

« Défendons à ceux qui ne sont pas négocians, d'acheter des lettres de change, ou de s'obliger d'en fournir, ni par eux-mêmes, ni par l'entremise d'autres personnes, ni encore moins sous un nom emprunté, à peine de nullité de l'acte et obligation, et de 300 liv. d'amende ».

1729. Néanmoins , la loi du 15 germ. an 6, tit. 2, art. 1, permet tacitement à toutes personnes de faire des billets de change; mais cet article 2 permet aux juges du commerce de connaître des lettres de change faites entre toutes personnes, avec remises d'argent faites de place en place.

1730. D'après la déclaration du 22 juillet 1566, art. 2, les juges du commerce connaissent de tous différends de marchand à marchand pour *argent donné par prêt l'un à l'autre* , par cédule, (c'est-à-dire, par billet) missive, ou lettre de change ou à recouvrer ou à recevoir l'un pour l'autre dedans et dehors du royaume.

1731. Il semblerait, d'après cette loi, que si le prêt n'est pas fait par un marchand, mais par toute autre personne, à un marchand, les juges du commerce ne pourront en connaître. Néanmoins il en est différemment. Voici la règle :

1°. Lorsqu'un marchand prête de l'argent à un marchand, les juges du commerce connaissent du prêt.

2°. Lorsqu'un particulier, non marchand, prête à un marchand, les juges du commerce peuvent connaître du prêt (681, note 1re.)

3°. Lorsqu'un marchand prête à un particulier, non marchand, les juges du commerce ne peuvent connaître du prêt (32).

1732. L'article 3 porte : « Leur défendons néanmoins de connaître des billets de change entre particuliers, autres que négocians et marchands, ou dont ils ne devront point la valeur ; voulons que les parties se pourvoient pardevant les juges ordinaires, ainsi que pour simples promesses ».

1733. Comme il a été dit, les juges du commerce peuvent aujourd'hui connaitre des billets de change tirés par toutes sortes de personnes, mais non des papiers de crédit appelés autrefois promesses, parce qu'il n'était guères d'usage de les faire à ordre, et qu'on a appelés depuis, en raison de leur nouvelle formule, billets à ordre. Au surplus, que la promesse soit à ordre, ou qu'elle ne le soit pas, si elle est souscrite par des personnes non négocians, et qu'elle ne soit pas conçue valeur en marchandise, les juges de commerce n'en peuvent connaître ; mais si elle est souscrite par des marchands ou négocians, il en sera différemment.

1734. Dans l'article 4 il est dit (17).

1735. Si donc un tailleur, pour la première fois qu'il travaille pour son compte, fait un habit dont il doit à un marchand drapier l'étoffe, quoique ce soit là son premier acte de commerce, il n'en sera pas moins justiciable des juges des marchands : conséquemment , si un ouvrier qui ne peut faire son état sans faire un emprunt., est justiciable, pour cet emprunt, du tribunal de commerce, à plus forte raison celui qui peut vivre d'une autre manière, doit-il être justiciable de ce tribunal, lorsqu'il fait son premier acte de commerce.

1736. Lorsque les lois n'ont pas assujetti aux tribunaux de commerce les personnes qui avaient acheté pour consommer, c'est pour éviter qu'elles ne fussent pas jugées rigoureusement pour des faits commandés par des motifs impérieux. En cela , elles ont fait céder l'intérêt du commerce en faveur du particulier. Mais lorsqu'elles ont voulu que les personnes qui avaient acheté pour revendre, fussent traduites devant ces tribunaux, elles ont fait céder l'intérêt du particulier en faveur du commerce.

2   X

1737. Ainsi, si dans le premier cas, l'intérêt du commerce se trouve pour ainsi dire sacrifié en faveur du besoin, l'intérêt du particulier se trouve sacrifié, dans le second cas, en faveur du commerce; parce que celui qui achète pour revendre, n'est point censé faire l'achat pour son besoin, mais pour bénéficier, ou bien pour, à l'aide d'un apparent besoin, profiter d'un acte qui souvent est celui de la bienfaisance, afin de se procurer de l'argent. En cela il trompe la confiance de son créancier, et mérite au moins cette légère punition.

1738. C'est de deux choses l'une : ou un particulier achète pour ses besoins ou pour revendre. S'il achète pour ses besoins, et qu'il ne paie pas, il est censé qu'il ne peut pas payer; mais s'il achète pour revendre, il ne faut pas se dissimuler qu'il commet une espèce de vol, en ne restituant pas à son créancier la valeur de la chose qu'il lui a vendue.

1739. L'article 5 s'applique aux préposés au commerce. Cet article par le principalement des commissionnaires.

1740. Le commissionnaire qui a vendu comptant des marchandises appartenantes à son commettant, avec condition qu'il enverra les fonds de suite, si, avant cette remise, il vient à faillir, le commettant sera-t-il tenu de concourir au marc le franc (1) avec les autres créanciers?

1741. J'opinerai affirmativement, parce qu'il est de principe, que si le dépôt n'est pas trouvé en nature, il perd son privilège. On peut donc considérer l'argent qui a été reçu par le commissionnaire, comme n'étant pas en nature, parce que cet argent est confondu, ou censé tel, avec celui qu'il peut avoir : dans cette circonstance, le commettant est donc assujetti à la contribution. Il en serait différemment, si au lieu d'argent, le commissionnaire avait reçu des billets à l'ordre du propriétaire: ou bien, si l'argent avait été remis dans des sacs cachetés.

1742. Bornier, tom. 2 , p. 680 dit : « Par le droit, l'argent se trouvant confondu avec les autres espèces, les créanciers hypothécaires sont préférés. La loi *Si hominem* 1 §. *quotiem d. depos. L. si ventri.*§. *si tamen nummi ff. de privil. credit.*, ne parle que des actions personnelles, à l'égard desquelles le privilège du dépôt l'emporte par-dessus les autres. Et la *L. si ventri*, et autres, n'ont lieu que lorsque l'argent a été déposé dans un sac cacheté, sans avoir été compté, et que le dépositaire est tenu de le rendre en espèces ; *L. 2, ff. de reb. credit. ibi.*, *etc.* et non pas lorsque l'argent a été compté, parce que dès-lors le dépositaire peut s'en servir,

---

(1) Je me sers ici des expressions des rédacteurs du projet de code de commerce ; avant le système métrique , on disait au marc la livre , ou au sol la livre.

n'étant pas obligé de le rendre en espèces, mais d'autres de même genre. Il y a deux textes formels qui décident cette question : la *L. dies sponsalitiorum , §. qui pecuniam ff. depos.* et la *L. in navem socii ff. locati.*

1743. Les lois romaines voulaient que le dépositaire qui avait violé le dépôt fait par nécessité, fût condamné à rendre le double ; *L. de eo 18 ff. depositi.* La loi du 3 fructidor an 3, art. 3, a étendu cette rigueur aux *dépôts volontaires.*

1744. Quoique régulièrement parlant, d'après l'ordonnance de 1667, tit. 20, la preuve par témoins ne soit pas admise, néanmoins, d'après la même loi, qui suivant ce qu'elle énonce, n'entendant pas déroger aux usages du commerce (271), la preuve par témoins est reçue.

1745. Jousse dit , sur cet article, que les fermiers des messageries ne sont pas justiciables des tribunaux de commerce , au sujet des marchandises voiturées par eux pour les négocians ; voyez ce que j'ai dit à cet égard (168).

1746. D'après l'art. 7 du tit. 2 de la loi du 4 germinal an 5, il est défendu aux courriers de la malle de se charger d'aucune marchandise à peine de confiscation, de 300 liv. d'amende , et d'être exclus de leur emploi :

1747. D'après l'art. 8 , les conducteurs des messageries et voitures publiques, doivent avoir une feuille de voyage, sur laquelle tout ce dont ils sont chargés doit être inscrit, dans le cas contraire, ils sont responsables de leur contravention, leurs marchandises confisquées ainsi que leurs voitures et chevaux, et les fermiers et régisseurs, intéressés solidaires avec les conducteurs, pour l'amende de 300 francs.

1748. Ainsi, si le conducteur a omis ou voulu omettre par quelque raison personnelle de mentionner sur sa feuille ces fausses marchandises, et qu'il soit sans moyens, le propriétaire sera passif d'une perte qu'il n'aura pas motivée.

1749. L'art. 6 de l'ordonnance parle sur les exceptions faites en faveur des négocians.

« Les juges et consuls connaissent d'après l'art. 7 de l'ordonnance même titre, des différens, à cause des assurances, grosses aventures, promesses, obligations et contrats, concernant le commerce de la mer, le fret et le naulage des vaisseaux ». Cet article fut révoqué par l'art. 2 du tit. 2 du liv. 1 de l'ord. de 1681. Mais il a été rétabli par la loi du 24 août 1790. L'art. 2 porte : « Les tribunaux de commerce, connaîtront de toutes les affaires de commerce, tant de terre que de mer, sans distinction ».

1750. L'art. 10 est remarquable en ce qu'il donne le choix aux propriétaires, laboureurs, vignerons et autres personnes de faire assigner les marchands ou artisans, faisant profession de revendre ; ou *par-devant les tribunaux de commerce*, ou *par-devant les juges ordinaires*, par rapport aux ventes de bleds, vins, bestiaux, et autres denrées procédant de leur crû; mais si les marchands ont vendu à l'une des personnes dénommées l'un des objets spécifiés, et qu'il soit prouvé que la revente n'en a pas été faite, elle ne pourra être assignée par les vendeurs, que par-devant les juges ordinaires (17) ; arrêt du 24 janvier 1753.

1751 Cependant il est des cas, qui, dans ma manière de voir, peuvent forcer les propriétaires, etc., d'exercer leurs actions devant les juges de commerce exclusivement, ces cas sont :

1°. Si le propriétaire a reçu une lettre de change en paiement (15).

2°. S'il a fait un billet, parce que ce billet comportant ou étant censé comporter un intérêt, il présente un prêt à intérêt, qui denature le privilège : je dis privilège, car cette faveur en est réellement un, puisqu'il est contraire à cette règle de droit, qui veut que *le demandeur suive la jurisdiction du défendeur. Actor sequitur forum rei.* Conséquemment, pour que ce privilege puisse être réclamé, il faut que le demandeur se soit renfermé étroitement dans les limites qu'il comporte (1375) ; car, si ce propriétaire vend une denrée de son crû à un négociant, c'est parce qu'il espère être payé promptement, au moins c'est ce que l'on doit présumer , sous ce rapport là la dette est donc privilégiée ; cette dette est-elle reconnue pour être payée à une certaine époque par billet, il est bien évident que par cette espèce de novation, le privilége doit disparaître.

3°. S'il a été fait un compte courant qui présente des compensations partielles, ou totales , comme le négociant n'est débiteur que de la solde , et que cette solde n'est que le résultat de dettes actives et passives , la confusion qui s'est opérée ne peut donner pour résultat qu'une dette purement commerciale. ·

1752. Toubeau , édit. 1682 , page 199 , dit : « Sur cet article, on pourrait faire la construction de ...., ensorte que lorsque ces denrées sont vendues à des marchands et artisans, faisant *profession de revendre , les causes devraient être portées par-devant les juges et consuls ;* et quand c'est à d'autres , par-devant *les autres juges :* mais jusqu'à ce qu'il y ait une interprétation là-dessus , je ne conseillerais point aux juges et consuls de revendiquer de semblables causes ».

1753. Bornier , sur le même article dit : « Les juges et consuls ont cherché à expliquer ces termes, *pourront faire assigner*, de manière que l'option dépendit de la qualité et profession des acheteurs....... mais l'usage n'a pas adopté cette explication. Ceux dont il est parlé dans cette article , ont *la liberté du choix* pour les ventes

X 4

(328)

seulement qui ont été faites *à des marchands* ou artisans faisant profession de revendre : ils ne peuvent à l'égard des autres se pourvoir que par-devant les juges ordinaires ».

1754. Pour bien pénétrer l'intention du législateur, il faut avoir égard aux principes et aux conséquences de cet article.

La déclaration du 2 octobre 1610, défendait aux juges et consuls de prendre connaissance des ventes *des denrees provenant du crù des proprietai-res*, quand bien même elles auraient été faites à *un marchand* ; cette déclaration fut modifiée en bien des points par celle du 4 octobre 1611 ; mais la disposition qui nous occupe fut maintenue.

1755. Dans le tems que cette déclaration faisait loi, si un propriétaire avait vendu ses denrées à un négociant, si ce négociant, qui par état était justiciable du tribunal de commerce, eût fait faillite, le créancier n'aurait pas été tenu à aucune composition, sauf le cas de cession ; parce que les tribunaux des marchands ayant la connaissance des faillites à cette époque, comme il paraît par un arrêt du parlement de Rouen, du 27 janvier 1651, coté par Toubeau, page 728, ne pouvaient pas attirer un propriétaire justiciable des tribunaux ordinaires, conséquemment ce propriétaire plaidant devant ces derniers tribunaux n'entrerait dans aucune composition.

1756. L'ordonnance de 1673, a donné l'option au propriétaire : conséquemment, si le propriétaire plaide devant les tribunaux de commerce, comme il a le droit de le faire, reconnaissant sa créance pour créance commerciale, si le négociant fait faillite, il entrera dans la contribution : au contraire, s'il plaide devant les tribunaux ordinaires, il n'y entrera pas ; parce que dans la première hypothèse, le propriétaire reconnaît tacitement avoir renoncé à son privilège, et dans la seconde, il est censé vouloir le maintenir, enfin la dette est dette commerciale ou dette civile, suivant que le créancier le désire.

1757. Il résulte de cés considérations, que l'option est toute en faveur du créancier ; veut-il plaider devant les tribunaux de commerce, là, il obtiendra une justice prompte et sommaire à peu de frais : mais il encourera les risques de la faillite ; veut-il plaider devant les tribunaux ordinaires, il n'encourera pas les risques de la faillite, mais il sera obligé de suivre les longues formalités, et faire les dépenses inévitables dans ces tribunaux.

1758. Or, comme il est de l'intérêt de tout créancier de plaider devant les tribunaux de commerce, et qu'il est de l'intérêt du débiteur de plaider devant les tribunaux ordinaires ; le législateur a donc bien senti que toutes les fois qu'un propriétaire se déciderait à plaider devant ces derniers tribunaux , que ce ne serait que d'après de grandes considérations, et ces considérations ont pour motif les faillites, car si cette raison n'existait pas , la loi serait absolument oiseuse.

1759. Bouchel , au mot atermoiement , dit : « Par arrêt du 11 novembre 1569 , entre Thi-
» bault de Bouville , appelant d'une part, et
» Picilli , Callendi et autres banquiers ; fut jugé
» que l'atermoiement , et rémission de partie
» de la dette accordée par la pluralité des créan-
» ciers , doit tenir pour le regard des autres seu-
» lement qui ont eu, ou ont dû avoir intérêt au
» profit de leurs deniers *et non d'autres* ».

1760. Or , comme le prix que reçoit de la récolte le propriétaire , n'est pas un bénéfice , mais un revenu , il ne doit donc pas entrer dans aucun arrangement ; mais pour ce fait , il faut qu'il exerce ses actions par-devant les tribunaux ordinaires.

1761. Quoique l'art. 11 , ne veuille point qu'il y ait dans les tribunaux de commerce, ni procureur ni autre officier, néanmoins il y a des greffiers qui, d'après la loi du 27 ventôse an 8 , tit. 7 , art. 92, doivent être nommés par le Premier Consul ; d'après la même loi , leur cautionnement est de 4,000 francs.

1762. Suivant l'art. 12 : « Les procédures des

tribunaux du commerce doivent être faites suivant la forme prescrite par le tit. 16 de l'ordonnance de 1667.

1763. L'art. 13 veut : « Que les juges des tribunaux de commerce, dans les matières de leur compétence, puissent juger nonobstant tout *déclinatoire*, ils peuvent même prononcer, comme l'observe Jousse, par un seul et même jugement, sur le déclinatoire proposé et sur le fond ; arrêt du conseil du 7 mars 1718. Cependant , comme l'observe Bornier, les juges du commerce ne doivent point abuser du pouvoir qui leur est donné , en retenant des causes qui ne sont pas de leur compétence, quoique les parties n'en demandent pas le renvoi , à peine de 4,000 francs d'amende pour chaque contravention.

1764. Comme ces juges ne peuvent pas deviner souvent si une cause rentre dans leur attribution (742), et que lorsqu'ils la reçoivent ils pensent toujours qu'elle est de leur compétence , on doit proposer les exceptions déclinatoires avant contestation en cause , c'est-à-dire , avant le premier réglement ou appointement qui intervient sur les demandes et défenses des parties. Une affaire s'appointe , lorsqu'il y a des titres à voir, ou quelque chose à vérifier.

1765. Si le déclinatoire n'était pas proposé avant la contestation en cause , il ne serait plus tems de le proposer.

1766 Les greffiers doivent faire attention d'écrire sur le plumitif, le déclinatoire proposé par une partie, ils en doivent faire mention dans la sentence, soit que le juge ait prononcé par renvoi, soit qu'il ait retenu la cause.

1767. Avant que de permettre à l'une des parties de plaider au fond, il faut juger le déclinatoire que l'autre propose ; si elle n'est pas admise dans la demande en renvoi, les juges lui ordonnent de plaider par-devant eux, et la condamnent aux dépens. Si, au contraire, le demandeur a incompétemment fait assigner, il doit renvoyer par devant les juges compétens, et doit être condamné aux dépens.

1768. Si les jugemens du déclinatoire et du fond ne sont pas prononcés dans la même audience, le déclinatoire jugé, la sentence doit être signifiée à la partie déboutée ou renvoyée, quand c'est le demandeur principal qui succombe ; si le défendeur qui a demandé son renvoi succombe, quelquefois il en appelle comme *de deni de renovi et d'incompétence* : dans ce cas, il faut nécessairement lui signifier la sentence, avec sommation pour comparoir devant les mêmes juges aux mêmes fins de l'exploit, sinon qu'il sera requis défaut à sa charge.

1769. Quand le défendeur au principal obtient son renvoi par-devant son juge naturel, ou domiciliaire, il ne fait signifier la sentence que pour récupérer les frais et dépens à la charge de celui qui l'avait traduit incompétemment.

1770. Lorsque l'incompétence est alléguée avec raison, les juges doivent y déférer; c'est le vœu de l'art. 14. L'arrêt du conseil du 1 juillet 1724, défend aux juges et consuls de juger, même par défaut, les affaires qui ne sont pas de leur compétence, à peine d'interdiction contre le greffier et le président. Cette arrêt fut fondé sur ce que la sentence par défaut avait été signifiée et expédiée, sans avoir vu la demande et les pièces, et sans savoir si la cause était de la compétence du consulat.

1771. Il est dit dans l'art. 16 : « Les créanciers et héritiers des marchands, négocians et autres, contre lesquels on pourrait se pourvoir par-devant les juges et consuls, y seront assignés, ou en reprise, ou par nouvelle action ; et en cas que la qualité, ou de commerce, ou d'héritier pure et simple, ou par bénéfice d'inventaire, soit contestée, ou qu'il s'agira de douaire, ou de legs universels, ou particuliers, les parties seront renvoyées par-devant les juges ordinaires pour les régler ; et, après le jugement de la qualité, douaires ou legs, elles seront renvoyées par devant les juges et consuls ».

1772. Lorsqu'il s'agit d'une dette de commerce, qui procède du fait du décédé, il faut assigner la veuve et héritiers par-devant les tribunaux de commerce , car il ne faut pas perdre de vue que cette jurisdiction est réelle et non personnelle ; que conséquemment , du moment que le fait n'est pas commercial , ces tribunaux sont incompétens ; aussi l'art. 12 , de l'édit de novembre 1563 , dit-il : « Les exécutions commencées contre les condamnés seront parachevées contre les héritiers , et sur leurs biens seulement ; et l'art. 9 du tit. 12 de l'ordonnance , veut-il qu'ils ne connaissent pas de la qualité des personnes.

1773. Un tribunal de commerce étant saisi d'une contestation entre anciens associés ; il s'y éleva des questions sur les qualités de la veuve de l'un des associés , d'après le testament de son mari ; ce tribunal ayant dans l'espèce reconnu, d'après le testament du défunt , cette veuve héritière testamentaire , valida un traité qu'elle avait fait ; ses enfans firent appel de ce jugement. Le commissaire du gouvernement , ayant pris la parole , observa que les qualités que la veuve avait prise ne pouvaient se décider par un tribunal de commerce , que ce tribunal aurait dû , conformément aux articles 9 et 16 du tit. 12 de l'ordon. de 1673, renvoyer devant le tribunal de première instance , pour statuer sur les qualités de la veuve, et les droits en résultans.

1774. Le tribunal a adopté les conclusions du commissaire du gouvernement , s'est fondé sur l'art. 16 du tit. 12 de l'ord. de 1673, et a

donné pour motifs , que dès l'instant qu'il *a été*
soutenu au tribunal de commerce que la veuve
n'avait pas qualité pour consentir un traité, et que
le testament de son mari ne lui en donnait pas le
pouvoir , *la compétence du tribunal de commerce*
avait cessé.

1775. Les tribunaux de commerce sont-ils
compétens pour connaître des atermoiemens ,
faillite, cession de biens et banqueroute frauduleuse ?

1776. Sur cette question , Jousse dit , p. 264:
« Les juges-consuls sont incompétens pout connaître des faillites et banqueroutes, ainsi que des
contrats d'atermoiement.

1777. Les cessions de biens qui se font en justice ne peuvent aussi être faites pardevant eux ;
mais elles doivent être faites devant le juge ordinaire du domicile du cessionnaire : ce qui a lieu ,
même à l'égard de ceux qui étant emprisonnés en
vertu de sentences consulaires, demandant à être
admis au bénéfice de cession : car cette demande
doit aussi être donnée devant les juges ordinaires.

1778. Les juges-consuls sont incompétens pour
connaître des homologations ; et elles doivent,
être poursuivies devant les juges ordinaires ; arrêt
du 7 août 1698, et arrêt du 27 mars 1702.

1779. Depuis la déclaration du 7 décembre
1715 , il y a eu plusieurs déclarations qui ont

prorogé l'attribution des faillites aux juges et consuls jusqu'au 1er. sept. 1733; depuis l'année 1733, l'attribution ayant discontinuée d'être accordée aux juges et consuls, les choses sont rentrées dans le droit commun, et la connaissance des faillites et banqueroutes, ainsi que les différens nés à ce sujet, a continué d'appartenir, comme par le passé, aux juges ordinaires. Il y a même eu depuis ce tems-là, un arrêt du 31, août 1744, rendu en faveur des officiers de la prévôté d'Orléans, contre les juges-consuls de la même ville, qui fait défenses à ces derniers d'en connaitre ».

1780. Jousse, n'a pas fait attention qu'il y a une déclaration postérieure à celle de 1733, en date du 13 septembre 1739, qui modifie l'ancienne jurisprudence; elle porte :

1781. « Les abus et les fraudes qui se sont introduits depuis quelques années dans les bilans des négocians, banquiers et autres qui ont fait faillite, au préjudice des sages dispositions de notre ordonnance de 1673, et de nos différentes déclarations rendues à ce sujet, ayant causé dans le commerce un dérangement notable....... nous avons reconnu que ces abus viennent principalement de ce que les procédures qui se font.... les faux créanciers compris dans les bilans avec les légitimes, s'exposent plus volontiers à faire leur affirmation, parce qu'ils ne sont point connus

des

des juges, au lieu que s'ils paraissaient devant les
juges et consuls, qui, par leur état, sont plus particulièrement instruits des affaires du commerce,
et de la réputation de ceux qui se disent créanciers, les bilans seraient examinés d'une manière à être affranchis des fraudes..... à ces causes.... voulons,... que dans toutes les faillites et
banqueroutes ouvertes, ou qui s'ouvriront à l'a-
venir, il ne soit reçu l'affirmation d'aucuns créanciers, ni procédé à l'homologation d'aucun contrat d'atermoiement, sans qu'au préalable les
parties se soient retirées devant les juges et consuls, auxquels les bilans, titres et pièces seront
remis, pour être vus et examinés, sans frais,
par eux, ou par des anciens consuls et commer-
çans qu'ils commettront à cet effet, du nombre desquels il y en aura toujours un du même
commerce que celui qui aura fait faillite, et
devant lesquels les créanciers de ceux qui seront
en faillite ou banqueroute, seront tenus ainsi que
le débiteur, de comparaître et de répondre en
personne, où en cas d'absence, ou légitime
empêchement, par un fondé de procuration spéciale, dont du tout sera dressé procès-verbal, sans
frais, par les juges et consuls, ou ceux qui seront commis par eux, la minute duquel restera
jointe au bilan du failli, qui sera déposé au
greffe des jurisdictions consulaires, suivant l'art. 3
du titre 12 de notre ordon. de 1673, et la copie,

d'icelui procès-verbal , remise au failli ou aux créanciers , pour être annexée à la requête qui sera présentée pour l'homologation des contrats d'atermoiement et autres actes.

, 1782. Voulons, que faute par les créanciers et débiteurs de se conformer à ces présentes, ainsi qu'aux autres dispositions portées par notre ordonnance de 1673, et déclarations intervenues en conséquence, auxquelles n'est dérogé, les créanciers soient déchus de leurs créances, et les débiteurs poursuivis extraordinairement comme banqueroutiers frauduleux, suivant la rigueur des ordonnances».

1783. L'auteur de l'Instruction sur les affaires contentieuses des négocians, dit, pag. 410 :

« Depuis la déclaration de 1739, les consuls ont continué à vérifier et homologuer les contrats quand les demandes en ont été portées devant eux. Lorsque le parlement donna, le 7 septem. 1769, un arrêt qui renouvela celui du 27 mars 1702, en faisant défense aux juges et consuls de connaître des faillites, et autorise les juges du Châtelet , exclusivement, à connaître de l'homologation des contrats des faillis.........
En conséquence, le Châtelet homologue les contrats, les consuls vérifient les créances, et les créanciers les affirment devant le lieutenant civil ».

1784. Les consuls ne sont donc plus chargés

(339)

que du dépôt du bilan, de celui des livres et de
la vérification des dettes. Déclaration de 1739.

1785. D'après toutes ces considérations, je
conclus en disant que :

1°. Le dépôt des livres et bilan doit être fait
au tribunal de commerce; que c'est devant ce
tribunal que le bilan et les créances doivent être
affirmés.

2°. Que s'il s'élève quelques contestations dans
une faillite, elles doivent être portées devant les
tribunaux ordinaires.

3°. Que l'homologation doit être poursuivie
devant les tribunaux civils, et avec d'autant
plus de raison, qu'aujourd'hui les homologations de sentences arbitrales se font devant ces
tribunaux.

4°. Que les réhabilitations doivent se faire devant les tribunaux de commerce, comme étant
les seuls compétens pour vérifier l'acquit des
créances. Le tribunal de commerce du département de la Seine, par jugement du 21 germ.
an 9, a réhabilité le cit. Lerendu.

1786. En suivant les principes qui régissent
les jurisdictions, on ne voit point sans étonne-
ment que les usages aient attribué les réhabilitations aux tribunaux de commerce; car, dit
un proverbe : *qui veut les principes, veut la fin.*
Ainsi, puisqu'il n'appartient aux tribunaux de
commerce que de vérifier les créances du failli,

et que l'homologation du contrat appartient aux tribunaux civils, lorsque le failli veut se réhabiliter, il ne devrait donc appartenir aux tribunaux de commerce que de vérifier ces créances, et aux tribunaux civils de le réhabiliter : car, si l'homologation faite par les tribunaux civils a fait perdre décidément l'activité politique au failli, il n'y a donc que les tribunaux civils qui la lui puissent redonner.

1787. Néanmoins, il ne faut pas se dissimuler qu'il paraît contre l'ordre, que les tribunaux civils connaissent des homologations ; mais comme cette singularité a été introduite dans le tems par la jalousie des tribunaux, en prétextant que les juges pouvaient être eux-mêmes parties intéressées, comme il paraît par l'ord. du lieutenant civil, du 23 avril 1698, dans laquelle, *sans aucune espèce de ménagement,* il est dit : « Les marchands, banqueroutiers, pour éviter la punition de mort prononcée par l'ordonnance, pour crime de banqueroute, *s'adressent à leurs confrères, qui homologuent facilement les contrats* ». Il serait naturel, soit parce que ces sortes d'actes appartiennent par leur nature aux tribunaux de commerce, soit parce que la justice serait administrée plus promptement, plus sommairement, d'attribuer à ces tribunaux les homologations, et conséquemment, les réhabilitations.

1788. D'ailleurs, que font les tribunaux ordinaires, lorsqu'ils homologuent le contrat d'un failli? Vérifient-ils, et même peuvent-ils vérifier? Non : les usages du commerce ne leur étant point familiers, ne pouvant conséquemment revêtir l'acte de ses formalités, pour ainsi dire, qu'aveuglément, il devient donc inutile, surabondant, et onéreux de la leur faire remplir.

1789. La déclaration du 10 juin 1715, et toutes celles rendues avant et depuis jusqu'en 1733, qui est la dernière qui ait accordé aux juges du commerce la connaissance de tout ce qui pouvait avoir rapport aux faillites, quant au civil, tout en faisant l'éloge le plus flatteur de ces sortes de jurisdictions, disent implicitement ce que je viens de dire explicitement.

1790. Oui, il serait très-utile et bien avantageux au commerce, que les juges, parfaitement instruits dans ces sortes de matières, fussent chargés de tout ce qui peut y avoir rapport, depuis l'apposition des scellés, jusqu'à l'homologation. (1152 à 1156)

1791. Les tribunaux de commerce peuvent donner la permission de saisir par voie d'arrêt sur requête; et ce, afin que le débiteur ne détourne pas ses effets; en ce cas il faut ajouter ces mots : *sans transporter, en baillant par le saisi-gardien solvable;* arrêt du 22 mars 1615;

Y 3

instit. cons. de Bordeaux, édit. 1791; et arrêt du 17 septemb. 1755.

1792. Par arrêt du 26 mars 1727, il est défendu aux juges et consuls de Paris, de recevoir aucunes oppositions aux sentences par eux rendues, lorsque ces oppositions seront formées par les parties avec lesquelles les sentences ont été rendues contradictoirement; ni de donner aucunes défenses ou surséances d'exécuter lesdites sentences sur les requêtes et demandes desdites parties, à peine de nullité desdites ordonnances et sentences de surséances, et des dépens, dommages-intérêts des parties.

1793. En fait de déclinatoire, une sentence du tribunal de commerce s'exécute nonobstant les jugemens d'évocation et de cassation qu'on aurait surpris dans les autres tribunaux. Il n'y a qu'un jugement, portant défense de passer outre, qui puisse en empêcher l'exécution. Un jugement qui recevrait seulement l'appel d'incompétence, ne serait pas suffisant.

1794. Il est défendu à tous juges, de casser, révoquer, surseoir ou défendre l'exécution des jugemens des tribunaux de commerce, avec amende de 50 liv. contre les parties et contre chacun des procureurs et huissiers qui auraient prêté leur ministère : lesquelles amendes les tribunaux de commerce sont en droit de prononcer; édit de 1563, art. 10 et suiv.; ordonnance de 1673, tit. 12, art. 15 ; arrêts des 7 août 1698, et 25 janvier 1708.

1795. Les sentences des tribunaux de commerce emportent hypothèque sur les biens des condamnés, et sont exécutoires dans toute la France, sans qu'il soit besoin de demander aucun *visa* (1) ni *pareatis* (2) aux juges des lieux ; édit de novembre 1563, art. 8. Ainsi une sentence rendue à Paris, peut s'exécuter à Bordeaux, à Nantes, etc. ; et aucun huissier ne peut refuser de prêter son ministère, à peine de destitution.

1796. L'article 9 de l'édit de novem. 1563, porte : « ès-cas qui excéderont 500 liv. sera passé outre à l'entière exécution des sentences desd. juges et consuls, nonobstant oppositions ou appellations quelconques..... »

1797. De manière qu'aussitôt que la sentence est rendue, quoiqu'il y ait appel, on peut procéder à son exécution. Néanmoins, comme la

---

(1) Le *visa* est un acte qui confirme ou vérifie les lettres sur lesquelles il intervient. Les juges mettent au bas des lettres qui leur sont adressées, ou qu'on veut exécuter dans leur ressort, le *visa* pour marquer leur vérification.

(2) Le *pareatis* était autrefois des lettres du grand sceau, par lesquelles le roi mandait au premier sergent ou huissier d'exécuter l'arrêt ou la sentence de quelques juges.

Y 4

loi était trop dure dans sa disposition, par arrêt du 7 décembre 1689; il a été défendu à tous juges d'ordonner l'exécution provisoire de leurs sentences pendant l'appel; mais cet arrêt ne fait pas loi.

1798. L'article 26 de l'édit de 1718, rendu pour Valenciennes, porte :

« Ordonnons que les sentences et jugemens consulaires dont il sera appelé dans les cas sujets à l'appel, seront exécutés nonobstant ledit appel, en donnant *caution* domiciliée à Valenciennes, si mieux n'aime celui qui aura obtenu gain de cause, se contenter d'une *caution* domiciliée ailleurs : laquelle caution sera reçue par lesdits juges et consuls, et fera les soumissions à leur greffe ».

1799. Sur cet article M. Nicodème observe que celui qui aura perdu une cause sujette à l'appel, sera tenu *de donner caution* à l'intimé, pour lui tenir lieu *d'exécution de la sentence*, ou pour empêcher le droit qu'aurait l'intimé d'exécuter la sentence, nonobstant l'appel, si l'appelant ne fournissait pas caution. D'où l'on doit conclure que si le débiteur donne caution, il empêche l'exécution.

1800. L'art. 4 de la loi du 24 août 1790, porte : « Tous les jugemens (des tribunaux de commerce) seront *exécutoires par provision*, nonobstant l'appel en donnant caution, à quelque somme ou valeur que les condamnations puissent se monter ».

1801. Je trouve la rédaction de l'édit amphibologique : d'un côté, il veut que les jugemens soient *exécutés en donnant caution,* ce qui semble exprimer que le créancier sera tenu de donner caution pour l'exécution qu'il aura fait faire, afin d'en garantir le paiement, s'il succombe en appel ; et par ces mots, *si mieux n'aime celui qui aura obtenu gain de cause, se contenter d'une caution domiciliée, etc.,* je vois au contraire, que c'est le débiteur qui est tenu de donner caution pour éviter l'exécution. Comme la dernière phrase interprète la première, c'est donc à cette dernière qu'il faut s'en tenir : au surplus, ce n'est qu'une disposition locale.

1802. Mais la loi du 24 août, qui est générale, répétant les expressions de la première phrase de l'édit précité, et non de la seconde : sera-ce le débiteur, ou le créancier qui sera tenu de donner caution ?

1803. Si le débiteur veut éviter l'exécution, il sera tenu de donner caution ; si au contraire il ne peut donner *caution,* son créancier pourra le faire exécuter ; mais pour ce fait y ayant appel, il sera tenu de donner *caution* pour garantir le paiement de l'exécution, en cas qu'il y ait mal jugé : sans cela, les intérêts du malheureux débiteur pourraient être singulièrement compromis.

1804. Comme l'exécution provisoire porte sur le personnel et le réel, c'est-à-dire, que l'on peut emprisonner le débiteur et faire vendre ses propriétés, l'un n'empêchant pas l'autre, les deux pouvant s'exercer à-la-fois (1540), la loi du 15 germinal an 6, tit. 3, art. 1, portant que tous jugemens définitifs, emportant contrainte par corps, seront exécutés, nonobstant l'appel, *en donnant caution.*

1805. Ce qui signifie que le créancier pourra faire emprisonner son débiteur après le premier jugement, quoiqu'il y ait appel, en *donnant caution;* mais le débiteur ne pourra pas éviter la prison, s'il ne paie pas, en *donnant caution.* Cependant M. Fournel attribue la caution au débiteur et non au créancier, à la vérité il suppose que ce débiteur veut payer, puisqu'il dit :

« Voilà une modification destinée à rassurer le débiteur contre la crainte de perdre ce qu'il aurait provisoirement payé : d'où il résulte qu'avant de payer le montant des condamnations, la partie condamnée est autorisée à discuter la solvabilité de la caution ».

1806. D'après cette loi il faut donc dire : lorsque le jugement dont il y aura appel, comportera la contrainte par corps, pour l'éviter, le débiteur ne sera pas recevable à offrir caution, mais le créancier sera obligé d'en fournir une pour répondre, si besoin y est, du mal jugé. Cette règle, qui est légale, est modifiée à Paris : on y reçoit caution pour les billets qui comportent la contrainte, mais non pour lettres de change (417 à 425).

1807. Si le jugement ne comporte pas la contrainte par corps, ce sera de deux choses l'une : ou le débiteur donnera caution, ou il n'en donnera pas. S'il donne caution, il n'y aura pas d'exécution dans son mobilier, etc. ; s'il ne donne pas caution, ou bien s'il paie, dans l'un comme dans l'autre cas, il pourra demander caution à son créancier.

1808. M. Nicodême fait, page 17, des réflexions très-judicieuses. Cet auteur dit : «Depuis long-tems on a considéré, combien, d'un côté, *ces exécutions provisoires* étaient *nuisibles aux commerçans* ; et combien, d'un autre côté, il était essentiel de ne pas déroger aux anciennes ordonnances. En conséquence, des habiles ministres et des magistrats patriotes ont suggéré un tempérament favorable à celui qui a obtenu gain de cause, et en même tems utile au condamné, dans les cas sujets à l'appel ; en obligeant l'appelant à *donner caution à l'intimé*, pour lui tenir lieu d'exécution provisoire d'une sentence consulaire au-dessus de 500 liv. (aujourd'hui 1000 liv.) Ce tempérament se trouve dans l'art. 26 de l'édit du mois de janvier 1718, portant établissement du consulat de Valenciennes ».

« Non-seulement, (dit le même auteur,) les juges et consuls jugent souverainement jusqu'à 500, liv. (1000 liv.) mais encore les porteurs de leurs sentences.... peuvent les faire exécuter... mais *cette exécution provisoire* n'a lieu que *pour le principal*, et non *pour les dépens et frais.....* partie distincte et séparée du principal de la condamnation, quand elle est au-dessus du chef de l'édit ; l'appel occasionne une suspension à l'égard des dépens, à cause que les anciennes ordonnances n'en font aucune mention, et que plusieurs règlemens l'ont ainsi décidé ; notamment les arrêts des 9 février 1532, 18 février 1545, 2 août 1618 et 20 juin 1622. L'ordonnance des fermes, de 1681, veut que l'appel, quant *aux dépens*, ait un effet suspensif ».

1809. Anciennement on pouvait faire assigner devant le consulat le plus voisin ; plusieurs arrêts, la déclaration du 21 octobre 1710, et l'arrêt du conseil, du 14 mars 1722, l'avaient ainsi décidé ; mais depuis la déclaration de 1759, qui donne aux juges ordinaires la connaissance des affaires de commerce, à défaut de tribunal *ad hoc*, il n'en est plus ainsi ; les parties doivent procéder devant leur tribunal, sauf le cas exprimé dans l'ordonnance, et avec d'autant plus de raison, que l'art. 17 de la loi du 24 août 1790, porte :

« L'ordre constitutionnel des jurisdictions ne pourra être troublé, ni *les justiciables distraits de leurs juges naturels* par aucune commission, ni par d'autres attributions ou évocations que celles qui seront déterminées par la loi ».

1810. La déclaration de 1759, l'art. 12 de la loi du 24 août 1790, donnent le même territoire aux tribunaux de commerce qu'aux districts : dans l'organisation de l'an 8, et autres lois, on n'a point dérogé à cet ordre de choses.

1811. Il est de règle générale, que le tribunal qui a rendu la sentence, la met à exécution ; *L. 8, cod. de execut. rei judic.* Néanmoins, contre cette règle, les tribunaux de commerce ne peuvent connaître de l'exécution de leurs sentences ; cette connaissance appartient aux juges ordinaires. En effet, l'édit de création des juges et consuls, de novembre 1563, rendu commun à tout le royaume, porte :

« Les saisies, établissemens de commissaires, et vente de biens, seront faits en vertu des jugemens et sentences des juges et consuls ; mais les criées et interposition de décret se feront par autorité des juges ordinaires des lieux. Par arrêt du 21 juillet 1728, il a été défendu aux juges et consuls d'Orléans de connaître des contestations qui peuvent naître entre créanciers, à l'occasion des saisies faites en exécution de leurs sentences, ordres et distributions de deniers, et tous autres qui ne leur sont pas attribués par l'ordonnance.

1812. Conséquemment, si d'après la loi du 15 germinal an 6, un débiteur se prétendait pris au corps illégalement, les tribunaux de commerce ne pourraient connaître de la matière.

1813. Des procès pour dépendance, comme, par exemple, de peines apposées en un contrat pour marchandise, sont-ils de la compétence des juges et consuls? Paul de Castre, *idque ex L. quincunque §. si ci quem. D. institor. act. et L. 1, c. ubi caus. fiscal.*, se décide pour la négative.

1814. La peine dont il est ici parlé est comminatoire, c'est-à-dire, qu'elle ne s'exécute pas à la rigueur, à moins que l'on ne justifie du dommage que l'on a reçu de l'inexécution de la promesse qui nous avait été faite, d'où il suit que ces sortes de peines ne sont jamais encourues de plein droit.

1815. La peine comminatoire doit être la juste mesure du dommage. Cependant comme il est possible que, dans l'estime des juges, la peine peut être plus forte que le dommage souffert, ils peuvent donc la modifier; mais dans aucun cas ils ne peuvent la prononcer plus grande qu'elle n'est demandée; parce que, s'ils la prononçaient plus grande, ils jugeraient *ultra petita* ; parce que le demandeur est censé avoir estimé au juste le dommage qu'il a souffert.

1816. Comme le dommage est accessoire à la somme principale, de même l'obligation pénale est accessoire à la somme principale (1399): aussi la nullité du principal, dans les deux circonstances, entraîne-t-elle celle de l'accessoire ; et comme le principal entraîne l'accessoire (1406), le juge, connaissant du principal, peut donc connaître de l'accessoire. Je dis donc, contre l'opinion de l'auteur cité, que les juges des tribunaux de commerce peuvent connaître de la peine stipulée dans le contrat.

Celui qui a promis de faire ou de donner quelque chose dans un tel tems, et qui y manque, encourt sur-le-champ la peine stipulée, quoiqu'on ne fasse pas interpeller le défaillant de remplir son obligation ; *L. magnam 12, c. de contrah. et commi. stipul.*

1817. Les peines conventionnelles sont de rigueur. Ceux qui s'y sont soumis doivent y être condamnés, si, par leur fait, ils ont contrevenu au contrat ; §. 7, *instit. de verb. oblig. L. 11, ff. de stipul. prœtor.* Mais il n'est pas permis d'étendre d'un cas à l'autre, ni d'une personne à une autre, la peine conventionnelle ; Mantica, *de tacitis, lib. 27, tit, 6, n. 36.*

1818. Au surplus, la peine conventionnelle est

compensatoire des dommages et intérêts, dont elle forme une espèce de liquidation ; *ne, quantitas stipulationis §. 7, instit. de verb. oblig.*

1819. L'édit de novembre 1563, article 3, porte : « ...... Si la matière y est sujette, et que les juges et consuls soient requis par les parties, ils peuvent admettre à leur conseil tel nombre de personnes qu'ils aviseront ». L'édit de 1718 veut que la permission que donne le précédent ne s'étende qu'aux matières importantes et difficiles. Au surplus, par la déclaration du 26 juin 1725, les juges et consuls sont libres de consulter, d'appeler avec eux, et de s'associer un conseil pour juger conjointement. Voici les propres expressions de la loi :

« Par notre déclaration du 15 décem. 1722, ayant défendu aux juges-consuls anciens de s'immiscer..... dans les jugemens des consuls en charge, s'ils n'y étaient *expressément appelés par eux, et que les parties l'auraient requis......* cette clause pouvant produire un mauvais effet, en ce que la partie mal fondée, qui voudrait chicaner, pourrait refuser de consentir qu'il fût appelé d'autres juges pour décider avec ceux qui sont en charge, ou ne voudrait pas convenir des juges qu'il faudrait appeler. Comme les termes de cette déclaration laissent quelqu'ambiguité.... faisons très-expresses défenses..... aux juges et

consuls

consuls anciens de s'y immiscer, (dans ces procès) à moins qu'ils n'y soient expressément et
nommément appelés par les juges et consuls en
charge ; ce que ceux - ci seront libres de faire
lorsqu'ils estimeront que la matière et le bien
de la justice le réquerront ».

1820. Cette déclaration ôte donc aux parties
le droit d'exiger que les juges et consuls s'ad-
joignent d'anciens juges ; laissant à ceux qui
sont en place le droit de s'adjoindre ceux qu'ils
trouveront à-propos, ou de s'en passer si bon
leur semble.

1821. Les tribunaux de commerce peuvent
aussi consulter des avocats, pour les points de
droit difficiles, s'ils le jugent à-propos.

1822. Dans l'affaire du marquis de Firmaçon,
indépendamment des cinq juges et consuls,
il y avait douze anciens consuls, ou marchands,
pour rendre la sentence qui le concernait.

1823. Les tribunaux de commerce peuvent-
ils appliquer la contrainte par corps, par rapport aux *avals* apposés sur les billets à ordre,
proprement dit, comme pour lettres et billets
de change ?

1824. L'ordonnance de 1673, porte, titre 5,
art. 32 :

« A faute de paiement du contenu *dans un
billet de change*, le porteur fera signifier ses
diligences à celui qui aura signé *le billet* ou

l'ordre; et l'assignation en garantie sera donnée dans les délais ci-dessus prescrits pour les lettres de change ».

1825. Art. 33. « Ceux qui auront mis *leur aval* sur les lettres de change, sur *des promesses d'en fournir*, sur *des ordres* ou *des acceptations*, sur *des billets de change*, OU AUTRES DE PAREILLE QUALITÉ, concernant le commerce, seront tenus solidairement avec les tireurs, prometteurs, endosseurs et accepteurs, encore qu'il n'en soit pas fait mention *dans l'aval*».

1826. L'art. 1 du tit. 7 dit : « Ceux qui auront signé *des lettres de change*, pourront être contraints par corps, ensemble ceux qui y auront *mis leur aval*, qui auront promis d'en fournir avec remise de place en place, qui auront fait *des promesses* pour lettres de change à eux fournies, ou qui le devront être; entre tous négocians ou marchands qui auront signé *des billets* pour valeur reçue comptant, ou en marchandises, soit qu'ils doivent être acquittés à un particulier y nommé, ou à son ordre, ou au porteur ».

1827. Bornier, argumentant sur l'art. 32 du titre 5, par rapport à ces mots qui s'y trouvent, *ou autres de pareille qualité*, dit: «ces termes *universels* justifient que l'intention de l'ordonnance a été non-seulement de renfermer dans l'art. 32

les billets de change qu'elle désigne, mais encore *les autres billets*, (c'est-à-dire, les billets à ordre) ».

1828. Là où la loi ne distingue pas, il ne faut pas distinguer : *ubi lex non distinguit, nec distinguere debemus*. Conséquemment, là où la loi distingue, il faut distinguer.

1829. Dans l'article 33 et l'art. 1 du tit. 7, précités, il y est question de trois manières de s'engager pour lettre de change fournie ou à fournir.

1°. Par *promesse d'en fournir;* 2°. par *billets de change;* 3°. par billets *de pareille qualité*. Dans l'art. 1 du tit. 7 la loi distingue *les billets à ordre*, etc., *des billets* dont il vient d'être parlé.

1830. Dans les lois il faut toujours distinguer *l'espèce* du *genre*. Le genre ici comprend toute espèce *de billet;* l'espèce, dans la préposition, est divisée : l'une comprend les billets comportant change, quelle que soit leur contexture ; et l'autre, les billets qui ne comportent point de change, quelle que soit leur teneur ; et comme ces mots *ou autres de pareille qualité*, offrent des expressions génériques qui s'appliquent particulièrement aux papiers de crédit comportant change, pourquoi donc Bornier veut-il les étendre à ceux qui n'en comportent point ? Je crois être d'autant mieux fondé à faire cette obser-

vation, que l'article 1 du titre 7 applique, conjointement avec les articles du titre 5, le mot
aval aux lettres et billets de change ; et qu'ensuite, par une distinction bien sentie, il parle
des autres billets qui ne comportent point de
change.

1831. Les expressions dont se sert la loi dans
l'article 55 étant absolues, notamment celles-ci,
ou autres de pareille qualité, il est évident qu'elles
ont une relation de raison avec les autres mots
de la phrase seulement, et que sans cette relation elles seraient hors-d'œuvre.

1832. Lorsque la loi spécifie les différens effets
qui comportent un change, c'est parce qu'elle
a vu qu'il pourrait y avoir différens genres de
stipulations. Appliquons aux plus usuelles les
expressions de la loi.

1833. *Promesse d'en fournir.* Ici la loi entend
parler des billets de change non à ordre dans
l'usage, pour distinguer les billets non à ordre
de ceux à ordre ; on appelle les premiers simples
promesses, et les autres, billets à ordre. Au surplus, il est possible que la loi ait entendu parler de quelque promesse faite sur une formule
particulière ; mais la plus usuelle est celle dont
je viens de parler.

1834. *Billets de change.* Sont ceux à ordre
pour lettre de change fournie ou à fournir.

1835. *Autres de pareille qualité.* Sont ceux, par exemple, qui sont faits pour lettre de change fournie ou à fournir : cette espèce est appelée par Pothier, *billet de change mixte.* Voilà dans quelle occurrence se font ces billets : un particulier me donne une lettre de change; au lieu de stipuler que je la lui paierai en argent à une telle époque, je stipule que je la lui paierai en lettre de change : dans ce cas, le billet que je lui fais est pour valeur reçue en lettre de change; et par conséquent, pour lettre de change fournie, payable en lettre de change à fournir. Cette formule peut être variée de plusieurs manières: elle peut être à ordre ou non à ordre; une partie peut être payée en argent, en simple billet à ordre, en l'un et en l'autre, etc. : voilà ce que veut dire l'ordonnance, lorsqu'elle dit, *et autres de pareille qualité.* Conséquemment, c'est dans toutes ces espèces que l'on peut apposer *des avals* pour l'un ou plusieurs des obligés dans le corps du billet, ou dans les endossemens. Car tout *aval* apposé sur tout effet qui, par sa nature, ne comporte point de change, ne peut être considéré comme *aval* (381 et suivans); mais comme *cautionnement* (414, 403, 404.)

1836. Il est nécessaire de distinguer *l'aval*, proprement dit, de *l'aval-cautionnement* : c'est que le premier entraîne la contrainte par corps (392), et l'autre ne peut l'entraîner (415.).

1837. Boutaric observe, page 71, que le mot *aval* paraît tirer son étymologie du mot latin *vas*, qui signifie *caution*; en effet, c'est le sens que lui donne Cicéron.

1838. La loi s'explique, dit Puffendorff, par la *raison même de la loi*, ou par *les motifs et les vues* qu'a le législateur à faire la loi : *ratio regis*. Si la raison de la loi cesse, la loi tombe d'elle-même (383); mais si la raison subsiste, la disposition de la loi n'est pas équivoque. En effet, dit la loi elle-même *ff. L. 1, tit. 3, de legibus*, tous les cas ne pouvant pas être exprimés par les lois, elles doivent être appliquées aux cas parfaitement semblables, et où *la même raison a lieu manifestement* (1); et sur-tout en matière de *choses favorables* (2), disent Grotius et Puffendorf, *L. 5, c. 12, §. 13.* Il faut alors donner aux termes de la loi toute l'étendue dont ils sont susceptibles (3).

------

(1) Ce principe est applicable à l'espèce; la raison veut que tout effet qui comporte un change, ou ce qui est la même chose *de pareille qualité* que les billets de change, soit régi par la même loi.

(2) Tout ce qui intéresse le change, est de plus favorable.

(3) C'est ici le cas d'appliquer la maxime, d'où il suit que les billets à domicile qui comportent un change, sont de nature à recevoir *des avals*.

(359)

1839. Cujas, sur le titre du côde *de legitim. hæred.*, présente des principes qui s'appliquent parfaitement à l'espèce. Il dit : « Toute loi nouvelle doit être *reçue étroitement*, c'est-à-dire, dans ses propres termes (1). Ce qui est *omis*, est censé *omis*; et on ne saurait l'y comprendre par le secours d'aucune argumentation (388) ».

1840. A la vérité, Dumoulin, cons. 11, n. 4, Duperier, liv. 4, n. 27, tom. 2, page 139, disent : « On peut argumenter et faire extension d'un cas à l'autre aux lois nouvelles qui dérogent au droit ancien, quand la raison est exprimée au droit nouveau ».

1841. Ces assertions qui semblent restreindre celles de Cujas, ne font, ce me semble, que les fortifier, et renforcent conséquemment les miennes. Ces auteurs entendent sans doute admettre l'extension dans l'espèce et non dans le genre, surtout quand la raison de la loi est exprimée. Or, comme ici il est question des billets qui comportent un change, voilà *la raison de la loi*; on peut l'appliquer aux billets à domicile, dont même ne parle pas l'ordonnance : voilà *l'extension de la loi*. Je crois que toutes ces opinions concordent parfaitement avec les principes.

---

(1) L'ordonnance de 1673 est une loi nouvelle qui, par rapport à la faveur du commerce, a dérogé, dans l'espèce, au droit commun.

1842. Il ne faut point perdre de vue que l'aval, par sa nature, déroge aux principes, puisqu'il est plus rigoureux que le cautionnement (380, 381, 385). Cette rigueur étant fondée sur la faveur du commerce, ne peut comporter aucune extension.

Cette dissertation aurait dû être portée dans la page 145, dans laquelle je suis entré dans quelques détails à cet égard; mais comme je n'ai aperçu dans Bornier l'observation qu'il fait, que quelque tems après que le premier volume a été imprimé, j'ai cru devoir insérer dans ce chapitre l'opinion de cet auteur, et quelques nouvelles réflexions, afin de mettre mon lecteur à même d'approfondir cette matière, préférant porter atteinte à l'ordre de mon ouvrage, que de laisser exister des lacunes préjudiciables.

FIN

DU TOME SECOND

ADDITION.

Ayant égaré une note que j'avais faite sur la tenue des livres, le chapitre qui en traite s'est trouvé tronqué sans que je m'en sois aperçu. Je m'empresse de remédier à cette lacune, en observant que ceux qui voudront tenir leurs livres *à parties simples*, ne peuvent se servir de meilleure formule que celle *que présente Jonnes*, en ayant égard aux observations que j'ai faites par rapport à nos lois et nos usages. (Voyez 281 et 289).

TABLE DES MATIÈRES.

QUATRIÈME PARTIE.

TITRE XII.

Fin de la Table du second et dernier volume.

Fautes essentielles à corriger.

Parag. 77, 5ᵉ ligne, *lisez les cas prévus.*

— 279 13ᵉ. — *lisez* de la confusion.

Page 127, 13ᵉ ligne, *lisez* dit-il, *pour la foi.*

— 145 3ᵉ. ligne, *lisez* n'est pas connu.

Parag. 411, 5ᵉ ligne, *lisez* avec *le tireur.*

— 457, 10ᵉ. ligne, *lisez* Blakstone.

— 517. 15ᵉ. ligne, *lisez* par la loi *la durée.*

— 517, 17ᵉ ligne, *lisez* l'annoncer *en faisant mention de tout.*

— 659, 5ᵉ. ligne, *lisez,* ils *n'ont pas* été reconnus.

— 676, 10ᵉ. ligne, *lisez* de 1733.

— 797, 3ᵉ. ligne, *lisez* forme un contrat *de vente.*

Page 308, 2ᵉ. ligne, *lisez* à Auxerre. *Cependant.*

—, 3ᵉ. ligne, *lisez* considérant.

Parag. 909. 7ᵉ. ligne *lisez* dispose (P76).

— 909, 6ᵉ. ligne, *lisez* rédigeaient.

Page 15, 14ᵉ. ligne, *lisez* Bologne.

— 33, 2ᵉ. ligne, *lisez* poursuivi en *garantie.*

— 65, 1ʳᵉ. ligne, ainsi *si* c'est.

— 66, 2ᵉ. ligne, *lisez* imperfection.

Parag. 1114, 11ᵉ. ligne, *lisez* légal *remplaçant.*

Page 107, 3ᵉ. ligne du titre, *lisez* et des *sauf-conduits.*

Parag. 1400, 3ᵉ. ligne, *lisez* l'accessoire est toujours *la chose ajoutée.*

Page 216, chap. 43. *lisez* des huissiers en général, *et des huissiers.*

Parag. 1465, 16ᵉ, ligne, *lisez* et on les *préviendra* en opposant.

Page 252, 1ʳᵉ. ligne, *lisez* et un faux dans *leurs exploits.*

Parag. 1572, 4ᵉ. ligne, *lisez* considération *aura* d.

NOTICE

DES OUVRAGES DE L'AUTEUR.

MÉMOIRE à consulter et Consultation pour une maison de Commerce d'Espagne, contre une maison de Commerce de France, in-8ᵈ; contenant une question de droit public avec sa solution, ayant pour base les Monnaies. (*Epuisé.*)

Instruction pour les Capitaines des Corsaires, sur la conduite qu'ils doivent tenir à la mer, par rapport aux neutres et autres bâtimens, seul Ouvrage sur cette partie, in-8°. (*Epuisé.*)

Science des Négocians et teneurs de livres, in-4°, par feu de la Porte; Ouvrage entièrement refondu, et considérablement augmenté : contenant des principes neufs, une tenue de livres pour la Comptabilité marine, et une autre pour la Comptabilité rurale, un Commentaire de l'Ordonnance de 1673, et un Dictionnaire de Commerce. Toutes ces dernières parties sont de la composition de l'Auteur. (*Epuisé.*)

Institutions Commerciales, in-4°; Ouvrage le plus complet qui ait encore paru sur la Législation et la Jurisprudence commerciale, renfermant toutes espèces de formules.

Institution au Droit maritime, in-4°; Ouvrage très-complet sur la Législation et la Jurisprudence maritime : contenant tout ce qu'ont écrit les Auteurs les plus accrédités sur cette partie, avec des réflexions et plusieurs choses neuves présentées par l'Auteur, notamment divers Pa-</br>téntéres, Plaidoyers et Consultations sur le

contentieux, maritime et commercial. Chez les Frères
Levrault, Libraires, quai Malaquais, à Paris.

Les Principes, du Droit Civil et du Droit Commercial,
comparés; deux volumes in-8°.

Sous presse chez CHAIGNIEAU Jeune:

La Procédure Civile et criminelle, théorique et pratique,
suivie dans les affaires du Commerce, tant dans les
tribunaux du commerce que dans les autres tribunaux,
avec toutes les formules que comporte la matière. Ouvrage
absolument neuf; deux volumes in-8°, d'environ huit
cents pages, papier et caractères semblables aux Principes du Droit Civil, etc. etc. etc.

A V I S.

PLUSIEURS maisons de commerce des départemens
ayant écrit à l'Auteur pour savoir s'il donnait des consultations, pour faire cesser toute incertitude, il a l'honneur
de prévenir MM. les Banquiers, Négocians, Assureurs
et Marchands, qu'il donne des consultations sur les matières qui ont pour objet le commerce, la marine, les
prises, les douanes et le droit public : que d'ailleurs il se
charge de toutes les procurations qu'on veut bien lui
adresser, lorsqu'elles ont pour objet l'une des choses
exposées.

Les personnes, qui s'adresseront à lui, sont priées
d'affranchir les lettres et paquets, qui, sans cette précaution, resteraient à la poste. Son adresse est au bas
du frontispice de cet Ouvrage.

IMPRIMERIE DE CHAIGNIEAU JEUNE,
RUE St.-ANDRÉ-DES-ARCS,